Richard Münch · Legitimität und politische Macht

Studien zur Sozialwissenschaft

Band 36

Westdeutscher Verlag

Richard Münch

Legitimität und politische Macht

Westdeutscher Verlag

© 1976 Westdeutscher Verlag GmbH, Opladen
Umschlaggestaltung: studio für visuelle kommunikation, Düsseldorf
Satz: H. E. Henniger, Wiesbaden
Druck und Buchbinderei: Lengericher Handelsdruckerei, Lengerich
Printed in Germany
ISBN 3-531-11375-5

Inhalt

Vorwort

Legitimität und politische Macht sind klassische Themen der politischen Theorie und der politischen Soziologie. In der hier vorliegenden Untersuchung sollen zunächst drei unterschiedliche soziologische Ansätze zu diesen Themen dargestellt und überprüft werden. Daran schließt sich der Versuch an, die Problemstellung durch Spezifikation einer allgemeinen Theorie sozialer Systeme zu einer Theorie politischer Systeme zu bearbeiten. Es wird dabei an die anderenorts erschienene „Theorie sozialer Systeme" (Opladen 1976) angeknüpft. Damit soll gezeigt werden, wie man von relativ allgemeinen und abstrakten Grundannahmen zu konkreten, empirisch überprüfbaren Hypothesen über klassische Themen gelangen kann. Allgemeine Theorienbildung und empirische Forschung könnten auf diese Weise wieder einander näher gebracht werden.

Eine Reihe von Problemen konnte ich mit Studenten in Vorlesungen und Seminaren besprechen. Ihre Fragen haben mich vor allem zu verständlicher Darstellung gezwungen. Werner Gephart, Tilman Hanckel und Helmut Zehnpfennig haben mehrere Fassungen des Manuskripts gelesen. Ihre kritische Auseinandersetzung mit den Problemlösungen hat mir viele Anregungen gegeben. Die Begriffsexplikationen der Variablen der Theorie (III., 4.2.) habe ich in Zusammenarbeit mit Helmut Zehnpfennig entwickelt. Ihnen allen sei herzlich gedankt.

Köln, im Februar 1976   Richard Münch

I. Die Problemstellung: Wie ist verbindliche Geltung von Normsetzungen und politischen Entscheidungen in komplexen Gesellschaften möglich?

In allen modernen Gesellschaften nimmt der Bedarf an Leistungen der verschiedensten Art ständig zu. Das gilt jenseits der Diskussion über die Grenzen des Wachstums in gleicher Weise für die Produktion von Gütern, für die Bereitstellung von Dienstleistungen, für die wissenschaftliche Erkenntnis, für die Vermittlung von Wissen, für die Institutionalisierung von Werten und Normen oder für politische Entscheidungen als spezifischen Arten von Leistungen. Unter einer Leistung ist in all diesen Fällen die Bereitstellung von Mitteln zur Befriedigung von Bedürfnissen bzw. zur Lösung von Problemen zu verstehen[1]. Die Selbstverständlichkeit, mit der dieses allgemeine Wachstumsproblem in der öffentlichen Diskussion auf rein ökonomisches Wachstum fixiert wurde, verstellt noch den Kritikern des Wachstums den Blick für das allgemeine Problem[2]. Alle Vorschläge zur Begrenzung des Wachstums beziehen sich immer nur auf ökonomisches Wachstum und sie sind immer nur alternative Vorschläge, von den möglichen Leistungen moderner Gesellschaften andere zu vermehren. Die Nutzung von Ölenergie soll durch die Nutzung anderer Energiequellen ersetzt oder ergänzt werden. Anstelle von Industriegütern sollen mehr Erholungsgüter in Gestalt von Grünflächen bereitgestellt werden. Dienstleistungen verschiedenster Art, Wissen und Wissensvermittlung sollen erweitert werden.

Die Dynamik der gesellschaftlichen Entwicklung läßt jeder Problemlösung durch Bereitstellung einer entsprechenden Leistung eine überproportional wachsende Zahl neuer Probleme folgen. Die Probleme der Wissenschaft haben mit der Entwicklung der Erkenntnis nicht abgenommen, sondern zugenommen. Mit dem Wachstum unseres Wissens wächst auch das Bewußtsein unseres Nichtwissens[3]. Die Probleme der Herstellung von Gütern, der Bereitstellung von Dienstleistungen, der Institutionalisierung von Normen, des Treffens politischer Entscheidungen haben sich mit deren Entwicklung nicht vermindert, sondern vermehrt. Der Bedarf an Leistungen zur Lösung dieser Probleme kann dementsprechend gar nicht abnehmen. Er wächst unaufhaltsam. Dies ist eine unentrinnbare Gegebenheit der modernen Gesellschaften. Jede Stagnation der Leistungsentfaltung birgt die Gefahr schwerer Krisen in sich. Begrenzung der Leistungsentfaltung ist bei der erreichten Komplexität moderner Gesellschaften allenfalls eine Strategie zur Krisenverschärfung. Die Gesellschaft kann sich auf dem erreichten Niveau der Komplexität überhaupt nur durch ständige Leistungsentfaltung erhalten. Max Weber hatte sicher auch diesen Zwang im Auge, als er die zunehmende Rationalisierung als Grundmerkmal der Entwicklung zur modernen Gesellschaft des Okzidents und als deren unentrinnbares Schicksal zugleich betrachtete[4].

Mit der Leistungsentfaltung einher geht ein Prozeß des zunehmenden Zwanges, im Handeln und damit auch bei der Bereitstellung von Leistungen beliebiger Art unter einer überproportional wachsenden Zahl von Möglichkeiten des Handelns und Bereitstellens von Leistungen zu wählen[5]. Jeder wissenschaftlichen Erkenntnis, jeder Dienstleistung, jeder Norm, jeder politischen Entscheidung steht eine unübersehbare Menge von Alternativen gegenüber, unter denen diese nur einen schmalen Bereich von Selektionen darstellen. Der Zunahme tatsächlicher Leistungen entspricht demgemäß eine hierzu überproportionale Zunahme möglicher Leistungen. Will man diesen Sachverhalt mit dem Begriff der Komplexität erfassen, so könnte man sagen, daß die Komplexität der tatsächlichen Zustände der Gesellschaft und überproportional hierzu die Komplexität möglicher Zustände der Gesellschaft wächst. In modernen Gesellschaften steigt insofern zusammen mit der Komplexität auch die Selektivität, da die Diskrepanz zwischen der Komplexität möglicher und aktualisierter Zustände nicht abnimmt sondern zunimmt. Leistungen sind damit stets selektiv und ihre Selektivität wächst ständig.

Aus diesen strukturellen Gegebenheiten moderner Gesellschaften ergibt sich ein Problem, das man als das beherrschende Grundproblem moderner Gesellschaften überhaupt bezeichnen könnte. Es läßt sich in folgender Fragestellung zum Ausdruck bringen:

Wie können in modernen Gesellschaften Leistungen beliebig vermehrt und verändert werden und wie kann unter der Bedingung hoher Selektivität der Leistungen deren Abnahme erreicht werden?

Der hohe Bedarf an Leistungen und ihre hohe Selektivität machen die tatsächliche Abnahme der Leistungen durch die betroffenen sozialen Teilsysteme, Institutionen, Organisationen, Gruppierungen und Personen außerordentlich unwahrscheinlich[6]. Es sind immer ganz andere Erwartungen über Leistungen möglich, als tatsächliche Leistungen bereitgestellt werden. Infolgedessen ist ein hohes Ausmaß an Erwartungsenttäuschungen unvermeidlich, das Widerstand gegen angebotene Leistungen wahrscheinlich und relativ zwanglose Abnahme von Leistungen unwahrscheinlich werden läßt. Die Produktion von Gütern, die Bereitstellung von Diensten, von Wissen, Wissensvermittlung, Werten, Normen und politischen Entscheidungen kann stets am tatsächlichen Bedarf vorbeigehen; sie kann sehr viele Erwartungen enttäuschen. In den strukturellen Grundeigenschaften moderner Gesellschaften sind deshalb unvermeidlich Krisentendenzen angelegt. Überraschend ist insofern gerade nicht ihre Krisenanfälligkeit, sondern der dennoch erreichte, wenn auch stets gefährdete Grad an Stabilität[7].

Dieser soweit charakterisierten allgemeinen Problemstellung ist das hier untersuchte Problem der Legitimität von Normsetzungen und politischen Entscheidungen in modernen Gesellschaften zuzuordnen. Normsetzungen und politische Entscheidungen sind als besondere Arten von Leistungen zu begreifen. Auch diese Leistungen unterliegen dem Zwang ständiger Vermehrung, die Veränderung einschließt, und dem Zwang zur Selektion. Die Frage lautet hier:

Wie können in modernen Gesellschaften Normsetzungen und politische Entscheidungen beliebig vermehrt und verändert werden und wie kann unter der Bedingung hoher Selektivität der Normsetzung und politischen Entscheidung deren Abnahme erreicht werden?

Nun kann man sich als eine Lösungsmöglichkeit dieses Problems die Androhung und Anwendung von Zwang und Gewalt vorstellen. Die hohe Selektivität der Leistungen moderner Gesellschaften würde dabei eine entsprechend hohe Konzentration und ein hohes Ausmaß an Zwang und Gewalt in der Gesellschaft erforderlich machen. Wir wissen allerdings, daß diese Lösung kaum dauerhaft stabilisierbar ist[8]. Selbst bei einer hohen Konzentration der Mittel zu physischer Gewaltsamkeit in der Gesellschaft besteht gerade infolge der hohen Selektivität aller Entscheidungen ständig die Gefahr zur Bildung von Fraktionen, die im Kampf um die Verfügung über die Gewaltmittel liegen.

Diese allgemeine Frage erscheint im Hinblick auf Normsetzung und politische Entscheidung als die Frage nach deren Legitimität[9]. Das Problem der Legitimität von Normsetzungen und politischen Entscheidungen ist demgemäß als Sonderfall des allgemeinen Problems der Sicherstellung relativ zwangloser Abnahme von Selektionsleistungen zu betrachten.

Die Frage der Legitimität kann sowohl unmittelbar auf die Normen und politischen Entscheidungen bezogen werden als auch unmittelbar auf die zur allgemeinen Durchsetzung ihrer Verbindlichkeit verwendete politische Macht und damit nur mittelbar auf die Normen und politischen Entscheidungen selbst. Legitimität ist dabei im Sinne eines Legitimitätsglaubens auf der Seite der Abnehmer von Normsetzungen und politischen Entscheidungen zu verstehen. Es ist ein Glaube in die Legitimität der Normen und politischen Entscheidungen selbst oder in die Legitimität der dabei verwendeten politischen Macht. Der Legitimitätsglaube ist ein Motiv, auf Grund dessen Normsetzungen, politische Entscheidungen oder die zu ihrer Durchsetzung verwendete politische Macht zwanglos abgenommen werden[10].

Wie können nun moderne Gesellschaften das Problem der relativ zwanglosen Abnahme der Verwendung politischer Macht, der Normsetzungen und politischen Entscheidungen bei hoher Selektivität lösen, also deren Legitimität sicherstellen? Auf diese Frage soll im Rahmen der vorliegenden Untersuchung eine Antwort gesucht werden. Ausgegangen wird hierbei von einer Selektion relevanter theoretischer Alternativen, in denen Lösungsansätze der genannten Problemstellung enthalten sind. Zunächst wird rekonstruiert und kritisch analysiert, welche Lösung des Legitimitätsproblems sich aus der dialektischen und historisch-materialistischen Perspektive bei Marx ergibt[11]. Im Anschluß daran wird ein Lösungsansatz dargestellt und der Kritik unterworfen, der sich der Tradition des Marxismus zurechnet, aber gleichwohl über diesen hinausgeht: die Konsenstheorie der Normlegitimation von Jürgen Habermas[12]. Beiden Ansätzen ist, wie Habermas selbst formuliert, gemeinsam, daß die Klassenstruktur

„in letzter Instanz Ursache des Legitimationsdefizits"[13]

moderner Gesellschaften ist. Diese Annahme könnte allerdings den Blick für die eingangs dargestellten allgemeinen strukturellen Ursachen der hohen Unwahrscheinlichkeit von Legitimität verstellen und Lösungen nahelegen, die gerade an dem Problem der beliebigen Vermehrung und der hohen Selektivität der Normsetzung und politischen Entscheidung vorbeigehen. Sie könnten sich dann als Pseudolösungen des Problems der Sicherstellung von Legitimität erweisen.

Nach der kritischen Auseinandersetzung mit diesen marxistischen und neomarxistischen Lösungsansätzen wird mit der Rekonstruktion von Max Webers Analysen die Voraussetzung für die systematische Erarbeitung der Legitimitätsbedingungen von Normsetzungen und politischen Entscheidungen in modernen Gesellschaften geschaffen. Zunächst wird herausgearbeitet, inwiefern bei Weber eine Erklärung der Legitimität des sogenannten legal-rational gesetzten Rechts fehlt[14]. Im Anschluß daran wird jedoch gezeigt, daß sich in Webers Schriften zum Verhältnis von Wissenschaft und Politik Ansätze einer Lösung des Problems finden lassen, die man mit dem Begriff des strukturellen Pluralismus umschreiben kann[15]. Dieser sogenannte strukturelle Pluralismus bildet ein grundlegendes Element einer Lösung des Legitimitätsproblems durch die prinzipielle Offenheit der Normsetzung und politischen Entscheidung. Eine entscheidende Wendung wird dabei sein, nach der Legitimität von Normen und politischen Entscheidungen nur noch mittelbar über die Legitimität der Verwendung politischer Macht zu fragen. Politische Macht wird dabei als ein symbolisches und generalisiertes Kommunikationsmedium betrachtet, das die verbindliche Durchsetzung politischer Entscheidungen garantiert. Diese Lösung soll im Anschluß an neuere Ansätze der Soziologie politischer Systeme systematisch entwickelt werden[16]. Erste Schritte zur erklärenden Anwendung der entwickelten Theorie sollen einen Beitrag zur Integration von allgemeiner Theoriebildung und empirischer Forschung leisten. Wenn man so will, könnte die Theorie als ein Teilstück einer Theorie der offenen Gesellschaft verstanden werden[17].

II. Alternative Theorien der Legitimität

1. Karl Marx: Die Legitimität der revolutionären Praxis und der klassenlosen Gesellschaft

Die Frage der Möglichkeiten einer Legitimation von Normsetzungen ist bei Marx im Rahmen des allgemeinen Verhältnisses zwischen Ideengebilden und der materiellen Praxis zu untersuchen. Die jeweilige materielle Praxis einer Gesellschaftsformation ist als ein System der Beziehungen zwischen Menschen zu sehen, das auf die soziale Produktion und Reproduktion des Lebens bezogen ist. Diese Verhältnisse sind Interaktionen, die durch geltende Normen reguliert werden müssen. Es entsteht demgemäß das Problem der Legitimation dieser Normen. Diese Legitimation wird durch Ideengebilde geleistet.

Das Spezifische des Marxschen Ansatzes ist nun, daß einerseits das Entstehen der Ideengebilde aus der materiellen Praxis zu erklären ist und andererseits die Ideengebilde auf die materielle Praxis stabilisierend durch die Vermittlung von Legitimationen zurückwirken. Dieser Zusammenhang zwischen der materiellen Praxis und den Ideengebilden ist prinzipiell unauflöslich. Die Ideengebilde, also vor allem auch die Wissenschaft, stehen immer in diesem Verhältnis der Bedingtheit und rückwirkenden Legitimation zur materiellen Praxis. Das bedeutet, daß die Wissenschaft nur dann keine ideologischen Pseudolegitimationen einer bloßen Selektion von Normen unter einer Vielzahl von Alternativen vermittelt, wenn die materielle Praxis selbst nicht mehr der Legitimation *gegenüber solchen Alternativen* bedarf. Marx sieht diese Lösung in der revolutionären Praxis und in der Praxis einer Gesellschaft ohne Klassenteilung realisiert.

Seine Lösung des Problems der Normlegitimation ist deshalb nicht eine Trennung der Wissenschaft von der unmittelbaren Normlegitimation, sondern die Bindung der Wissenschaft an eine materielle Praxis, in welcher Normbegründung ohne Zwang zur Realitätsverzerrung möglich ist. Diese Argumentation soll nun im einzelnen dargestellt und kritisch geprüft werden[1].

1.1. Ideen als Widerspiegelung und als Legitimation der materiellen Praxis

1.1.1. Die Legitimation des historisch Vergänglichen und Partikularen als das allgemein Gültige in der Klassengesellschaft

Der Zusammenhang zwischen Praxis und Erkenntnis nimmt im Rahmen des Marxismus unterschiedliche Bedeutungen an, die in der Regel in ihrem jeweiligen Kontext kaum explizit erläutert werden. Man könnte diese Mehrdeutigkeit auch in dem Ausdruck fassen, daß zwischen Erkenntnis und Praxis ein dialektisches Verhältnis bestehe. Zunächst gilt die Annahme, daß Erkenntnis stets auf der Grundlage der Praxis entstehe bzw. aus der materiellen Praxis zu erklären sei. So heißt es in der „Deutschen Ideologie":

„Sie (die historisch-materialistische Geschichtsauffassung) . . . erklärt die Ideenformation aus der materiellen Praxis"[2].

Ideen, in Gestalt der Religion, Philosophie oder Sozialwissenschaften, sind sogenannte *ideologische Reflexe* der materiellen Praxis. Diese Formulierung bedeutet, daß in diesen Ideengebilden der Charakter der materiellen Praxis ausgedrückt wird, also die Art und Weise, in der die Menschen auf einer bestimmten historischen Entwicklungsstufe ihre soziale Produktion und Reproduktion erreichen, vor allem, welche Beziehungen sie dabei eingehen. Ideengebilde sind Spiegelbilder oder auch Widerspiegelungen dieser materiellen Verhältnisse. Das heißt indessen nicht, daß sie eine wahrheitsgemäße Beschreibung oder Erklärung der Strukturen und Prozesse oder der sozialen Beziehungen geben, welche die materielle Praxis bestimmen. Die Beziehung zwischen der materiellen Praxis und den Ideengebilden ist als eine sogenannte dialektische Beziehung zu verstehen. Die Ideen beschreiben und erklären nicht nur die materielle Praxis, sondern sie vermitteln auch Legitimationen dieser Praxis; sie wirken dadurch stabilisierend auf die Praxis zurück, der sie ihr Entstehen verdanken.

Marx sieht diese Legitimationsfunktion vor allem durch zwei Eigenschaften solcher Ideengebilde erfüllt. Sie drücken zunächst die materiellen Verhältnisse, die materielle Praxis, als sogenannte ewige, unveränderliche Verhältnisse, historisch relative Wahrheiten als absolute Wahrheiten, z. B. historisch relative ökonomische Gesetze als absolute Gesetze aus. In diesem Sinne schreibt Marx über die bürgerliche politische Ökonomie:

„Die ökonomischen Kategorien sind nur die theoretischen Ausdrücke, die Abstraktion der gesellschaftlichen Produktionsverhältnisse . . .
Die sozialen Verhältnisse sind eng verknüpft mit den Produktivkräften. Mit der Erwerbung neuer Produktivkräfte verändern die Menschen ihre Produktionsweise und mit der Veränderung der Produktionsweise, der Art ihren Lebensunterhalt zu gewinnen, verändern sie alle ihre gesellschaftlichen Verhältnisse . . . Aber dieselben Menschen, welche die sozialen Verhältnisse gemäß ihrer materiellen Produktionsweise gestalten, gestalten auch die Prinzipien, die Ideen, die Kategorien gemäß ihren gesellschaftlichen Verhältnissen. Somit sind diese Ideen, diese Kate-

gorien, ebensowenig ewig wie die Verhältnisse, die sie ausdrücken. Sie sind historische, vergängliche, vorübergehende Produkte"[3].

Es wird hierbei angenommen, daß die materielle Praxis einer historischen Entwicklung folgt und daß die Ideengebilde, die einer bestimmten materiellen Praxis ihr Entstehen verdanken und dieser zugleich gedanklichen Ausdruck verleihen, sich selbst mit einer bestimmten materiellen Praxis auflösen werden. Dieser Tendenz wirken sie jedoch selbst entgegen, indem sie eine bestehende, historisch vergängliche materielle Praxis als ewige und absolut gültige darstellen. So schreibt Marx über die bürgerliche politische Ökonomie weiter:

„Die Ökonomen stellen die bürgerlichen Produktionsverhältnisse, Arbeitsteilung, Kredit, Geld, etc., als fixe, unveränderliche, ewige Kategorien hin..."[4].
„Wenn die Ökonomen sagen, daß die gegenwärtigen Verhältnisse – die Verhältnisse der bürgerlichen Produktion – natürliche sind, so geben sie damit zu verstehen, daß es Verhältnisse sind, in denen die Erzeugung des Reichtums und die Entwicklung der Produktivkräfte sich gemäß den Naturgesetzen vollziehen. Somit sind diese Verhältnisse selbst von dem Einfluß der Zeit unabhängige Naturgesetze. Es sind ewige Gesetze, welche stets die Gesellschaft zu regieren haben..."[5].

Eine bestimmte materielle Praxis kann in verschiedener Hinsicht durch darauf bezogene Ideengebilde als ewig und unveränderlich erscheinen. Es können die sozialen Interaktionen, wie sie dabei ablaufen, selbst unveränderlich dargestellt werden. Aber auch die Werte und Normen, durch welche diese Interaktionen reguliert werden, können als faktisch unveränderlich oder als absolut legitim, vor allem als Ausdruck der „gemeinschaftlichen Interessen" der Gesellschaftsmitglieder erscheinen. Schließlich können spezifische empirische, z. B. ökonomische Gesetzmäßigkeiten, wie Konjunkturzyklen, als immer geltend dargestellt werden. Sowohl behauptende Aussagen über faktische Tatbestände und Gesetzmäßigkeiten als auch Begründungen von Werten und Normen mögen demgemäß historisch relativ Geltendes als absolute Wahrheit ausdrücken. Ideengebilde enthalten zwar insofern einen wahren Kern, als sie Strukturen und Prozesse einer bestehenden materiellen Praxis relativ zur historischen Entwicklungsstufe richtig zum Ausdruck bringen, aber indem sie diese historische Relativität nicht erkennbar machen, sind sie falsch und damit ideologische Verzerrungen der objektiven Realität[6].

Dieser ideologische Charakter wird durch eine zweite Eigenschaft von Ideengebilden weiter verstärkt, nämlich dann, wenn die Art der Institutionalisierung der materiellen Praxis zugleich ein Verhältnis der Klassenherrschaft bedeutet. Die Institutionalisierung der materiellen Praxis befriedigt in diesem Falle vor allem das partikulare Interesse einer herrschenden Klasse. Die Begründung der entsprechenden Normen und empirischen Gesetzmäßigkeiten, durch welche die materielle Praxis reguliert wird, als allgemein gültig, bedeutet dann die Verbrämung partikularer Interessen als gemeinschaftliche Interessen[7]. Darin kommt eine zweite Form der Legitimation der materiellen Praxis durch Ideengebilde zum Ausdruck[8].

Soweit läßt sich mit Marx zeigen, auf welche Weise Ideengebilde die materielle Praxis zwar teilweise wahr, aber schließlich falsch reflektieren können und inwiefern sie „dialektisch" stabilisierend auf diese Praxis zurückwirken sowie die darin enthaltenen partikularen Interessen als gemeinschaftliche ausdrücken. Damit ist allerdings noch nicht erklärt, welche Bedingungen dazu führen, daß eine solche ideologische Verzerrung der materiellen Praxis in den Ideengebilden zustandekommt. Obwohl diese beiden grundsätzlich verschiedenen Fragen bei Marx kaum hinreichend getrennt werden, gibt es Anhaltspunkte, die darauf hindeuten, daß diese Frage funktionalistisch oder handlungsrational beantwortet werden könnte[9].

Die Tatsache, daß Ideengebilde historisch Veränderliches und Partikulares als allgemein Gültiges darstellen, hat die Stabilisierung und Legitimierung der materiellen Verhältnisse und der darin enthaltenen Klassenherrschaft zur Folge. Nun mag man den Bestand einer materiellen Praxis, welche Klassenherrschaft impliziert, davon abhängig machen, daß sie in der geschilderten Art legitimiert und stabilisiert wird. Daraus könnte geschlossen werden, daß die Ideengebilde in der dargestellten Form die materielle Praxis ideologisch verzerrt reflektieren, soweit materielle Verhältnisse in Gestalt einer Klassenherrschaft fortbestehen. Eine handlungsrationale Erklärung würde sich des Arguments bedienen, daß die herrschende Klasse selbst aus dem Interesse an der Stabilisierung ihrer Herrschaft — sozusagen in rationaler Voraussicht — ihren partikularen Interessen einen allgemein gültigen Ausdruck verleiht. Marx' und Engels' Formulierungen entsprechen möglicherweise beiden Arten der Erklärung, wenn sie z. B. schreiben:

„Jede neue Klasse nämlich, die sich an die Stelle einer vor ihr herrschenden setzt, ist genötigt, schon um ihren Zweck durchzuführen, ihr Interesse als das gemeinschaftliche Interesse aller Mitglieder der Gesellschaft darzustellen, d. h. ideell ausgedrückt, ihren Gedanken die Form der Allgemeinheit zu geben, sie als die einzig vernünftigen, allgemein gültigen darzustellen"[10].

Wie dem auch sei, der genannte Zusammenhang läßt sich nur so fassen, daß der Bestand einer Klassenherrschaft die Wirkung ideologischer Verzerrungen als notwendige Bedingung, aber auch nur als solche und nicht schon als hinreichende, voraussetzt, gleichviel ob man dies funktionalistisch, evolutionär oder handlungsrational als Kalkulation handelnder Subjekte erfaßt. Man hat es mit einer Aussage folgender Struktur zu tun:

$(x)(y)(Px \leftarrow Qy)$

(x) = Ideen, (y) = Klassenherrschaft, P = Verzerren, Q = Überleben.

Umgekehrt ist dann das Fortbestehen von Klassenherrschaft eine hinreichende Bedingung für die Existenz ideologischer Verzerrungen.

Vor dem Hintergrund dieser Systematisierung des Marxschen Arguments erweist sich jedoch eine weitere Schlußfolgerung als nicht korrekt, für die sich bei Marx Andeutungen finden lassen und die später vor allem in der offiziellen Parteilehre verstärkt angewendet wird. Es handelt sich um die Annahme, daß mit dem Ende der Klassenherrschaft auch das Ende systematisch bedingter ideologischer Verzerrung der materiellen Praxis gegeben sei. So schreiben Marx und Engels:

„Dieser ganze Schein, als ob die Herrschaft einer bestimmten Klasse nur die Herrschaft gewisser Gedanken sei, hört natürlich von selbst auf, sobald die Herrschaft von Klassen überhaupt aufhört, die Form der gesellschaftlichen Ordnung zu sein, sobald es also nicht mehr nötig ist, ein besonderes Interesse als allgemeines oder ‚das Allgemeine' als herrschend darzustellen"[11].

Ist das Fortbestehen einer Klassenteilung der Gesellschaft eine hinreichende Bedingung für die Existenz ideologisch verzerrter Widerspiegelungen der materiellen Praxis durch Ideengebilde, dann folgt daraus nicht, daß die Nicht-Existenz von Klassenteilung eine hinreichende Bedingung für die Nicht-Existenz von ideologisch verzerrenden Ideengebilden sei. Die Aussage $(x)(y)$ $(Qy \rightarrow Px)$ impliziert nicht die Aussage $(x)(y)$ $(-Qy \rightarrow -Px)$.

Inhaltlich gesprochen bedeutet dies, daß es beliebige andere hinreichende Bedingungen für ideologische Verzerrungen geben kann, die nach der Beseitigung von Klassenteilungen oder von Herrschaft allgemein nach wie vor weiterbestehen. Dies ist jedoch nicht nur eine hypothetische Annahme, sondern auch tatsächlich der Fall. Jede materielle Praxis erfordert bei komplexen sozialen Beziehungen eine stets wachsende Zahl von Entscheidungen und von Normsetzungen, an denen das Handeln in der Praxis orientiert ist. Welche Entscheidungen und Normen dabei tatsächlich das gemeinschaftliche Interesse der Gesellschaftsmitglieder repräsentieren, läßt sich bei so hoher Komplexität des bestehenden Normengefüges nicht mehr ohne weiteres bestimmen. Mit der Komplexität des Normengefüges nimmt darüberhinaus die Zahl der dadurch ausgeschlossenen Alternativen zu, die gleichwohl ein gemeinschaftliches Interesse repräsentieren können[12]. Auch in einer klassenlosen Gesellschaft ist deshalb nicht zu vermeiden, daß de facto sehr unterschiedliche Interpretationen des gemeinschaftlichen Interesses existieren werden. Dadurch gerät jede materielle Praxis unter einen hohen Legitimationszwang. Dieser Legitimationszwang bedeutet, daß die konkrete Gestalt der materiellen Praxis sich auch hier gegenüber Alternativen als die allgemein gültige, das wahre gemeinschaftliche Interesse repräsentierende Praxis ausweisen muß, um überhaupt fortbestehen zu können, d. h. hinreichend akzeptiert zu werden.

Dieser Zusammenhang wird weiter verstärkt durch den Tatbestand, daß Klassenlosigkeit noch nicht notwendigerweise die Auflösung anderer Arten von Widersprüchen zwischen partikularen Interessen zur Folge haben muß, z. B. zwischen Interessen der Parteikader, der zentralen Planungsbehörde, der Einzelbetriebe, der Betriebsleitung, der Arbeiter, der Wirtschaftssektoren usw. Dies impliziert wiederum, daß solche partikularen Interessen durch jeweilige Institutionalisierungen der materiellen Praxis in unterschiedlichem Ausmaß befriedigt werden. Jede Selektion einer materiellen Praxis muß sich dementsprechend auch gegenüber den nicht selegierten partikularen Interessenansprüchen legitimieren. Auch dies ist nur möglich, wenn sie sich als allgemein gültige, die wahren gemeinschaftlichen Interessen repräsentierende Praxis auszeichnen kann.

Die soweit geschilderten strukturellen Gegebenheiten komplexer Gesellschaften machen es erforderlich, die Marxschen Annahmen über die Bedingungen ideologischer Verzerrungen der materiellen Praxis durch Ideen wesentlich allgemeiner zu fassen. Mit zunehmender Komplexität und Selektivität der materiellen Praxis wächst auch bei Klassenlosigkeit der Legitimationsbedarf in Gestalt von Verallgemeinerungen des Besonderen. Es entsteht ein Zwang zur Darstellung einer materiellen Praxis, die immer auch anders sein könnte, also hohe Selektivität besitzt, als die allgemein gültige, obwohl dies tatsächlich nicht begründet werden könnte. Man muß die Marxsche These allgemeiner formulieren: Jede materielle Praxis kann nur fortbestehen, wenn sie durch ideologische Verzerrungen gegenüber anderen Alternativen als die allgemein gültige erscheint, sofern ihre inhaltliche Begründung Bedingung ihrer faktischen Legitimität ist.

1.1.2. Revolutionäre Praxis und klassenlose Gesellschaft als Bedingungen zwangloser Legitimation

Aus den bislang dargelegten Überlegungen ergeben sich Folgerungen im Hinblick auf einen zweiten Aspekt der dialektischen Beziehung zwischen Praxis und Erkenntnis, nämlich im Hinblick auf die Praxis als Kriterium der Wahrheit oder der Bewährung von Erkenntnis. Die Praxis gilt nämlich nicht nur als Entstehungsbedingung von Ideen, sondern zugleich als ihr Bewährungskriterium[13]. Eine charakteristische Formulierung über diese Beziehung zwischen Praxis und Erkenntnis ist Marx' 2. These über Feuerbach:

„Die Frage, ob dem menschlichen Denken gegenständliche Wahrheit zukomme — ist keine Frage der Theorie, sondern eine praktische Frage. In der Praxis muß der Mensch die Wahrheit, i. e. Wirklichkeit und Macht, Diesseitigkeit seines Denkens beweisen"[14].

Eine problematische Frage ist nun, wie es überhaupt möglich ist, daß die materielle Praxis zugleich die Entstehungsbedingung von Ideen ist und deren Prüfungsinstanz bzw. Wahrheitskriterium bildet sowie rückwirkend durch die Ideen stabilisiert wird. Die Eigenschaft einer Prüfungsinstanz impliziert, daß das Geprüfte an der Prüfungsinstanz prinzipiell scheitern kann. Wie sollen jedoch Ideen an der Praxis als Wahrheitskriterium scheitern können, wenn sie notwendige Begleiterscheinungen gerade dieser Praxis sind. Dabei ist zu berücksichtigen, daß der Begriff der Praxis als Wahrheitskriterium nicht einfach eine andere Bedeutung annehmen kann als der Begriff der Praxis als Entstehungsbedingung von Ideen. Keinesfalls ist der Begriff der Praxis als Wahrheitskriterium nur im Sinne des außerhalb des Marxismus üblichen Sprachgebrauchs zu verstehen. Es ist nicht einfach die Bewährung von Hypothesen in der Praxis in dem Sinne gemeint, daß die Hypothesen sich bei Überprüfung als mit den Tatsachen übereinstimmend erweisen oder instrumentell erfolgreiches praktisches Handeln ermöglichen, weil sie die richtigen Mittel für bestimmte Zwecke nennen. Es ist vielmehr nach wie vor die spezielle Beziehung zwischen Praxis und Ideen in dem Sinne gültig, daß Ideen eine bestimmte materielle Praxis widerspiegeln und sich dabei Wahres und Falsches entsprechend dem unterschiedlichen Bedarf der Praxis nach ideologisch verzerrender Rechtfertigung miteinander vermischt.

Diese Art der materiellen Praxis kommt nur soweit als adäquates Wahrheitskriterium in Frage, wie sie selbst nicht ideologische Verzerrungen bedingt. Es ist deshalb naheliegend, daraus zu schließen, daß die Praxis als Wahrheitskriterium um so mehr eine Annäherung an die absolute Wahrheit ermöglicht, je weniger sie der Stabilisierung des Partikularen, nur historisch relativ Gültigen durch dessen Verschleierung als das allgemein Gültige bedarf. Infolge dieser Beziehung zwischen Praxis und Erkenntnis ist eine Annäherung an die Wahrheit erst durch Veränderung der materiellen Praxis möglich, nicht durch bloße theoretische Kritik. Die Erkenntnis kann nur dann über die Wahrheitsnähe der bestehenden Erkenntnis in einer bestehenden Praxis hinausgelangen, wenn eine veränderte Praxis aufgrund ihres geringeren Bedarfs an Verallgemeinerung des Partikularen und historisch Relativen eine solche größere Wahrheitsannäherung überhaupt zuläßt[15]. Diese Folgerung aus der Entstehungs- und Stabilisierungsbeziehung zwischen Praxis und Erkenntnis wird von Marx und Engels in der „Deutschen Ideologie" explizit formuliert:

> „Sie (die historisch-materialistische Geschichtsauffassung) erklärt die Ideenformation aus der materiellen Praxis und kommt demgemäß auch zu dem Resultat, daß alle Formen und Produkte des Bewußtseins nicht durch geistige Kritik, durch Auflösung ins ‚Selbstbewußtsein' oder Verwandlung in ‚Spuk', ‚Gespenster', ‚Sparren' etc., sondern nur durch den praktischen Umsturz der realen gesellschaftlichen Verhältnisse, aus denen diese idealistischen Flausen hervorgegangen sind, aufgelöst werden können − daß nicht die Kritik, sondern die Revolution die treibende Kraft der Geschichte auch der Religion, Philosophie und sonstigen Theorie ist"[16].

Nur auf der Grundlage einer revolutionären Praxis ist deshalb Wahrheitsannäherung der Ideen und der Wissenschaft möglich. Innerhalb einer bestehenden Gesellschaft können deshalb nur Ideen über die Wahrheitsnähe der bestehenden Erkenntnis hinausgelangen, die sich selbst an dem Kriterium einer revolutionären Praxis bewähren, die über die bestehenden materiellen Verhältnisse hinausführt.

Bezieht man in diesen Zusammenhang zwischen revolutionärer Praxis und Wahrheitsannäherung den spezifischen Klassencharakter der materiellen Praxis mit ein, dann drängt sich der Schluß auf, daß diejenige Praxis, welche die Klassenteilung selbst letzten Endes aufhebt, am weitestgehenden Wahrheitsannäherung ermöglicht. Insofern stellt diese Praxis das höchste Wahrheitskriterium dar. Wird davon ausgegangen, daß diese Rolle der Arbeiterklasse zufällt, kann schließlich angenommen werden, daß die Praxis der Arbeiterklasse die Bedingungen weiterer Wahrheitsannäherung herstellt. Dies kann wiederum dadurch gerechtfertigt werden, daß die Praxis dieser Klasse nicht mehr dem Zwang untersteht, partikulare Interessen als allgemein gültige oder gemeinschaftliche erscheinen zu lassen. Es entfällt die Notwendigkeit der Stabilisierung der materiellen Praxis gegen mögliche Alternativen. Aus diesem Grunde kann z. B. formuliert werden:

> „. . . je unbefangener und rücksichtsloser die Wissenschaft vorgeht, desto mehr befindet sie sich im Einklang mit den Interessen und Strebungen der Arbeiter"[17].

Diese Folgerung aus den Marxschen Überlegungen über die Beziehung zwischen Praxis und Erkenntnis und die Praxis als Kriterium der Erkenntnis werden heute in der parteioffiziellen Lehre zur Gewißheit verdichtet:

> „Die neue Qualität der Klasse des Proletariats als Geschichtssubjekt bedingt erstmalig ein Erkenntnissubjekt, das uneingeschränkt an der Wahrheitserkenntnis in Natur und Gesellschaft interessiert ist"[18].

Infolge dieses Verhältnisses zwischen der Wahrheitsannäherung und den Interessen sowie der Praxis der Arbeiterklasse wird dann die Einheit von Wahrheitssuche und Parteilichkeit postuliert. In diesem Sinne schreibt H.-J. Sandkühler:

„Die Wissenschaft nimmt Partei für die bewußte Produktion der Geschichte — nicht abstrakt — allgemein, sondern konkret entsprechend den jeweiligen historischen Bedürfnissen nach einer bestimmten, den sozialen Interessen bestimmter Individuen und Klassen angemessenen Wirklichkeit. Sie ist ihrer Form nach theoretisch; sie ist ihrer Funktion nach wesentlich praktisch. Die Praxis ist das Kriterium wissenschaftlicher Wahrheitskonstitution und Wahrheit. In der Praxis wird das Subjekt, für das die Wissenschaft fungiert, benennbar, identifizierbar. In der gegenwärtigen historischen Epoche kann die Frage, was Wissenschaft sei, nur in der Perspektive der höchsten Form und Qualität gesellschaftlichen wissenschaftlichen Bewußtseins beantwortet werden: in der Perspektive des wissenschaftlichen Sozialismus, d. h. der Wissenschaft im Sozialismus"[19].

Noch deutlicher wird diese Gewißheit im Marxistisch-Leninistischen Wörterbuch für Philosophie ausgedrückt:

„Die Parteinahme für die Interessen der Arbeiterklasse ist gleichbedeutend mit der Parteinahme für den gesamtgesellschaftlichen Fortschritt. Da der revolutionäre Kampf der Arbeiterklasse um die Errichtung einer menschenwürdigen, von Ausbeutung freien sozialistisch-kommunistischen Gesellschaftsordnung sich auf wissenschaftlicher Grundlage vollzieht, fällt die Parteinahme für diesen Kampf mit der wissenschaftlichen Objektivität ineins. Parteilichkeit und Wissenschaftlichkeit schließen in der sozialistischen Ideologie einander nicht aus, sondern sind zwei einander wechselseitig bedingende wesentliche Momente der sozialistischen Ideologie im allgemeinen und des dialektischen und historischen Materialismus im besonderen"[20].

In ähnlich schematischer Form wird auch der Gedanke interpretiert, das Fortbestehen von Klassenherrschaft setze ideologisch verzerrte Legitimationen durch Ideengebilde voraus. Dieser Gedanke wird auf die Wissenschaft innerhalb der kapitalistischen Klassengesellschaft generell übertragen. Dabei muß allerdings eine vollkommene Interdependenz zwischen den entsprechenden Teilsystemen unterstellt werden. Bei Sandkühler heißt es:

„Wissenschaftsfortschritt und Befreiung klaffen im Kapitalismus immer weiter auseinander. Zur Akkumulation des wissenschaftlich verfügbaren Wissens durch die Minderheit derer, die über die Produktivkraft Wissenschaft als Eigentümer wie über ein Produktionsmittel verfügen, gesellt sich die Ohmacht und Spontaneität im Alltagsbewußtsein der Massen, die als Wissenschaftskonsumenten von diesem Produktionsmittelbesitz ausgeschlossen bleiben"[21].

Ähnlich schreibt F. Tomberg:

„Wo aber kapitalistische Produktionsverhältnisse bestehen, kann sich die universalwissenschaftliche Intention der Wissenschaft nicht verwirklichen: Die Wissenschaft kann nicht zum Moment einer gesellschaftlichen Praxis werden, die auf die universelle Herrschaft des Menschen über alle seine Lebensbedingungen, die natürlichen wie die gesellschaftlichen, gerichtet ist. sondern sie wird, indem sie die Herrschaft des Menschen über die Natur befördert, zugleich zum Instrument der Herrschaft einer Gesellschaftsklasse über die andere"[22].

An anderer Stelle schreibt Tomberg:

„Das Kapitalsystem fördert die Wissenschaft nur, soweit sie seinen Interessen dienlich ist ... Die Großtaten der Wissenschaft sind ohne das Ethos der Wahrheitsfindung undenkbar. Da die Wahrheit heute aber zum Kapitalismus und seiner Widervernunft in unversöhnlichem Gegensatz steht, befinden sich bürgerliche Wissenschaftler, die es mit beiden halten wollen, in einer heiklen Lage. Sie können auf die Dauer nicht zwei Herren zugleich dienen, die sich völlig miteinander überworfen haben" [23].

1.2 Kritische Betrachtung: Die Selektivität jeder revolutionären Praxis und klassenlosen Gesellschaft

Nun hat sich allerdings gezeigt, daß von der Aussage, jede Klassenherrschaft setzte zu ihrer Fortexistenz ideologische Verzerrungen als notwendige Bedingung voraus, nicht auf die Aussage geschlossen werden kann, die Nicht-Existenz von Klassenherrschaft habe die Befreiung der Erkenntnis von derartigen Zwängen zur Folge bzw. die Nicht-Existenz ideologischer Verzerrungen. Das gilt noch viel weniger für den weiterreichenden Schluß, daß die Praxis der Arbeiterklasse das spezifisch nicht-verzerrende Wahrheitskriterium sei.

Auch hier gilt darüber hinaus der inhaltliche Einwand, daß sowohl die materielle Praxis in einer klassenlosen Gesellschaft als auch die Praxis der Arbeiterklasse zunächst relativ leere Kategorien darstellen, die mit Bedeutung erfüllt werden müssen. Wenn ihnen jedoch eine spezifische Bedeutung verliehen wird, dann ist dies immer nur eine eng begrenzte Selektion unter sehr vielen möglichen anderen Bedeutungen. Zu jeder inhaltlichen Bestimmung der materiellen Praxis oder des Interesses der Arbeiterklasse oder des gemeinschaftlichen Interesses gibt es prinzipiell mit zunehmender Komplexität der materiellen Praxis selbst de facto sehr viele alternative Bestimmungen. Das bedeutet, daß sich auch solche Selektionen als materielle Praxis oder als Interesse der Arbeiterklasse oder als gemeinschaftliches Interesse gegenüber ihren konkurrierenden Alternativen als die allgemein gültigen ausweisen müssen, obwohl sie nur besondere Interpretationen unter anderen besonderen Interpretationen sind. Auch sie erliegen deshalb dem von Marx beschriebenen Zwang, das historisch Vergängliche und Besondere als das allgemein Gültige darzustellen[24].

Wenn dies der Fall ist, dann erweist sich die Marxsche Lösung des Problems der Beziehung zwischen Wissenschaft und Praxis und des Problems der Normlegitimation ohne Zwang zur ideologischen Verzerrung in der revolutionären Praxis als Scheinlösung. Die daran anknüpfende offizielle Parteilehre fällt selbst auf den Status der Verschleierung eines *möglichen* Entwurfs der materiellen Praxis unter anderen möglichen Entwürfen als des allgemein Gültigen zurück. Dies wird tatsächlich von jenen Marxisten gesehen, die sich gegen die offizielle Parteilehre wenden. Sie kritisieren, daß die Praxis oder das Interesse der Arbeiterklasse in der Definition durch die marxistisch-leninistische Partei zum Dogma erhoben worden ist, obwohl sich auch prinzipiell andere Definitionen denken lassen[25]. Sie sehen allerdings nicht, daß die systematische Ursache dafür in der Marxschen Deutung der dialektischen Beziehung zwischen Praxis und Erkenntnis liegt.

Marx geht davon aus, daß die Erkenntnis von einer gegebenen materiellen Praxis *nicht getrennt* werden kann, die wiederum mehr oder weniger ideologische Verzerrungen bewirkt. Seine Lösung dieses Problems ist nicht, wie z. B. bei Max Weber, die Trennung der Erkenntnis von der Praxis, da dies für ihn gar nicht möglich erscheint[26]. Als Lösung kommt deshalb nur noch die Bindung der Erkenntnis an eine Praxis in Frage, die zur eigenen Stabilisierung nicht mehr der ideolgischen Verzerrung bedarf. Sie macht nicht die Verallgemeinerung des Besonderen erforderlich, weil sie schon das allgemeine Interesse, das allgemein Gültige zum Ausdruck bringt. Dies ist jedoch eine Scheinlösung, da jede materielle Praxis eine Selektion unter anderen Möglichkeiten ist, also in Marx' Worten historisch vergänglich ist; sie muß demgemäß das Besondere als allgemein gültig verschleiern. Aufgrund dessen ist auf keinen Fall zu erwarten, daß bei dieser Verbindung von Praxis und Erkenntnis die Wahrheitsannäherung keinen Beschränkungen unterworfen sei und die entsprechende Normlegtimation durch Wissenschaft ohne ideologischen Zwang auskommt.

Wenn die Praxis in dieser Form explizit als Wahrheitskriterium gilt, dann ist diese Tendenz gar nicht aufzuhalten. Der Begriff der materiellen Praxis muß, wie gezeigt wurde, zu diesem Zweck inhaltlich bestimmt werden, obwohl dies immer nur eine mögliche Bestimmung unter anderen Bestimmungen sein kann. Als Folge ergibt sich dann ein unentscheidbarer Streit um die richtige inhaltliche Bestimmung des Begriffs der revolutionären Praxis, der gemeinschaftlichen Interessen oder des Interesses der Arbeiterklasse, der schließlich nur durch politischen Kampf und politische Übermächtigung beigelegt werden kann. In jedem Fall muß aber eine spezifische Selektion inhaltlicher Aussagen den Praxisbegriff als Wahrheitskriterium ausfüllen.

Da es sich um die inhaltliche Bestimmung der Organisationsform komplexer sozialer Beziehungen handelt, müssen dabei Selektionen von Werten und Normen und auch von empirischen Aussagen über entsprechende Beziehungen zwischen Mitteln und Zwecken getroffen werden. Ist die Praxis *Wahrheitskriterium für Werte, Normen und Aussagen über Tatsachenzusammenhänge*, dann bedeutet dies, daß spezifische inhaltliche Selektionen von *Werten, Normen und Tatsachenaussagen* zur Prüfungsinstanz anderer Werte, Normen und Tatsachenaussagen erhoben werden müssen, die prinzipiell auf der gleichen Sprachebene getroffen werden. Diese Konsequenz wird z. B. explizit von Klaus Holzkamp ausgesprochen, der gegenüber alternativen, rein formalen Wahrheitsbegriffen, wie der Korrespondenztheorie[27], und entsprechenden formalen Prüfungskriterien ein inhaltlich schon bestimmtes Kriterium einführt. Holzkamp schreibt:

„Gesellschaftsbezogene Forschung in der bürgerlichen Gesellschaft ist um so wissenschaftlicher, je deutlicher in ihren Theorien, aus welcher Perspektive und in welchem Kontext auch immer, der alle menschlichen Verhältnisse brutalisierende Widerspruch zwischen Lohnarbeit und Kapital samt seinen gesellschaftlich notwendigen Mystifikationen repräsentiert ist: In dem Grade, als solche Forschung Erkenntniswert besitzt, verändert sie die gesellschaftliche Praxis, deren Moment sie ist, zu emanzipatorischer Praxis"[28].

Wenn nun, wie dies hier herausgearbeitet wurde, eine spezifische Selektion von Werten, Normen und Tatsachenaussagen als materielle Praxis zur Prüfungsinstanz der Wissenschaft gemacht wird und wenn die Wissenschaft wieder rückwirkend Normsetzungen begründet, dann werden diese Selektionen selbst zur Legitimationsinstanz der Normsetzung. Da indessen diese Selektionen sich selbst allenfalls zirkulär gegenüber anderen gleich möglichen Selektionen rechtfertigen könnten, ist Normlegitimation durch die Verbindung von Wissenschaft und revolutionärer Praxis ohne Zwang gegenüber solchen Alternativen nicht möglich.

Das Marxsche Modell ist deshalb keine Lösung, die sich in modernen Gesellschaften ohne ein größeres Ausmaß an Zwang stabilisieren ließe, sofern man im Rahmen dieses Modells verbleibt und nicht auf andere Formen der Normlegitimation zurückgreift. In konkreten Fällen würde dies bedeuten, daß z. B. spezifische Deutungen der Marxschen Klassentheorie oder der Staatstheorie und ihrer weiteren Folgerungen in Verbindung mit allgemeinen Werten wie „Freiheit" und „Gleichheit" eine Selektion konkreter Normen bewirken und zusammen zum Auswahlkriterium anderer sozialwissenschaftlicher Theorien und auch anderer Werte und Normen erhoben werden müßten. Dabei ist zu beachten, daß auch die Klassentheorie oder Staatstheorie noch sehr viele Deutungen zuläßt, also bestimmte Deutungen gegenüber solchen alternativen Deutungen als Prüfungskriterium auftreten würden.

Wenn in der Marxschen Theorie eine systematische Ursache für die vielfach festgestellt Tendenz zum Dogmatismus angelegt ist, dann ist es dieses Modell des Verhältnisses von Praxis und Erkenntnis. Dies muß allerdings nicht bedeuten, daß Marx' konkrete Analysen selbst nur in diesem selbstbestätigenden Sinne gegenüber anderen Theorien einen höheren Wahrheitsanspruch erheben können und daß sich Marx überhaupt der herausgearbeiteten objektiven Konsequenzen des Praxiskriteriums aus den Frühschriften bewußt war, als er z. B. das „Kapital" als theoretische Alternative und Kritik der bürgerlichen Ökonomie schrieb. Es ist deshalb sicherlich eine Interpretation gerade der konkreten Marxschen Analysen möglich, die sich allein an dem Vergleich mit theoretischen Alternativen hinsichtlich ihrer geringeren oder größeren Wahrheitsnähe im Sinne der Übereinstimmung mit der Wirklichkeit orientiert[29].

In diesem Fall ist jedoch die Marxsche Theorie ein Erklärungsansatz unter anderen und es wäre praktisch unvermeidlich, daß sie in der Konkurrenz mit neuen theoretischen Alternativen, wie jede Theorie, in irgendeiner Form und irgendwann durch andere Theorien abgelöst wird. Alle Kenntnis der Wissenschaftsgeschichte zeigt uns, daß die außerordentliche Resistenz einer Theorie gegen Überwindungen durch andere Theorien weniger für die Theorie spricht, als gegen die methodologischen Regeln, die bei der Überprüfung der Theorie angewendet werden.

Die moderne Empirismuskritik hat diesen Zusammenhang besonders deutlich herausgearbeitet. Paul K. Feyerabend schildert dies an einer Stelle in eindringlicher Form:

„Zugleich aber zeigt sich, wenn man die Überlegungen des vorhergehenden Abschnitts zugrundelegt, daß dieser Erfolg, diese wiederholte empirische Bestätigung aber schon gar nichts mit der Wahrheit oder einer Übereinstimmung mit den Verhältnissen in der wirklichen Welt zu tun hat. Ganz im Gegenteil — der Verdacht liegt nahe, daß die Abwesenheit von Schwierigkeiten eine Folge der Verminderung des empirischen Gehalts der Theorie ist, ein Resultat der Eliminierung von Alternativen und jener Tatsachen, die nur mit Hilfe von Alternativen entdeckt werden können. Mit anderen Worten: es ist zu befürchten, daß dieser angebliche Erfolg darauf beruht, daß die Theorie im Verlaufe ihrer Anwendung auf neue Bereiche in ein dogmatisch-metaphysisches System verwandelt worden ist. Ein solches System ist sicher sehr ‚erfolgreich', aber nicht darum, weil es so gut mit den Tatsachen *übereinstimmt*, sondern weil es keine Tatsachen mehr *gibt*, die eine echte Bewährung ermöglichen und weil einige Tatsachen ganz bewußt beiseite geschoben worden sind. Sein ‚Erfolg' ist *reine Selbstbestätigung*. Man hat *beschlossen*, sich an bestimmte Voraussetzungen zu halten, und das Ergebnis ist, begreiflicherweise, das Überdauern dieser Voraussetzungen. Wird nun der ursprüngliche Beschluß vergessen oder nur unbewußt getroffen, dann scheint dieses Überdauern eine neue und vom Ausgangspunkt unabhängige Bestätigung darzustellen. Der Beschluß wird durch Rückkopplung verstärkt, und damit schließt sich der Kreis. So also wird empirische Evidenz von einem Verfahren *produziert*, das genau dieselbe Evidenz als seine einzige Rechtfertigung anführen muß"[30].

Die fast unbestritten hohe Resistenz des aus der Marxschen Theorie hervor-
gegangenen Marxismus gegen Veränderungen ist infolgedessen weniger als Erfolg der
Theorie zu werten, sondern eher als Indikator für die faktische Wirksamkeit der
selbstbestätigenden Funktion des Praxiskriteriums der Wahrheit. Daß dieses Kriterium in der Tat objektiv eine solche selbstbestätigende Funktion ausüben kann,
wurde systematisch herausgearbeitet. Die Immunisierung ergibt sich hier wie überall, nicht aus Eigenschaften der Theorie selbst, wie z. B. der Klassentheorie, sondern
aus den in der Theorietradition befolgten methodologischen Regeln.

2. Jürgen Habermas: Normlegitimität durch zwanglosen Konsensus

Ein Modell der Normlegitimation, das noch der Tradition des Marxismus zugehörig
sein soll, aber dennoch über diesen hinausgeht, versucht Jürgen Habermas mit einer
Konsensustheorie der Normbegründung zu entwickeln[1]. Habermas entwirft dieses
Modell teilweise auch in Auseinandersetzung mit einer Deutung des Weberschen
Modells des Wertpluralismus und der legal-rationalen Normlegitimität, das er in
Niklas Luhmanns Modell der Legitimation durch Verfahren konsequent fort-
entwickelt sieht[2]. Beide Modelle betrachtet er als rein dezisionistische Lösungen des
Problems der Normlegitimität. Normen gelten in diesem Fall allein kraft Dezision,
also ohne weitere Begründung. Demgegenüber möchte Habermas die Tradition ver-
nunftmäßiger Begründung von Normen fortführen. Als Lösung des Problems betrachtet er die Normbegründung durch wahren Konsensus. Diese Konsensustheorie
der Normbegründung soll im folgenden zunächst dargestellt werden. Im Anschluß
daran sollen die Fehler in Habermas' Argumentation herausgearbeitet und Perspektiven für die Lösung des Problems im systematischen Schlußteil gewonnen werden.

2.1 Die Konsensustheorie der Normlegitimität

2.1.1. Instrumentales und kommunikatives Handeln

Die Perspektive, die Habermas entwickelt hat und in verschiedenen Variationen
immer wieder verwendet, gründet sich auf die Unterscheidung zweier Formen des
Handelns. Er stellt zweckrationales bzw. instrumentales und kommunikatives
Handeln einander gegenüber. Dieselbe Unterscheidung wird auch durch die Begriffe
Arbeit und Interaktion ausgedrückt, vor allem dann, wenn Habermas in Anlehnung
an Hegel und an die Marxsche Unterscheidung von Produktivkräften und Produk-
tionsverhältnissen die Selbsterzeugung des Menschen durch Arbeit und die Selbsterzeugung des Menschen in Interaktionen, in Gestalt der Veränderung von Herr-
schaftsbeziehungen, gegeneinander abgrenzt[3]. Der Prozeß der Befreiung des Menschen von natürlichem Zwang durch Arbeit muß für Habermas nicht notwendigerweise auch die Befreiung von gesellschaftlichem Zwang, d. h. herrschaftsfreie Kommunikation als Prinzip sozialer Interaktionen, hervorbringen, wie dies nach einer
historizistischen Deutung der Marxschen Geschichtsphilosophie erwartet werden

kann. Die Entfaltung der Produktivkräfte bringt hier letzten Endes in einem naturwüchsigen Prozeß Produktionsverhältnisse hervor, die herrschaftsfreie Kommunikation ermöglichen. Demgegenüber betont Habermas die Entfaltung der sozialen Interaktionen im Hinblick auf herrschaftsfreie Kommunikation als einen nicht notwendigerweise mit der Produktivkraftentfaltung einhergehenden, wohl aber darauf bezogenen Prozeß. Der Entwicklungsstand der Produktivkräfte setzt der Institutionalisierung zwangloser sozialer Interaktion Grenzen; die Institutionalisierung zwangloser sozialer Interaktion folgt jedoch nicht naturwüchsig der Produktivkraftentfaltung. Es können stets Diskrepanzen zwischen dem Entwicklungsstand der Produktivkräfte und dem Grad möglicher Zwanglosigkeit der sozialen Interaktion auftreten[4].

Dieselbe Unterscheidung taucht später mit ähnlicher Zielsetzung auch in Habermas' Auseinandersetzung mit Niklas Luhmann auf. Er bedient sich hier teilweise einer systemtheoretischen Sprache. Das Begriffspaar „Arbeit" und „Interaktion" wird durch das Begriffspaar „Systemintegration" und „Sozialintegration" ersetzt[5]. Es steht auch hinter der Unterscheidung der Erhaltung der Gesellschaft gegenüber der Umwelt der äußeren Natur durch Entfaltung der Systemintegration in Gestalt von Steuerungsfähigkeit und der Erhaltung der Gesellschaft gegenüber der Umwelt der inneren Natur, d. h. den menschlichen Individuen, durch Entfaltung der Sozialintegration in Gestalt von Sozialisationsprozessen. Gegenüber Luhmann betont Habermas, daß er den Aspekt der Entfaltung der Sozialintegration demjenigen der Entfaltung der Steuerungskapazität völlig opfere. Die Entfaltung der Sozialintegration durch Sozialisationsprozesse orientiert sich für Habermas an der Institutionalisierung herrschaftsfreier Kommunikation. Deshalb meint Habermas, daß durch die Überbetonung von Steuerungsproblemen in Luhmanns Systemtheorie die Frage nach der Möglichkeit herrschaftsfreier Kommunikation keinen Platz habe[6]. In Auseinandersetzung mit Luhmanns Verwendung des Sinnbegriffs versucht Habermas ebenfalls zu zeigen, daß die Bezugnahme des Sinnes auf Erlebnisverarbeitung und damit verbunden auf die Reduktion von Komplexität und nicht auf das kommunikative Handeln zur einseitigen Betrachtung von Steuerungsproblemen und zum Ausschließen von Fragen des guten Lebens führe[7].

Die Berechtigung dieses Vorwurfs mag hier dahingestellt bleiben; allerdings ist dieses Ergebnis der Habermasschen Auseinandersetzung mit Luhmann eher auf die Neigung zurückzuführen, andere Ansätze in die Perspektive der Unterscheidung von zweckrationalem und kommunikativem Handeln zu zwingen.

Nach diesem kurzen Überblick über Variationen, in denen die Unterscheidung von instrumentalem und kommunikativem Handeln bei Habermas auftaucht, soll diese nun in ihrer systematischen Bedeutung für die Frage der Begründung von Werten und Normen untersucht werden. Der charakterisierende Unterschied zwischen beiden Handlungstypen liegt in der Art ihrer Orientierung an Regeln. Instrumentales Handeln ist auf die Verfügung über die Natur, auf die Beherrschung naturwüchsiger Vorgänge bezogen. Kompetenz beruht hier auf der Kenntnis von Naturgesetzen, auf der Kenntnis kausaler und natürlicher Regelmäßigkeiten[8]. Kommunikatives Handeln ist auf das Handeln anderer Akteure bezogen. Diese Handlungen sind nicht durch Naturgesetze gesteuert, wie natürliche Vorgänge, sondern durch normative Gesetze, durch Werte und Normen. Handlungskompetenz müßte hier dementsprechend die Kenntnis der Werte und Normen bedeuten, an denen sich Handlungen orientieren[9]. Habermas deutet indessen den Begriff der Handlungskompetenz in diesem Bereich in anderer Weise. Er ist hier gleichbedeutend mit der Begründbarkeit der Normen, die im Handeln befolgt werden. Die Eigentümlichkeit dieser Definition hängt mit Habermas' Definition des Interaktionsbegriffs zusammen, die noch eingehend behandelt wird. Trotz des genannten Unterschiedes in der Bedeutung des Begriffs „Handlungskompetenz" für instrumentales und kommunikatives Handeln, bildet Habermas zwischen beiden Handlungstypen eine Analogie im Hinblick auf die Steigerung von Handlungskompetenz. Allgemeiner Ausgangspunkt ist die geschichtsphilosophische Grundannahme, beide Handlungstypen seien einem allgemeinen Prozeß der Steigerung der Handlungskompetenz unterworfen oder sie könnten einem solchen Prozeß unterworfen werden[10]. Die Grundannahme bleibt hinsichtlich der Frage zweideutig, ob sie als Behauptung oder als Norm zu verstehen ist.

Der nächste Schritt besteht nun darin, daß daraus zwei unterschiedliche Erkenntnisinteressen abgeleitet werden. Prozesse der Steigerung instrumentaler Handlungskompetenz erfordern die Entfaltung der Kenntnis von Naturgesetzen und „naturwüchsigen" sozialen Zusammenhängen; sie konstituieren ein sogenanntes technisches Erkenntnisinteresse, d. h. ein Interesse an Zuwachs technisch verwertbaren Wissens. Dieses dient der Erweiterung der Beherrschbarkeit naturwüchsiger Prozesse. In Analogie hierzu verlangen Prozesse der Steigerung kommunikativer Handlungskompetenz die Entfaltung praktischen Wissens; sie konstituieren ein sogenanntes praktisches Erkenntnisinteresse, d. h. ein Interesse an Zuwachs praktischen Wissens[11].

An dieser Stelle wird jedoch die Habermassche Analogiebildung zweideutig. Während die Entfaltung technisch verwertbaren Wissens eindeutig durch Wachstum der *Kenntnis* von Naturgesetzen erfolgt, kann die Entfaltung praktischen Wissens zunächst auch nur die Zunahme der *Kenntnis* normativer Gesetze bedeuten, aber auch die Zunahme *praktischen* Wissens über die Berechtigung oder Legitimität der Geltungsansprüche oder „Wahrheitsansprüche" von Werten und Normen. Die Zweideutigkeit liegt im Begriff der Handlungskompetenz, wie er von Habermas verwendet wird. Im Rahmen instrumentalen Handelns setzt das richtige Handeln eindeutig kognitives Wissen über Naturvorgänge voraus. Wenn das Wissen mit der Realität nicht übereinstimmt, kann das Handeln im Hinblick auf die Zwecksetzung nicht erfolgreich sein. Das kompetente oder richtige kommunikative Handeln hat indessen zunächst die Bedeutung, daß der Handelnde in Interaktionssituationen die faktisch geltenden Werte und Normen richtig antizipiert. D. h., er erwartet kognitiv richtig normative Erwartungen von Handlungspartnern und Dritten; er erwartet kognitiv adäquat die Geltung normativer Erwartungen und orientiert daran sein Handeln. Dabei bleibt zunächst offen, ob er mit den Werten und Normen übereinstimmend oder abweichend handelt. Die Kenntnis der geltenden normativen Erwartungen erlaubt ihm auf jeden Fall kompetentes kommunikatives Handeln in dem Sinne, daß er nicht auf Unerwartetes stoßen wird, ganz analog zur Kenntnis von Naturgesetzen. Sie erleichtert die Handlungsorientierung, bewahrt vor Schaden oder verhindert, daß der Handelnde möglicherweise den Spott der anderen auf sich zieht, wenn ihm selbstverständliche Regeln unbekannt sein sollten. Bei dieser Bedeutung des Begriffs der richtigen oder kompetenten Handlung setzt die Steigerung der Kompetenz oder Richtigkeit kommunikativen Handelns allein eine Zunahme des *kognitiven* Wissens über die faktische Geltung von Werten und Normen voraus. Dieses Wissen kann in Interaktionen in gleicher Weise zweckrational eingesetzt werden, wie die Kenntnis von Naturgesetzen und „naturwüchsigen" sozialen Prozessen.

Dies ist aber offensichtlich nicht die Art praktischer Handlungskompetenz, die Habermas im Auge hat. Ihm kommt es vielmehr darauf an, in Analogie zu einem Fortschritt technisch verwertbaren Wissens einen Fortschritt im Bereich praktischen Wissens zu behaupten und zu wünschen. Es wird dabei angenommen, daß unser Wissen darüber zunimmt, welche Werte und Normen einen berechtigten Wahrheits- oder Geltungsanspruch erheben können, d. h. legitim sind. Diese Annahme impliziert wiederum die Auffassung, daß es in Analogie zum Wahrheitskriterium im Bereich technisch verwertbaren Wissens auch ein Wahrheitskriterium für praktisches Wissen, d. h. für Werte und Normen geben müsse. Habermas versucht die Berechtigung dieser Annahme durch die Einführung einer Konsensustheorie der Wahrheit zu begründen, die er für beide Wissensbereiche analog konstruiert[12].

2.1.2. Quasitranszendentale Ableitung des Geltungssinnes von Normen aus der Grundstruktur der Interaktion

Um die Konsensustheorie der Wahrheit zu begründen, geht Habermas von einer bestimmten Deutung der Grundstruktur sozialer Interaktion bzw. kommunikatitiven Handelns aus[13]. Er versucht, den „Sinn des Geltungsanspruches" von Normen, an denen sich kommunikatives Handeln orientiert, zu klären[14]. Habermas wendet sich gegen die Bedeutungsanalysen der analytischen Moralphilosophie von Stevenson und Hare[15]. In Stevensons Variante wird Normen die Bedeutung zugeschrieben, Handlungen dadurch zu veranlassen, daß bestimmte sprachliche Ausdrücke kausal Einstellungen erzeugen oder virulent werden lassen. Nach Hares Deutung rufen Normen nicht kausal Einstellungen hervor; sie drücken vielmehr Aufforderungen aus, eine bestimmte Handlung auszuführen oder zu unterlassen. Der Ausführung oder Unterlassung der Handlung durch den Normadressaten geht ein bewußter Entschluß für die Annahme oder Ablehnung der Aufforderung voraus. Gegen beide Bedeutungsanalysen von Normen wendet Habermas ein, daß Handlungsnormen einen wesentlich weiterreichenden Geltungsanspruch erheben und weder allein einstellungsverursachende Symbole sind, noch allein auf Entschlüssen beruhen. Auch die Befolgung ergibt sich nicht schon aus kausaler Beeinflussung oder aus einem Entschluß. In Normen steckt vielmehr immer schon der Anspruch, daß sich ihre Geltung mit Gründen argumentativ stützen läßt. Sie erheben den Anspruch, daß sich über ihre Geltung ein Konsensus ergeben müsse, sobald man ihre im kommunikativen Handeln unterstellte Geltung in einem uneingeschränkten und zwanglosen Diskurs problematisieren würde[16].

Die Beurteilung dieser Normdeutung macht nun insofern Schwierigkeiten, als unklar bleibt, ob sie als empirische Bedeutungsanalyse des Begriffs „Norm" oder als Analyse der Bedingungen faktischer Geltung von Normen, d. h. der tatsächlichen durchschnittlichen Befolgung der Normen, oder als Analyse der Bedingungen normativ gerechtfertigter Geltung zu verstehen ist. Alle drei Ebenen sind so miteinander verschmolzen, daß es häufig unentscheidbar bleibt, welche in einem konkreten Zusammenhang gemeint ist. Zielsetzung der Habermasschen Argumentation ist auf jeden Fall die Rechtfertigung der Auffassung, es müsse eine Begründungsmöglichkeit für Normen geben. Es liegt nahe, daß bei der Offenheit und Vagheit des Themas, eine bestimmte Art der Begründung von Normen das Leitmotiv bildet, nach dem sich die Bedeutungsanalyse und die Analyse der *empirischen* Geltungsbedingungen ausrichtet. Auf diese Weise deutet Habermas die Interaktionssituation mit einem Maßstab, der es ihm ermöglicht, zum gewünschten Resultat der Begründung von Normen durch zwanglosen Diskurs so zu gelangen, als ob dies aus der Grundstruktur der Interaktion selbst folge. Er kann dann behaupten, daß jeder, der sich auf Interaktionen einläßt, schon die prinzipielle Begründbarkeit von Normen in Diskursen voraussetzt.

2.1.2.1. Die Unterstellung diskursiver Begründbarkeit von Normen in der Interaktion

Ausgangspunkt der Habermasschen Analyse ist die Annahme, daß wir in Interaktionen unvermeidlich einem Gegenüber als einem Subjekt Zurechnungsfähigkeit unterstellen[17]. Unter Zurechnungsfähigkeit wird dabei verstanden, daß ein handelndes Subjekt gegebenenfalls sein Handeln rechtfertigen kann. Diese Unterstellung findet in zwei kontrafaktischen, also normativen Erwartungen Ausdruck, die unser Handeln in Interaktionssituationen leiten. Wir erwarten erstens, daß handelnde Subjekte allen faktisch befolgten Normen aufgrund eigener Intentionen folgen und daß die Befolgung nicht, wie bei bloßen Objekten, durch nichtintentionale Ursachen, wie z. B. unbewußte Motive, kausal hervorgerufen wird. Zweitens erwarten wir, daß handelnde Subjekte nur solche Normen befolgen, die sie als gerechtfertigt betrachten. Wie Habermas noch verstärkt, sind wir „unfähig" einem Interaktionspartner *als einem Subjekt* die Befolgung von Normen zuzuschreiben, die er nicht selbst anerkennen würde[18]. Habermas meint, darin sei die Annahme enthalten, daß handelnde *Subjekte* nur diskursiv begründbare Normen als gerechtfertigt betrachten:

> „Diese *Legitimitätserwartung* schließt außerdem die Annahme ein, daß nur diejenigen Normen (bzw. allgemeinen Prinzipien) in den Augen handelnder Subjekte als gerechtfertigt gelten, von denen sie überzeugt sind, daß sie notfalls einer uneingeschränkten und ungezwungenen Diskussion standhalten würden"[19].

Aus dieser Argumentation schließt Habermas allgemein, der Sinn der Geltung einer Norm liege darin, daß sie in einem Diskurs begründet werden kann:

„Diese beiden kontrafaktischen Erwartungen, die in der für Handelnde unvermeidlichen Idealisierung der wechselseitig imputierten Zurechenbarkeit enthalten sind, verweisen also auf eine in praktischen Diskursen grundsätzlich erreichbare Verständigung. Der Sinn des Geltungsanspruchs von Handlungsnormen besteht mithin in dem Versprechen, daß das faktische Verhalten der Subjekte als ein verantwortliches Handeln zurechnungsfähiger Subjekte erwiesen werden kann. So beruht die Geltung einer Norm auf dem Anspruch diskursiver Begründbarkeit: wir supponieren, daß die Subjekte sagen können, welcher Norm sie folgen *und warum* sie diese Norm als gerechtfertigt akzeptieren; damit unterstellen wir zugleich, daß Subjekte, denen wir diskursiv zeigen können, daß sie die beiden genannten Bedingungen nicht erfüllen, die entsprechende Norm fallenlassen und ihr Verhalten ändern würden"[20].

Nach dieser Deutung des Sinnes der Geltung von Normen in Interaktionszusammenhängen ergibt sich für Habermas die Bestätigung, daß jeder Handelnde, wenn er sich auf Kommunikation mit einem anderen einläßt, die Begründbarkeit der handlungsleitenden Normen in Diskursen schon dadurch unterstellen muß, daß er dem anderen Zurechnungsfähigkeit zuerkennt. Dabei wird allerdings eine Idealisierung vorgenommen. Es handelt sich um einen Idealtypus reinen kommunikativen Handelns, von dem die Realität insofern abweichen kann, als tatsächlich nicht alle faktisch befolgten Normen einem Diskurs standhalten würden und das Eintreten in einen solchen Diskurs durch systematische Kommunikationssperren verhindert wird[21].

Die Errichtung solcher Kommunikationssperren gelingt vor allem durch die Legitimation von Normen mit Hilfe von Weltbildern und Ideologien. Durch diese wird ein Legitimitätsglaube erzeugt, der gerade dadurch stabilisiert wird, daß die Problematisierung der Legitimität durch Eintreten in einen Diskurs unterbunden wird. Weltbilder und Ideologien sind aber auch nur so lange wirksam, als diese Kommunikationssperren nicht durchbrochen werden, indem sie Gegenstand des „Hinterfragens" werden. Ein solches Hinterfragen ist Aufgabe der Ideologiekritik[22]. Sie ermöglicht die Auflösung jener Kommunikationssperren, d. h. die Auflösung sogenannter systematisch verzerrter Kommunikation. Ideologiekritik ist in diesem Sinne auf die Herstellung der Bedingungen reinen kommunikativen Handelns oder herrschaftsfreier Kommunikation bezogen, in welcher alle handlungsleitenden Normen potentiell der diskursiven Begründung unterzogen werden können. Diese Art der Ideologiekritik ist an einem emanzipatorischen Erkenntnisinteresse orientiert; sie dient der Emanzipation von sozialem Zwang in Gestalt der Aufhebung systematisch verzerrter Kommunikation. Das emanzipatorische Erkenntnisinteresse ergänzt das technische und praktische zur Trias der Erkenntnisinteressen. Gegenüber den beiden anderen hat es aber insofern einen sekundären Status, als es an der Herstellung der Bedingungen einer uneingeschränkten Entfaltung des vom primären praktischen Erkenntnisinteresse geleiteten praktischen Wissens orientiert ist[23].

Die angesprochene Idealisierung des kommunikativen Handelns, die von möglichen Kommunikationssperren absieht, ist nicht als idealtypische Konstruktion von Habermas zu verstehen. Nach Habermas ist es vielmehr eine Idealisierung, die wir als Handelnde notwendigerweise immer schon vornehmen müssen, wenn wir in eine Interaktion eintreten:

„Wir können mit ihm (dem anderen) zusammen nur in eine Interaktion eintreten, ihm auf der Ebene der Intersubjektivität, wie wir gesagt haben, begegnen, wenn wir supponieren, daß er bei geeigneter Nachfrage über sein Handeln Rechenschaft ablegen könnte. Wir *müssen, sofern wir uns überhaupt ihm gegenüber als einem Subjekt einstellen* wollen, davon ausgehen, daß unser Gegenüber uns sagen *könnte*, warum er in einer gegebenen Situation sich so und nicht anders verhält"[24].

2.1.2.2. Der Vorgriff auf die ideale Sprechsituation

Aus der Analyse der Grundstruktur des kommunikativen Handelns ergibt sich also, daß die Teilnehmenden jeweils die Begründbarkeit der befolgten Normen in einem darüber jederzeit zu führenden Diskurs unterstellen *müssen*. Der Diskurs ist wiederum eine besondere Form des kommunikativen Handelns, die durch folgende Merkmale ausgezeichnet ist: Der Sinn des Diskurses ist die Begründung problematisierter Geltungsansprüche von Meinungen (Kognitionen) und Normen[25]. Eine Kognition oder eine Norm können als begründet gelten, wenn darüber in einem Diskurs Verständigung, also ein Konsensus, erzielt worden ist[26].

Jeder faktisch herbeigeführte Konsensus kann allerdings trügerisch sein. Wir müssen den wahren vom falschen Konsensus unterscheiden[27]. Wie ist aber diese Unterscheidung möglich? Habermas glaubt durch eine ähnliche Idealisierung ein Unterscheidungskriterium gewinnen zu können, wie er sie schon für die Interaktion entwickelt hat. Er geht davon aus, daß die Bindung des wahren Konsensus an Eigenschaften der jeweiligen Sprecher, z. B. an ihre Kompetenz, die wiederum durch Vernünftigkeit, Wahrhaftigkeit ihrer Äußerungen oder Richtigkeit ihrer Handlungen bestimmt werden mag, nicht zu einer Lösung des Problems führen kann. Man würde in einen Zirkel geraten, da die Beurteilung der Beurteilungskompetenz selbst wieder einem Konsensus unterliegen müßte, für dessen Bewertung gerade Kriterien erstellt werden sollten[28]. Um diesem Zirkel zu entgehen, greift Habermas wieder auf eine Idealisierung zurück, die wir immer schon vornehmen würden, wenn wir ein Gespräch, eine Rede, einen Diskurs führen.

„(Wir gehen) in jedem Gespräch selbstverständlich davon aus, daß wir es führen, und das heißt: in ihm zu einer Verständigung gelangen können"[29].

Habermas nimmt also an, daß „ein Gespräch zu führen" die Erwartung einschließt, Verständigung erzielen zu können. Die Herstellung von Verständigung ist schon der „Sinn der Rede" oder der Sinn des Gesprächs oder des Diskurses. Da wir diesen Sinn der Rede schon akzeptieren, wenn wir ein Gespräch führen, unterstellen wir aber auch — so meint Habermas —, einen wahren von einem falschen Konsensus unterscheiden zu können. Die Tatsache dieser Idealisierung, die wir in jedem Gespräch vornehmen, weil andernfalls

„umgangssprachliche Kommunikation überhaupt nicht möglich wäre"[30],

möchte Habermas ihrerseits dadurch erklären, daß wir als Partner eines Diskurses wechselseitig eine sogenannte ideale Sprechsituation annehmen. Eine solche ideale

Sprechsituation garantiert, daß ein unter ihren Bedingungen erzielter Konsensus nicht trügerisch sein kann, sondern tatsächlich wahr ist:

> „Die ideale Sprechsituation ist dadurch charakterisiert, daß jeder Konsensus, der unter ihren Bedingungen erzielt werden kann, per se als wahrer Konsensus gelten darf"[31].

Welche Merkmale bestimmen eine ideale Sprechsituation? Sie ist vor allem dadurch gekennzeichnet, daß keine anderen Motive handlungsrelevant werden als dasjenige der kooperativen Verständigungsbereitschaft und Wahrheitssuche. Es zählt allein das bessere Argument. Dies schließt jede Einschränkung der Kommunikationsmöglichkeiten irgendeines der Teilnehmer aus. Es besteht für die Diskursteilnehmer eine symmetrische Verteilung der Chancen alle Arten von Sprechakten zu wählen[32]. Nach Habermas' Einteilung pragmatischer Einheiten der Rede bedeutet dies[33]:

1. Jeder kann Kommunikationen eröffnen, herbeiführen, durch Frage und Antwort fortsetzen, d. h. er kann *Kommunikativa* frei wählen. Es bleibt dadurch potentiell nichts Thematisierbares unthematisiert.
2. Jeder kann chancengleich Behauptungen, Deutungen, Erklärungen, Rechtfertigungen, d. h. *Konstativa*, wählen. Auch dies ermöglicht die unbeschränkte Thematisierbarkeit von Geltungsansprüchen.
3. Jeder kann ungehindert Intentionen, Einstellungen, d. h. *Reprasentativa*, zum Ausdruck bringen. Habermas sieht darin die Gewähr, daß sich die Diskursteilnehmer über ihre Intentionen und damit aber auch über die Frage, ob sie sich wirklich in einem Diskurs befinden, nicht täuschen.
4. Schließlich kann jeder in gleicher Weise Befehle erteilen, sich widersetzen, erlauben, verbieten oder Versprechen geben, d. h. *Regulativa* verwenden. Dadurch wird verhindert, daß Handlungsnormen einseitig verpflichten oder privilegieren.

Normen, die in einem solchen Diskurs dadurch bestätigt werden können, daß über ihre Geltung ein Konsensus erzielt wird, müssen infolge der Chancengleichheit der Diskursteilnehmer und der Zwanglosigkeit der Herstellung des Konsensus prinzipiell „täuschungsfrei festgestellte gemeinsame Interessen zum Ausdruck bringen". Die Interessen sind

> „gemeinsam, weil der zwanglose Konsensus nur das zuläßt, was alle wollen können, und täuschungsfrei, weil auch die Bedürfnisinterpretationen, in denen *jeder Einzelne* das, was er wollen kann, muß wiedererkennen können, zum Gegenstand der diskursiven Willensbildung werden"[34].

Es haben also nur verallgemeinerungsfähige Interessen die Chance, in diskursiver Willensbildung Geltung zu erlangen. Verallgemeinerungsfähige Interessen sind Bedürfnisse, die kommunikativ geteilt werden und über deren Berechtigung Einverständnis besteht[35]. Habermas erkennt auf dieser Grundlage den Wertpluralismus Webers an, widersetzt sich aber der Behauptung, es sei unmöglich, argumentativ die verallgemeinerungsfähigen Interessen von den partikularen zu trennen:

„Nicht die Tatsache dieses Pluralismus soll bestritten werden, sondern die Behauptung, daß es unmöglich sei, kraft Argumentation die jeweils verallgemeinerungsfähigen Interessen von denen zu scheiden, die partikular sind und bleiben"[36].

Habermas sieht in dieser soweit rekonstruierten Argumentation den Nachweis, daß es möglich sei, im Bereich des praktischen Wissens in Analogie zum kognitiven, technisch verwertbaren Wissen Fortschritte zu ermitteln[37]. Er glaubt diese Annahme bestätigen zu können, ohne selbst wieder auf eine Norm zurückgreifen zu müssen, die ihrerseits wieder der Rechtfertigung bedürfte[38]. Dies soll mit der Konstruktion des unvermeidlich notwendigen Vorgriffs auf die ideale Sprechsituation erreicht werden[39]. Wir müssen auf die ideale Sprechsituation unvermeidlich vorgreifen, wenn wir in einen Diskurs eintreten, weil dies schon im Sinne des Diskurses liegt und dieser anderenfalls gar nicht zustandekommen würde. Mit dieser Wendung, es müsse in einem Diskurs eine ideale Sprechsituation immer schon unterstellt werden, weil dieser anders nicht möglich wäre, glaubt Habermas dem Zwang entgehen zu können, die ideale Sprechsituation als Norm einführen zu müssen, an die ihrerseits die Frage der Begründbarkeit gestellt werden müßte. Er wäre dann vor das Trilemma eines unendlichen Regresses, eines Zirkelschlusses oder eines dogmatischen Abbruchs des Begründungsverfahrens gestellt[40]. Der Vorgriff auf die ideale Sprechsituation ist jedoch mit dem Gespräch notwendig verknüpft:

„Indem wir einen praktischen Diskurs aufnehmen, unterstellen wir unvermeidlich eine ideale Sprechsituation, die kraft ihrer formalen Eigenschaften einen Konsensus ohnehin nur über verallgemeinerungsfähige Interessen zuläßt. Eine kognitivistische Sprachethik bedarf keines Prinzips; sie stützt sich allein auf *Grundnormen der vernünftigen Rede, die wir, sofern wir überhaupt Diskurse führen, immer schon supponieren müssen*"[41].

Der Vorgriff auf die ideale Sprechsituation ist sozusagen eine transzendentale Bedingung der Möglichkeit, überhaupt ein Gespräch führen zu können. Da die Realität indessen nicht unbedingt den Vorgriff zu bestätigen braucht, ist dieser zugleich ein kritischer Maßstab, an dem jeder faktisch geführte Diskurs und jeder faktisch erzielte Konsensus gemessen werden kann[42]. Habermas konstruiert diesen Zusammenhang ganz analog zum kommunikativen Handeln. Im kommunikativen Handeln hat die Erwartung der potentiellen diskursiven Begründbarkeit der von den Handelnden befolgten Normen den Status einer transzendentalen Bedingung der Möglichkeit von kommunikativem Handeln überhaupt. Zugleich dient sie jedoch als kritischer Maßstab jeder tatsächlichen Interaktion. Mit dieser Konstruktion glaubt Habermas zugleich mehrere Fragen beantworten zu können. Sie bestätigt nach seiner Auffassung, daß Normen begründungsfähig sind, nämlich durch den in einem herrschaftsfreien Diskurs erzielten Konsensus. Daß Normen der Begründung durch herrschaftsfreien Diskurs bedürfen, muß nicht dezisionistisch eingeführt werden, da diese Erwartung schon transzendentale Bedingung der Möglichkeit von Interaktionen und Diskursen ist.

Dadurch ist eine Parallelität zwischen der Steigerung der Richtigkeit instrumentalen Handelns und der Steigerung der Richtigkeit kommunikativen Handlens nachgewiesen. Da es also Kriterien des richtigen kommunikativen Handelns wie des instrumentalen oder zweckrationalen Handelns gibt, ist eine Wissenschaft des richtigen kommunikativen Handelns ebenso möglich wie eine Wissenschaft des richtigen instrumentalen Handelns.

2.1.2.3. Die advokatorische Rolle einer normativ-kritischen Gesellschaftstheorie

Eine Wissenschaft, die das kommunikative Handeln bzw. soziale Interaktion zum Gegenstand hat, kann zur Steigerung der Richtigkeit kommunikativen Handelns beitragen, wie eine Wissenschaft, die naturwüchsige Prozesse zum Gegenstand hat, die Richtigkeit zweckrationalen Handelns steigern kann. Wenn nun kommunikatives Handeln bzw. soziale Interaktion den Objektbereich der Sozialwissenschaften oder der Gesellschaftstheorie bilden, dann folgt daraus, daß eine normative und kritische Sozialwissenschaft oder Gesellschaftstheorie möglich ist[43]. Die Gesellschaftstheorie kann Diskurse über den Geltungsanspruch von Normen *simulieren* und sie kann aufgrund eines herrschaftsfrei gebildeten Konsensus zu einem Urteil darüber gelangen, welche faktisch geltenden Normen in einer Gesellschaft tatsächlich verallgemeinerungsfähige Interessen zum Ausdruck bringen und welche nur partikularen Interessen dienen. Sie geht dabei von einem sogenannten Modell der Unterdrückung verallgemeinerungsfähiger Interessen aus. Das in einer Gesellschaft institutionalisierte Normengefüge wird mit einem Normengefüge verglichen, das die Gesellschaftsmitglieder institutionalisiert hätten, wenn sie darüber einen zwanglosen Diskurs hätten führen können. Hierbei müssen Kenntnisse über den Entwicklungsstand der Produktionsentfaltung sowie über spezifische Erfordernisse der Bestandserhaltung, d. h. über „funktionale Imperative", in den Diskurs eingehen. Habermas formuliert diese Fragestellung als Leitmotiv einer normativ-kritischen Gesellschaftstheorie:

„Wie hätten die Mitglieder eines Gesellschaftssystems bei einem gegebenen Entwicklungsstand der Produktivkräfte ihre Bedürfnisse kollektiv verbindlich interpretiert und welche Normen hätten sie als gerechtfertigt akzeptiert, wenn sie mit hinreichender Kenntnis der Randbedingungen und der funktionalen Imperative ihrer Gesellschaft in diskursiver Willensbildung hätten befinden können und wollen? "[44]

Normen, die dieser diskursiven Willensbildung nicht standhalten würden, erlangen nur dadurch faktische Geltung, daß sie durch Weltbilder oder Ideologien legitimiert werden. Deren Funktion besteht gerade darin, daß sie durch die scheinbare Legitimation Kommunikationssperren errichten und die diskursive Problematisierung des Geltungsanspruches einer Norm verhindern[45]. Einer normativ-kritischen Gesellschaftstheorie fällt hier die Aufgabe zu, durch die Simulation von Diskursen über Normen und durch empirisches Wissen über die scheinhafte Legitimation diskursiv nicht begründbarer Normenstrukturen aufzuklären. Eine normative und ideologiekritische Gesellschaftstheorie stützt sich also sowohl auf praktisches Wissen als auch auf kognitives Wissen:

„Das Modell der Unterdrückung verallgemeinerungsfähiger Interessen, das gleichzeitig die *funktionale Notwendigkeit* der scheinhaften Legitimation von Herrschaft und die *logische Mög-*

lichkeit einer ideologiekritischen Aushöhlung normativer Geltungsansprüche erklärt, kann freilich gesellschaftstheoretisch nur im Zusammenhang mit empirischen Annahmen fruchtbar gemacht werden"[46].

Es ist fraglich, ob Habermas diese Art von empirischem Wissen, das ein besonderer Fall von kognitivem, technisch verwertbarem Wissen ist, einem technischen Erkenntnisinteresse zuordnen würde. Nach seiner allgemeinen Einteilung von Wissensformen und Erkenntnisinteressen müßte er diese Zuordnung vornehmen. Allerdings wird kaum zu leugnen sein, daß eine kognitive Information über die Stabilisierung von „diskursiv nicht begründbaren" Normenstrukturen durch Ideologiebildung durchaus einen hohen Aufklärungswert besitzt, obwohl sie einen kausalen Bedingungszusammenhang zum Gegenstand hat. Ihre Publikation trägt darüber hinaus sicherlich zur Auflösung solcher Normenstrukturen bei. Sie hätte also auch einen „emanzipatorischen" Wert. Die Habermassche Zuordnung von Wissensformen und Erkenntnisinteressen erweist sich dabei als äußerst problematisch. Sie läßt sich nicht durchhalten, ein Aspekt, der hier indessen nicht weiter verfolgt werden soll[47].

Einer Gesellschaftstheorie, die in der geschilderten Art durch Simulation von praktischen Diskursen und durch Entwicklung empirischen Wissens Beurteilungsmaßstäbe für die Legitimität von Normengefügen gewinnt, fällt die Rolle eines Advokators zu. Es ist ihr möglich, im Kampf zwischen den sich widerstreitenden Interessen gesellschaftlicher Gruppierungen die verallgemeinerungsfähigen von den partikularen zu trennen[48]. Habermas hütet sich dabei vorsichtig vor der marxistischen Lösung, diese advokatorische Rolle der Gesellschaftstheorie mit einer Parteinahme für die Interessen einer bestimmten gesellschaftlichen Gruppierung, also der Arbeiterklasse, zu identifizieren. Die vorgängige Parteinahme für bestimmte Interessen würde diese gerade der erst noch zu veranstaltenden diskursiven Begründung entziehen. Die Gesellschaftstheorie nimmt eine advokatorische Rolle hingegen dadurch ein, daß sie den zwischen den Konfliktgruppen nicht stattfindenden Diskurs durch Simulation zur Austragung bringt und erst den Diskurs selbst zum Beurteilungsmaßstab erhebt und nicht schon eine vortheoretische Parteinahme:

> „Ich meine nicht die empirische Rückkoppelung der Kritik mit Zielsetzungen von Konfliktgruppen, die aufgrund vortheoretischer Erfahrungen, d. h. parteinehmend, ausgewählt werden; denn so würde sich die Parteinahme gegen Begründungsforderungen immun machen. Die advokatorische Rolle der kritischen Gesellschaftstheorie bestünde vielmehr darin, in einem stellvertretend simulierten Diskurs zwischen den Gruppen die sich durch einen artikulierten oder zumindest virtuellen Gegensatz der Interessen voneinander abgrenzen (bzw. nicht-arbiträr abgrenzen lassen), verallgemeinerungsfähige und gleichwohl unterdrückte Interessen festzustellen"[49].

2.2. *Kritik der Konsensustheorie der Normlegitimität*

Diese soweit erfolgte Rekonstruktion der Habermasschen Begründung einer normativ-kritischen Gesellschaftstheorie könnte man in einigen wichtigen Merkmalen zusammenfassen. Ausgangspunkt ist eine Bestimmung der Grundstruktur der Interaktion. Wenn wir in eine Interaktion eintreten, müssen wir unvermeidlich die Zurechnungsfähigkeit des Interaktionspartners unterstellen. Dies schließt die Erwartung ein, daß seine Handlungen von seinen Intentionen geleitet sind und nur solchen Normen folgen, die er rechtfertigen könnte. Rechtfertigung wird dann mit Begründung durch diskursiv gebildeten Konsensus identifiziert. Wir nehmen dabei eine notwendige Idealisierung vor, ohne welche Interaktion gar nicht möglich wäre. Der Sinn des Diskurses besteht wiederum darin, daß wir erwarten, zu Verständigung, d. h. zu einem Konsensus gelangen zu können. Es ist jedoch der wahre vom falschen Konsensus zu unterscheiden. Ein wahrer Konsensus kommt zustande, wenn der Diskurs einer idealen Sprechsituation gleicht. Dies bedeutet, daß die Chancen, Sprechakte zu wählen, für alle Teilnehmer gleich verteilt sind. Es zählt dann nur das bessere Argument. Freilich entspricht nicht jeder Diskurs einer idealen Sprechsituation. An dieser Stelle führt Habermas den Vorgriff auf die ideale Sprechsituation als eine Bedingung dafür ein, daß wir überhaupt in einen Diskurs eintreten können. Andererseits ist dieser ein kritischer Maßstab, auf den gerade eine normativ-kritische Gesellschaftstheorie zurückgreifen kann. Sie vermag durch Simulation eines zwanglosen Diskurses zwischen den Konfliktgruppen einer Gesellschaft die verallgemeinerungsfähigen von den partikularen Interessen zu scheiden, d. h. den Geltungsanspruch daraus entwickelter Normen zu begründen oder zurückzuweisen. Die Gesellschaftstheorie nimmt dabei eine advokatorische Rolle in der Gesellschaft ein. Dadurch ist nach Habermas die Möglichkeit einer normativ-kritischen Gesellschaftstheorie nachgewiesen.

2.2.1. Quasitranszendentale Ableitung des Geltungssinnes von Normen aus der Grundstruktur der Interaktion als Projektion in die Grundstruktur der Interaktion

Einer kritischen Betrachtung des Habermasschen Versuchs, die Möglichkeit einer normativ-kritischen Gesellschaftstheorie zu begründen, kann nicht entgehen, daß Habermas wohl eher diejenigen Merkmale in die Grundstruktur der Interaktion hineinliest, die er dann nachträglich zur Bestätigung seines Anspruchs der Möglichkeit einer normativ-kritischen Gesellschaftstheorie daraus wieder ableitet. Was Habermas als quasitranszendentale Deduktion der Möglichkeit einer normativen Sozialwissenschaft betrachtet, entspricht eher einer zirkulären Definition von „Interaktion", „Erwartung diskursiver Begründbarkeit von Normen", „Diskurs" und „Vorgriff auf die ideale Sprechsituation". Dies gilt vor allem für die zentrale Formulierung, wenn wir in eine Interaktion eintreten, müßten wir uns „unvermeidlich" wechselseitig unterstellen, daß wir die Normen, die das Handeln leiten, diskursiv begründen könnten, weil anders Interaktion nicht möglich sei[50]. Offensichtlich beruht diese Unvermeidlichkeit allein darauf, daß Habermas sich Interaktion anders nicht vorstellen kann oder will, also die diskursive Begründbarkeit der in der Interaktionen befolgten Normen zum Definitionsmerkmal des Begriffs der Interaktion erhebt.

Nun kann man sich durchaus vorstellen, daß sich z. B. Finanzbeamte und Antragsteller auf Lohnsteuerjahresausgleich bei ihren aufeinander bezogenen Handlungen jeweils an Normen orientieren, deren „diskursive Begründbarkeit" sie nicht nur nicht in Erwägung ziehen, sondern sogar bezweifeln. Handelt es sich hierbei nun um eine Interaktion oder nicht? Legt man die Definition von sozialem Handeln und von sozialer Interaktion zugrunde, wie sie in der Soziologie weithin üblich ist, dann liegt hier zweifelsohne eine soziale Interaktion vor. Als von vielen akzeptiert kann z. B. die Definition Max Webers gelten:

> „Soziales Handeln aber soll ein solches Handeln heißen, welches seinem von dem oder den Handelnden gemeinten Sinn nach auf das Verhalten *anderer* bezogen wird und daran in seinem Ablauf orientiert ist"[51].

Wir können daraus den Begriff der sozialen Interaktion bilden, indem wir darunter das wechselseitig aneinander orientierte soziale Handeln zweier oder mehrerer Partner verstehen. Man könnte nun z. B. empirisch annehmen, daß sich soziale Interaktionen *eines bestimmten Sinnes*, z. B. wissenschaftliche Diskussionen oder die Abwicklung des Lohnsteuerjahresausgleichs nur identisch halten lassen, wenn sie durch faktisch geltende Normen geregelt werden. Dadurch erhalten und bewahren Interaktionssysteme eine bestimmte Identität. Die Stabilisierung dieser Normen hat allerdings ihrerseits sehr weitreichende weitere Voraussetzungen. Das Bestehen und Fortbestehen solcher Interaktion ist jedoch empirisch sicherlich nicht davon abhängig, daß die Teilnehmenden wechselseitig gerade die Begründbarkeit der Normen in zwanglosem Diskurs erwarten.

Nun hat Habermas natürlich soviel Realitätssinn, um zu sehen, daß diskursive Begründbarkeit faktisch geltender Normen keinesfalls die Regel ist. Er unterscheidet deshalb reines und systematisch verzerrtes kommunikatives Handeln. Aber er behauptet, daß die *Erwartung* der diskursiven Begründbarkeit der befolgten Normen durch die Akteure, eine Bedingung der Möglichkeit von Interaktion bzw. kommunikativem Handeln überhaupt sei[52]. Nach dieser Auffassung dürfte nun in der Tat in dem angesprochenen Beispiel des Handelns zwischen einem Finanzbeamten und einem Antragsteller auf Lohnsteuerjahresausgleich keine Interaktion zustande kommen. Im Sinne der Weberschen Definition des sozialen Handelns und der daraus gebildeten Definition der sozialen Interaktion liegt in diesem Falle indessen durchaus soziale Interaktion vor, ohne daß die Handelnden wechselseitig die diskursive Begründbarkeit der befolgten Normen erwarten. Habermas' quasitranszendentale Bedingung möglicher Interaktion erweist sich angesichts dessen als ein zusätzliches Definitionsmerkmal von „Interaktion", das der Autor nach seinen Wünschen einführt. Er steckt in die Definition von Interaktion schon hinein, was er anschließend als quasitranszendentale Bedingung ihrer Möglichkeit herauszieht. Damit fällt seine ganze Konstruktion zusammen.

In ähnlicher Weise besteht auch die Argumentationskette im einzelnen aus einem Verfahren, bei welchem behauptet wird, es werde eine Annahme aus einem vorhergehenden Satz, Argument oder Begriff geschlossen, obwohl nicht mehr festzustellen ist, als daß Habermas diesen „Schluß" in einen vorhergehenden Satz, in ein Argument oder in einem Begriff hineinliest. Vielfach bestehen auch Brüche in der Argumentation, die einfach übergangen werden. Dies läßt sich an einzelnen Schritten seiner Argumentation zeigen.

Würde man mit Habermas von der wechselseitigen Erwartung der Zurechnungsfähigkeit der Interaktionspartner als Bedingung möglicher Interaktion ausgehen, so ergäben sich daraus noch keineswegs seine weiteren „Schlußfolgerungen". Nach Habermas „schließt" die Unterstellung der Zurechnungsfähigkeit die Erwartung ein, daß die Handlungen des anderen aus seinen Intentionen und nicht aus von ihm nicht kontrollierten Ursachen folgen, sowie die Erwartung, daß er die Normen, nach denen er handelt, auf Befragen rechtfertigen könnte[53]. Die Annahme, Zurechnungsfähigkeit bedeute die Kontrolle des Handelns durch eigene Intentionen, mag noch akzeptiert werden. Aber mit der Identifizierung von Zurechnungsfähigkeit und „Rechtfertigbarkeit der Normen", denen ein Handelnder folgt, führt Habermas ein Definitionsmerkmal ein, das er zusätzlich dem Begriff „Zurechnungsfähigkeit" als einem von ihm festgestellten Merkmal der Interaktion zuordnet, aber vorgibt, es daraus zu schließen.

Offensichtlich folgt dies aus dem Festhalten an der Unterscheidung von instrumentalem und kommunikativem Handeln. Im allgemeinen Sprachgebrauch begnügt man sich nämlich durchaus mit der Bestätigung, daß ein Handelnder seine Handlungen intentional kontrollieren kann, um ihm Zurechnungsfähigkeit zuzuschreiben. Man wird beispielsweise dem Falschspieler die Zurechnungsfähigkeit nicht absprechen, nur deshalb, weil er sein Handeln nicht durch mehr erklären kann als durch Gewinnsucht. Er orientiert sein Handeln dabei an den faktisch von den anderen als geltend unterstellten Normen gerade dadurch, daß er seine Nichteinhaltung der Normen vor den anderen verhehlt. Seine Kenntnis der geltenden Normen setzt er strategisch ein. Er handelt im Hinblick auf seine Zielsetzung durchaus rational, d. h. zweckrational. Trotzdem steht er in Interaktion mit den anderen Spielern. Aber auch dann, wenn alle Spieler die Regeln eines Spieles befolgen, setzen sie die Kenntnis der Regeln strategisch ein. Ihr Handeln ist auch in diesem Fall allein durch den Zweck des Gewinns zu rechtfertigen. In beiden Fällen liegt also eine Interaktion im Sinne der oben von Weber abgeleiteten Definition vor, aber auch zweckrationales, d. h. instrumentales Handeln.

Dies läßt erkennen, daß die Habermassche Trennung von instrumentalem und kommunikativem Handeln kaum durchzuhalten ist, es sei denn, man nimmt wesentlich weitreichendere Bestimmungen des Interaktionsbegriffes vor, als dies in den Sozialwissenschaften üblich ist. Diese Schwierigkeit fällt Habermas an manchen Stellen selbst auf. Die erwähnten Spieler handeln auch dann strategisch, wenn sie sich an die geltenden Normen halten. Sie versuchen zweckrational die sich bietenden Chancen zum Gewinn des Spiels zu nutzen. Habermas spricht angesichts dieser Vermischung von Interaktion und zweckrationalem Handeln im strategischen Handeln davon, daß dieses ein „Grenzfall" des kommunikativen Handelns sei[54]. Was soll aber hier „Grenzfall" heißen? Offensichtlich genügt das strategische Handeln nicht vollständig den definitorischen Anforderungen des Habermasschen Interaktionsbegriffs. Die Verwendung des Ausdrucks „Grenzfall" verbirgt hier jedoch das Eingeständnis, daß die Trennung von zweckrationalem und kommunikativem Handeln nach der in der Soziologie üblichen Definition der Begriffe nicht aufrechtzuerhalten ist, und daß die Habermassche *Definition des Begriffs der Interaktion* wesentlich eingeschränkter ist. Diese Einschränkung des Interaktionsbegriffs mag Habermas indessen nicht so offen zugestehen, weil sich andernfalls seine transzendentale Bestimmung der Möglichkeit von Interaktion als ein ganz gewöhnliches, allerdings eigentümliches, Definitionsverfahren erweisen müßte.

Nun könnte man Habermas insoweit entgegenkommen und den Begriff der Rechtfertigung möglichst weit fassen, um solche Konsequenzen zu vermeiden. So mag beispielsweise die Gewinnsucht des Falschspielers noch als „Rechtfertigung" seines Handelns gelten. In diesem weiten Sinne könnte auch Habermas in dem angegebenen Fall noch von Interaktion sprechen, sofern die wechselseitige Unterstellung von Zurechnungsfähigkeit überhaupt schon als Definitionsmerkmal akzeptiert wird. „Rechtfertigbarkeit des Handelns" wäre dann gleichbedeutend mit „Kontrolle des Handelns durch eigene Intentionen und nicht durch Ursachen, die außerhalb der Kontrolle des Handelnden liegen", also identisch mit „Zurechnungsfähigkeit".

Natürlich würde man sich bei einer solchen Argumentation im Kreise drehen, da durch dieses Verfahren der Bedeutungsanalyse des Begriffs „Zurechnungsfähigkeit" am Ende nicht mehr an Bedeutung herauskommen kann als in diesem Begriff schon enthalten ist. Das wäre reichlich wenig. Die Raffinesse des Habermasschen Verfahrens besteht aber gerade darin, daß es diese Beschränkungen durchbricht, indem Schritt für Schritt mehr an Bedeutung in die Begriffe hineingelegt wird, als vorher schon in ihnen enthalten ist. Habermas gelingt es auf diese Weise, von dem genannten weiten Rechtfertigungsbegriff zum Begriff der Rechtfertigung von Normen durch zwanglosen Diskurs zu kommen. Er erreicht dieses Ziel nur durch das Verfahren des Hineinlesens von Bedeutungen in Begriffe, die vorher nicht unbedingt in diesen enthalten sind. Seine Schritte beginnen damit, daß er der Interaktion die wechselseitige Unterstellung von Zurechnungsfähigkeit zuordnet und Zurechnungsfähigkeit durch Intentionalität und Rechtfertigbarkeit des Handelns bestimmt. Da indessen „Rechtfertigbarkeit des Handelns" noch sehr allgemein verstanden werden kann, muß an dieser Stelle eine Bedeutungsverengung erfolgen. In der Tat wird diese von Habermas auch vorgenommen. Er läßt nämlich zunächst scheinbar einen sehr allgemeinen Rechtfertigungsbegriff gelten, wenn er einräumt:

„Selbst einem Subjekt, das sich ersichtlich nur einem faktischen Zwang fügt, unterstellen wir allgemeine Prinzipien, nach denen es auch dieses Verhalten rechtfertigen könnte"[55].

Man darf z. B. annehmen, daß sich auch der erwähnte Falschspieler einem faktischen Zwang fügt, da er sein Handeln gegenüber den anderen verhehlen muß, um deren möglichen Sanktionen zu entgehen. Sein Verhehlen des Falschspielens würde er damit rechtfertigen, daß er nur dadurch den Sanktionen der Mitspieler entgeht und eventuell Gewinne erzielen kann. Diese Art der Rechtfertigung von Handlungen ist also noch weit entfernt von potentieller diskursiver Begründung. Um so erstaunlicher ist es, wie Habermas zu der Auffassung kommen kann, die genannte Erwartung der Rechtfertigbarkeit des Handelns „schließe" die Erwartung der diskursiven Begründbarkeit der befolgten Normen „ein". Ohne Zwischenglied schließt er an den oben zitierten Satz den folgenden Satz an:

„Diese Legitimitätserwartung schließt außerdem die Annahme ein, daß nur diejenigen Normen in den Augen handelnder Subjekte als gerechtfertigt gelten, von denen sie überzeugt sind, daß sie notfalls einer uneingeschränkten und ungezwungenen Diskussion standhalten würden. Wir unterstellen, daß zurechnungsfähige Subjekte jederzeit aus einem problematisierten Handlungszusammenhang heraustreten und einen Diskurs aufnehmen könnten"[56].

Die Regel, nach der Habermas diese Schlußfolgerung vornehmen möchte, müßte allerdings noch erfunden werden. Man wird aber annehmen dürfen, daß sich eine solche Regel ohne verheerende Folgen für die Kontrollierbarkeit von Argumentationen nicht finden läßt. Was Habermas hier vollzieht, ist auch keinesfalls eine logische Schlußfolgerung, aber auch keine strenge Bedeutungsanalyse. Der Satz „Diese Legitimitätserwartung schließt die diskursive Begründbarkeit der befolgten Normen ein" erweckt zwar den Eindruck, als handle es sich hierbei um eine Bedeutungsanalyse. Mit einer solchen Bedeutungsanalyse könnte Habermas jedoch nicht mehr an Bedeutung aus den Begriffen herausziehen, als ohnehin schon in diesen enthalten ist. Daß ihm dies gelingt, ist indessen das Eigenartige an der Argumentation.

Habermas beginnt mit dem Interaktionsbegriff, ordnet diesem die Unterstellung der Zurechnungsfähigkeit zu und liest dann nach und nach diejenige Bedeutung in diesen Begriff hinein, die er sich zwar wünscht, die aber im allgemeinen Sprachgebrauch in diesem nicht enthalten ist. Den entscheidenden Schritt dieser Bedeutungsverengung unternimmt Habermas beim Übergang vom ersten zum zweiten der oben zitierten Sätze. Wird im ersten Satz noch der Eindruck erweckt, es genüge ein allgemeiner Begriff der Rechtfertigung, so taucht im zweiten Satz schon ein neuer Begriff als Ausgangspunkt auf. Er spricht nun plötzlich von „Legitimitätserwartung" und schreibt dieser die gewünschte Bedeutung der Erwartung diskursiver Begründbarkeit zu. Die Bedeutungsverengung wird dadurch erleichtert, daß im zweiten Satz ein neuer Ausdruck an Stelle des bisher verwendeten eingeführt wird, in den Habermas dann leichter die gesuchte Bedeutung hineinlegen kann.

Noch problematischer erscheint der nächste Schritt in Habermas' Argumentation. Bezog er sich bislang auf Erwartungen handelnder Subjekte, die Interaktion möglich machen sollen, so spricht er jetzt unvermittelt über den „Sinn der Geltung von Normen" überhaupt. Er schließt:

„So beruht die Geltung einer Norm auf dem Anspruch diskursiver Begründbarkeit"[57].

Damit macht Habermas faktisches Erwarten zur Legitimationsinstanz eines bestimmten Verfahrens der Begründung von Normen. Niemand wird indessen bezweifeln wollen, daß in den meisten Fällen faktischen Erwartungen nicht ohne weiteres die Dignität des Normativen und Wünschbaren zu eigen sein muß. Daß Habermas diese Kluft zwischen Tatsachen und Normen an dieser Stelle nicht auffällt, hat wieder seine besonderen Gründe. Zweifel an der normativen Dignität faktischer Erwartungen kommen ihm deshalb nicht, weil er diese Erwartungen — wie gezeigt wurde — schon so gedeutet hat, daß dabei nur noch der von ihm gewünschte Sinn der Geltung von Normen herauskommen konnte.

Im übrigen ist es schon der Darstellungsstil, der Habermas den nahtlosen Wechsel zwischen unterschiedlichen Gegenstandsbereichen ermöglicht. In der Darstellung der Interaktionssituation spricht Habermas selten von den Handelnden, die bestimmte Erwartungen haben, sondern meistens davon, daß *wir* bestimmte Erwartungen hegen. Das „wir" kann sich jedoch auf uns in faktischen Interaktionssituationen beziehen und auf der Metaebene auf uns als Betrachter dieser Interaktionssituation, die daraus Schlüsse ziehen wollen. Das „wir" kann sich demgemäß auf die faktischen Erwartungen von Handelnden beziehen und auf die Schlüsse, die *Habermas* daraus zieht. Dieser gravierende Unterschied wird von Habermas verdeckt, indem er in beiden Fällen von „wir" spricht. Dies ist ein interessantes Beispiel der von Habermas akzeptierten dialektischen These, daß sich Subjekt und Objekt der Forschung in den Sozialwissenschaften nicht trennen ließen, oder, wie es heißt, daß das Objekt der Forschung dieser nichts Äußerliches sein dürfte[58]. Allerdings sind die Folgen dieser These hier problematisch. Sie erlaubt dem Autor, die eigenen Wünsche in den Objektbereich hineinzuprojizieren, um sie anschließend diesem wieder als Bestätigungen der eigenen Wünsche zu entnehmen.

Die Argumentation von Habermas beruht insofern auf einer Selbsttäuschung. Zielsetzung der Habermasschen Argumentation war, in Analogie zu Kant eine quasi-transzendentale Deduktion der Möglichkeit diskursiver Begründbarkeit von Normen und damit der Möglichkeit einer normativen Sozialwissenschaft vorzunehmen. Die bislang analysierte erste Stufe bildet die Argumentation, Interaktion sei nur möglich, wenn wir die diskursive Begründbarkeit der befolgten Normen wechselseitig unterstellen. Da wir tatsächlich stets Interaktionen eingehen, ist auch die wechselseitige Erwartung diskursiver Begründbarkeit der befolgten Normen ein Faktum. Ob sich Habermas hier mit dem Nachweis des Faktums der *Erwartung* diskursiver Begründbarkeit begnügen möchte oder schon auf den Nachweis diskursiver Begründbarkeit selbst abzielt, bleibt allerdings in der Schwebe. Seine vorgetragene Argumentation kann indessen allenfalls die *Erwartung* diskursiver Begründbarkeit als Gegebenheit behaupten, da sie explizit nicht mehr aussagt, als daß diese eine Bedingung der Möglichkeit von Interaktion sei. Habermas könnte also noch nicht einmal dann die Möglichkeit diskursiver Begründbarkeit nachweisen, wenn man seine Argumentation für bare Münze nähme. Wenn wir in Interaktionen immer schon die diskursive Begründbarkeit von Normen *erwarten*, dann heißt dies noch lange nicht, daß es eine Begründbarkeit von Normen überhaupt gibt. Die Habermassche Argumentation ist jedoch weit davon entfernt, auch nur dieses eingeschränktere Ziel zu erreichen, wie im einzelnen gezeigt werden konnte. Die quasi-transzendentale Deduktion erwies sich als bloßes Definitionsverfahren. Die Erwartung der diskursiven Begründbarkeit der befolgten Normen ist eine Bedingung der Möglichkeit von Interaktion nur deshalb, weil Habermas diese schon als Definitionsmerkmal in den Interaktionsbegriff hineinlegt. Aus der Erwartung der Zurechnungsfähigkeit kann er nicht auf die Erwartung diskursiver Begründbarkeit der befolgten Normen schließen; er projiziert vielmehr umgekehrt in den Begriff der Zurechnungsfähigkeit das Merkmal diskursiver Begründbarkeit der befolgten Normen.

Man könnte schon an dieser Stelle Habermas' Bemühen als gescheitert betrachten, die Begründbarkeit von Normen nachzuweisen, um darauf eine normativ-kritische Sozialwissenschaft aufzubauen. Es lassen sich jedoch an seiner weiteren Argumentation ähnliche Unzulänglichkeiten aufzeigen. Dies gilt auch für seinen Übergang von der Analyse der Interaktion zur Analyse des Diskurses. Den Übergang stellt Habermas dadurch her, daß er diskursive Begründbarkeit mit Verständigung bzw. Konsensus identifiziert, wobei auch dies eigentlich unvermittelt geschieht. Die Erwartung, zu Verständigung zu gelangen, wird in ähnlicher Form als Bedingung der Möglichkeit des Gesprächs, der Rede oder des Diskurses eingeführt, wie die Erwartung diskursiver Begründbarkeit von Normen als Bedingung der Möglichkeit von Interaktionen. Verschiedentlich heißt es auch, es sei der „Sinn der Rede", daß zwei Subjekte sich über etwas verständigen, und „Verständigung" bedeute die Herbeiführung eines wahren Konsensus[59]. Auch in diesem Falle unterliegt Habermas dem Fehlschluß, etwas aus dem „Sinn der Rede" abzuleiten, was er in Wahrheit in diesen hineinliest. Dabei sieht er auch hier, daß die Realität natürlich von diesem „Sinn der Rede" erheblich abweichen kann. Das liegt zunächst daran, daß der gebräuchliche Begriff der Verständigung wesentlich mehr zuläßt, als nach der Habermasschen Definition möglich wäre. Daß zwischen zwei Interaktionspartnern Verständigung über die Geltung einer Norm erzielt wird, kann durchaus auf Zwang oder Kompromißbildung beruhen. Verständigung über die Geltung einer Norm ist weder gleichbedeutend mit der Begründung einer Norm noch mit der Herstellung eines Konsensus über ihre Geltungsgründe. Die Interaktionspartner können sich aufgrund höchst unterschiedlicher Motive und Interessen über die Geltung einer Norm verständigen.

Eine solche Verständigung möchte Habermas natürlich nicht als Begründung von Normen gelten lassen. Er führt deshalb die Unterscheidung des wahren vom falschen Konsensus ein und meint, die ideale Sprechsituation müsse zu einem wahren Konsensus führen[60]. Dabei gelangt er auch hier zu der Konstruktion, Rede oder Diskurs sei überhaupt nur möglich, wenn wir unterstellen, daß eine ideale Sprechsituation vorliege, obwohl jede faktische Rede erheblich davon abweichen kann. Offensichtlich folgt diese Konstruktion wieder nur aus der Habermasschen Zielsetzung, die Begründung von Normen durch Konsensus in den Sinn von Rede hineinzulesen. Er identifiziert „Rede" mit „Herstellung von wahrem Konsensus" und nimmt an, dies sei nur unter der Bedingung einer idealen Sprechsituation möglich. Habermas behauptet dann, daß wir uns in der Regel tatsächlich zutrauen würden, einen wahren von einem falschen Konsensus zu unterscheiden und meint, dies sei nur möglich, wenn wir einen Vorgriff auf die ideale Sprechsituation vornehmen. Dieser Vorgriff auf die ideale Sprechsituation hat indessen zwei unterschiedliche Bedeutungen. Habermas meint einerseits, er sei eine Bedingung der Möglichkeit von Rede überhaupt, aber andererseits dient er als Maßstab, um einen faktischen Konsensus hinsichtlich seiner „Wahrheit" zu beurteilen[61].

Für die erste Bedeutung läßt sich jedoch nicht mehr in Habermas' Argumentation finden, als daß Habermas dies zum Definitionsmerkmal von Rede erhebt. Als solches kann die ideale Sprechsituation dann aber nicht mehr als Bedingung der Möglichkeit von Rede bezeichnet werden, es sei denn, man verwendet diesen Ausdruck, um Definitionen eine höhere Dignität zu verleihen. Es entsteht dadurch der

Eindruck, der Autor leite tatsächlich neue Informationen aus der Struktur der Rede ab, was er aber in Wirklichkeit schon in deren Definition hineingesteckt hat. Die zweite Bedeutung bringt hingegen den „Vorgriff auf die ideale Sprechsituation" wesentlich näher an den tatsächlichen Status der Habermasschen Suche nach Begründung von Normen heran. Hier wird der Vorgriff auf die ideale Sprechsituation schlicht als Kriterium eingeführt, an dem der Geltungsanspruch von Normen überprüft werden soll.

Habermas wollte diesen „Sinn der Geltung von Normen" aus der Grundstuktur der Interaktion quasitranszendental ableiten. Wie eine kritische Betrachtung seiner Argumentation gezeigt hat, ist ihm dies nicht gelungen. Die beanspruchte quasitranszendentale Deduktion erwies sich als ein eigentümliches Definitionsverfahren von „Interaktion" und „Diskurs". Dasselbe gilt auch für den letzten Schritt in Habermas' Argumentation. Er beansprucht, aus dem aufgezeigten Sinn der Geltung von Normen ableiten zu können, daß die Begründung von Normen in der Herstellung eines Konsensus über ihre Geltung liege[62].

Der zwanglos zustandekommende Konsensus wird dadurch als Kriterium der Geltung von Normen bestätigt, daß dies schon im Sinn der Geltung von Normen liege, den wir immer schon unterstellen müssen, wenn wir überhaupt in Interaktion eintreten wollen. Habermas glaubt, durch diese quasitranszendentale Deduktion den zwanglos zustandegekommenen Konsensus als Wahrheitskriterium „bestätigen" zu können und nicht durch einen weiter nicht hintergehbaren Entschluß einführen zu müssen. Begründung von Normen durch zwanglosen Konsensus ist möglich und notwendig zugleich. Allerdings verdankt sich dieses Ergebnis allein dem Umstand, daß Habermas die Begründung von Normen durch zwanglosen Konsensus schrittweise in die Interaktionsstruktur hineininterpretiert und nicht, wie behauptet, aus ihr ableitet.

Für ihn kann dann auch die Frage gar nicht mehr relevant werden, ob denn der zwanglos herbeigeführte Konsensus überhaupt ein hinreichendes Kriterium der Geltung von Normen ist und ob tatsächlich all jene, über die ein solcher Konsensus nicht herstellbar ist, immer nur partikulare Interessen zum Ausdruck bringen. Diese Beziehung besteht schon definitorisch und kann infolgedessen gar nicht mehr problematisiert werden. Zwangloser Konsensus ist der Sinn der Geltung von Normen, die verallgemeinerungsfähige Interessen ausdrücken, ist also Definition des Ausdrucks „Geltung von Normen". Wie gezeigt wurde, steckt in der ganzen von Habermas entwickelten Argumentation nicht mehr als diese Definition des Ausdrucks „Geltung von Normen" durch den Ausdruck „Normen, die durch zwanglos herbeigeführten Konsensus akzeptiert werden", nur daß diese Definition in ein quasitranszendentales Begründungsverfahren gekleidet wird.

2.2.2. Die Selektivität von Normen als Bedingung ihrer Konsensunfähigkeit und generellen Unbegründbarkeit

Man wird gerade die von Habermas unterstellten Identifikationen in Frage stellen dürfen. Zu diesem Zweck könnte auch die von Habermas weitgehend übergangene soziologische oder gesellschaftstheoretische Perspektive eingebracht werden. Es wäre zu fragen, ob der zwanglos herbeigeführte Konsensus ein hinreichendes Kriterium der Geltung von Normen sein kann und ob dieser ein Kriterium zur Scheidung verallgemeinerungsfähiger und partikularer Interessen ist, wenn dies nicht schon definitorisch unterstellt wird. Weiterhin muß auch in Frage gestellt werden, ob die Unterteilung in Normen, die verallgemeinerungsfähige Interessen zum Ausruck bringen, und in Normen, die nur partikulare Interessen ausdrücken, als Kriterium der Geltung von Normen in komplexen Gesellschaften brauchbar ist. Dabei wird vor allem auch zu berücksichtigen sein, ob der zwanglos herbeigeführte Konsensus überhaupt noch ein wirksames Entscheidungskriterium über die Geltung von Normen in sehr komplexen Gesellschaften sein kann und welche Folgen aus dessen Institutionalisierung zu erwarten sind, vor allem dann, wenn die Gesellschaftstheorie die advokatorische Rolle beansprucht, durch Simulation eines Diskurses stellvertretend für die Konfliktgruppen in der Gesellschaft entscheiden zu können, welche Interessen verallgemeinerungsfähig und welche partikular sind[63].

Wir können hinsichtlich dieser Problemstellung Hinweise aus einer grundlegenden Eigenschaft moderner Gesellschaften gewinnen, die Niklas Luhmann mehrfach thematisiert hat[64]. Habermas läßt sich nie auf das Problem ein, daß gerade in den modernen komplexen Gesellschaften stets eine sehr große Diskrepanz zwischen der Möglichkeit, Werte zu artikulieren, und der Möglichkeit, Werte zu realisieren besteht. Von den potentiell unbegrenzt möglichen Werten können immer nur wenige realisiert werden. Jede Institutionalisierung eines Wertes hat gleichzeitig die Ausschließung anderer Werte zur Folge. Man kann sogar so weit gehen und annehmen, daß die Entwicklung der modernen Gesellschaften überhaupt nicht Knappheiten in dieser Hinsicht aufheben kann, sondern im Gegenteil diese sogar noch vergrößert.

Knappheit ist ein relativer Begriff und bezieht sich auf die Diskrepanz zwischen möglichen und realisierten Werten oder Bedürfnissen. Mit der Entfaltung des Wissens, der Technik, des Gegenstandsbereichs der Politik, der Verwaltung oder der Massenmedien und dgl. erweitern sich stets die Möglichkeiten ihres Einsatzes zur Realisierung von Werten überproportional im Verhältnis zu den tatsächlich realisierten Werten. Mit dem Wissen der modernen Wissenschaft, der Technik der ökonomischen Produktion, der Präzision moderner Verwaltungen kann im Vergleich zu ihren jeweiligen Vorgängern prinzipiell sehr viel mehr realisiert werden aber nur wenig wird davon tatsächlich realisiert. Knappheit nimmt in diesem Sinne in den modernen Gesellschaften zu, nicht ab. Ihre Möglichkeit, Werte zu realisieren wächst überproportional zu den tatsächlich realisierten Werten.

Man kann anstelle des Begriffs der Knappheit auch den Begriff der Selektivität verwenden. Aus der Menge möglicher Werte und Normen, möglichen Wissens, möglicher Verwaltungsakte, möglicher Güter und Dienste können immer nur wenige selegiert werden. Mit der Erweiterung der Möglichkeiten zur Herstellung von Werten, Normen, Wissen, Verwaltungsakten, Gütern und Diensten nimmt der Grad der Selektivität der Selektionen unter diesen Möglichkeiten zu. Die Begriffe „Knappheit" und „Selektivität" können in diesem Sinne in gleicher Weise verwendet werden, wie dies im folgenden auch geschehen wird.

Wir können diese Art der Knappheit bzw. Selektivität in zeitlicher, sachlicher und sozialer Hinsicht identifizieren[65]. Der tatsächlichen Realisierung prinzipiell realisierbarer Werte sind zeitliche Grenzen gesetzt, weil nicht alle Werte zugleich realisiert werden können. Die Realisierung eines Wertes bindet außerdem die vorhandenen Mittel, die dann zumindest vorläufig nicht mehr für andere Werte verfügbar sind. Sachliche Grenzen der Wertrealisierung ergeben sich dadurch, daß die Realisierung eines Wertes die Realisierung anderer Werte in einem bestimmten Umfang aufgrund logisch oder empirisch bedingter Unvereinbarkeit ausschließt. Bei der Komplexität sozialer Zusammenhänge in modernen Gesellschaften nimmt die Wahrscheinlichkeit derartiger empirisch bedingter Unvereinbarkeiten zu. Die prinzipiell möglichen *Wertvorstellungen und Interessen* sind schließlich nicht völlig gleichmäßig auf alle sozialen Gruppierungen verteilt. In sozialer Hinsicht bedeutet Knappheit bzw. Selektivität demgemäß, daß nicht alle Wertvorstellungen und Interessen aller sozialen Gruppierungen in gleichem Ausmaß realisiert werden können und Ungleichheit in diesem Sinne nicht vermeidbar ist.

2.2.2.1. Die Unterscheidung verallgemeinerungsfähiger und partikularer Interessen als unwirksames Kriterium der Normselektion

Welche Konsequenzen hat nun die geschilderte Art der Knappheit bzw. Selektivität für die Möglichkeit des zwanglosen Konsensus als Entscheidungskriterium der Geltung von Normen? Selektivität hat die unentrinnbare Folge, daß in modernen Gesellschaften stets zwischen sehr vielen Werten und Normen gewählt werden muß und immer sehr viele mögliche und unbegründbare Werte und Normen ausgeschlossen werden müssen. Dieser Tatsache hat Habermas niemals ernsthaft ins Auge gesehen. Sein Modell der Begründung von Normen und Werten durch zwanglosen Konsensus setzt nämlich die völlige Aufhebung der genannten Art von Knappheit bzw. Selektivität voraus. Nur in diesem Falle könnte die Menge der realisierten Werte mit der Menge der „verallgemeinerungsfähigen Interessen" und die Menge der nicht realisierten Werte mit der Menge der „partikularen Interessen" prinzipiell identisch sein[66]. Unter Bedingungen der Knappheit müssen sich jedoch zumindest unter den nicht realisierten Werten sehr viele befinden, die „verallgemeinerungsfähige Interessen" repräsentieren und über deren Berechtigung durchaus ein Konsensus bestehen könnte. Ob ein Interesse verallgemeinerungsfähig oder partikular ist, kann demgemäß keinesfalls als Entscheidungskriterium der Normsetzung ausreichen.

Diese von Habermas gewählte Dichotomie ist ohnehin kein brauchbares Entscheidungskriterium für die Geltung von Normen. In sehr vielen Fällen müssen Normen zur Regelung von Interaktionen allein aufgrund der Knappheit den anderen ebenso möglichen Normen vorgezogen werden, ohne daß diese nicht verallgemeinerungsfähig wären. Ob beispielsweise bei der Neuordnung des Paragraphen 218 des Strafgesetzbuches einer Fristen- oder Indikationslösung der Vorrang zu geben ist, läßt sich sicherlich nicht nach dieser Dichotomie entscheiden. Das gleiche gilt für beliebige andere Fälle, wie z. B. für den Erlaß von Rahmenrichtlinien für den Schulunterricht, für die Einführung einer neuen Prüfungsordnung, ein neues Berufsausbildungsgesetz, eine Novellierung des Arzneimittelgesetzes oder des Kartellgesetzes usw.

Andererseits müssen sogar sehr viele Normen partikularen Interessen dienen. Jede Gesetzgebung, die Rechte und Pflichten von Personen in bestimmten Rollen tangiert, hat diese Folge. Schon Max Weber betont in diesem Sinne, daß die Auflösung der ständischen Partikularität des Rechts im modernen Recht nicht das Verschwinden von Rechtspartikularitäten überhaupt bedeutet. Diese nehmen lediglich eine andere Form an und können als solche sogar zunehmen. Grundlage ist nicht mehr die ständische Differenzierung der Gesellschaft, sondern ihre höhere funktionale und rollenmäßige Differenzierung:

> „Die stammesmäßige oder ständische Personalität des Rechts und seine, durch genossenschaftliche Einung oder durch Privileg usurpierte oder legalisierte Partikularität sind verschwunden und mit ihnen die ständischen Sonderverbandsprozeduren und Gerichtsstände. Allein weder alles partikulare und personale Recht noch alle Sondergerichtsbarkeit ist damit beseitigt. Im Gegenteil hat gerade die Rechtsentwicklung der neuesten Zeit eine zunehmende Partikularisierung des Rechts gezeigt. Nur das Prinzip der Abgrenzung der Geltungssphäre ist charakteristisch abgewandelt"[67].

Weber erläutert diese Entwicklung am Beispiel des Handelsrechts und verweist dann auf den Charakter von dessen besonderer, partikularer Geltungssphäre:

> „Also entscheidet für die Abgrenzung der Geltungssphäre einerseits die sachliche Qualität (vor allem: der zweckrationale ‚Sinn') des Einzelgeschäftes und andererseits die sachliche (zweckrational sinnhafte) Zugehörigkeit zum rationalen Zweckverband des Betriebes, nicht aber, wie in der Vergangenheit normalerweise, die Zugehörigkeit zu einem durch Einung oder Privileg rechtlich konstituierten Stande"[68].

Nicht nur Fälle wie die Dynamisierung der Kriegsopferrenten, die Ausbildungsförderung oder die Preisregulierung für Agrarprodukte beziehen sich auf partikulare Interessen. Von den verschiedensten Normen sind wir z. B. nur als Verkehrsteilnehmer, als Patient, als Arzneimittelverbraucher, als Fernsehzuschauer, als Umschulungswilliger usw. angesprochen. Gesetze, die sich darauf beziehen, müssen notwendigerweise einen partikularen Aspekt haben. Wenn beispielsweise sehr viele Aufwendungen für den Bau und die Unterhaltung von Hallenbädern, Schulen, Kindergärten, Müttergenesungsheimen, Resozialisierungszentren vorgesehen sind, dann mag dies mir als Konsumenten dieser Einrichtungen durchaus meinen partikularen Interessen dienen aber nicht meinen partikularen Interessen als Umschulungswilliger, Mieter, Reisender, Urlauber, Patient usw., weil die Aufwendungen für die anderen Interessen notwendigerweise die Aufwendungen für diese Interessen beschneiden müssen. Überdies zeigen diese Beispiele, daß sich entsprechende Unvereinbarkeiten zwischen partikularen Interessen in vielen Fällen überhaupt nicht auf Konflikte zwischen diskreten Personengruppen übertragen lassen. Die Konflikte in modernen Gesellschaften sind wesentlich vielschichtiger, als daß sie sich auf einheitliche Konfliktfronten zwischen wenigen feststehenden, völlig diskreten sozialen Gruppierungen reduzieren ließen.

Die Notwendigkeit der Berücksichtigung „nur" partikularer Interessen in der Gesetzgebung moderner Gesellschaften zeigt, daß ohnehin gar nicht ausschließliche Zielsetzung der Normschöpfung sein kann, immer nur die verallgemeinerungsfähigen von den partikularen Interessen zu scheiden. Im Prozeß der Normschöpfung muß im Gegenteil die Möglichkeit der Artikulierung partikularer Interessen institutionalisiert sein, damit diese Berücksichtigung finden können. Die tatsächliche Normsetzung kann aber immer nur eine Auswahl aus allen berücksichtigungswürdigen „verallgemeinerungsfähigen" und „partikularen" Interessen und aus allen artikulierbaren Werten treffen. Wie soll aber eine solche Auswahl durch Konsensus begründet werden, wenn erstens prinzipiell konsensfähige verallgemeinerungsfähige Interessen ausgeschlossen und zweitens prinzipiell nicht konsensfähige partikulare Interessen eingeschlossen werden müssen?

Für die Berücksichtigung partikularer Interessen bleibt ohnehin nach Habermas nur die Kompromißbildung[69]. Allerdings unterschätzt Habermas die Bedeutung und den Umfang dieses Bereichs der Normsetzung. Mit der Differenzierung der Interaktionen und Lebensbereiche, die Gegenstand von Gesetzgebungen werden, wächst das Ausmaß an Normen, die uns nur in bestimmten Rollen tangieren. Es wird insofern immer schwieriger, Normen zu finden, die in Habermas' Sinne „gemeinsame" Interessen zum Ausdruck bringen. Diese Einheitlichkeit besteht schon im Hinblick auf das einzelne Individuum gar nicht mehr. Als Träger sehr unterschiedlicher Rollen muß der einzelne selbst unter sehr vielen „partikularen" Interessen eine Auswahl treffen.

Im Grunde hat die Mehrzahl der Normen irgendwelche Beziehungen zu partikularen Interessen von Individuen in bestimmten Rollen. Jede dieser Normen wird deshalb prinzipiell in zeitlicher, sachlicher und sozialer Hinsicht bestimmte partikulare Interessen vor anderen vorziehen. Schon allein dadurch, daß sich die Gesetzgebungsorgane mit der Novellierung bestimmter Gesetze beschäftigen, ziehen sie zumindest zeitlich Ressourcen von möglichen anderen Novellierungen von Gesetzen ab, an denen jeder in bestimmten Rollen als deren Nutznießer mehr interessiert sein kann. Das bedeutet indessen, daß jede faktisch geltende Norm bestimmten Interessen und bestimmten Wertvorstellungen entspricht und anderen notwendigerweise widerspricht. Die Normsetzung kann sich infolgedessen überhaupt nicht an dem Habermasschen Modell der Scheidung verallgemeinerungsfähiger und partikularer Interessen durch zwanglose Konsensbildung orientieren, da Habermas gerade voraussetzt, daß sich Normen durch Konsensbildung in diskrete Klassen dieser Art einteilen ließen.

Wenn die Auswahl unter sehr vielen möglichen Werten und Interessen Grundmerkmal jeder Normsetzung in modernen Gesellschaften ist, dann ergeben sich außerdem prinzipielle Schranken für die verbindliche Begründung von Werten und Normen, an die auch das Modell der Normbegründung durch Konsensbildung stoßen muß. Die vollständige Begründung einer institutionalisierten Norm oder eines institutionalisierten Wertes in Habermas' Sinne setzt nämlich bei Knappheit bzw. Selektivität eine durchgängige Skalierung der möglichen Werte und Normen voraus, die es erlaubt, stets die Höherwertigkeit jeder einzelnen realisierten Norm oder eines realisierten Wertes gegenüber allen nicht realisierten Normen und Werten, sowie die Höherwertigkeit der Menge der gerade getroffenen Auswahl der Normen und Werte gegenüber der Menge der nicht realisierten Normen und Werte zu bestimmen. Zu diesem Zweck müßte man alle Werte und Normen in eine Ratioskala einordnen, die es ermöglicht, jeweils festzustellen, in welchem Ausmaß eine Norm höherwertig ist als eine andere[70]. Niemand wird ernsthaft annehmen wollen, daß eine solche Skalierung der Menge möglicher Werte und Normen in modernen Gesellschaften durchführbar sei. Darüber hinaus ist zu berücksichtigen, daß neue Tatsachenerkenntnisse eine solche Rangordnung ständig umwerfen können, da sie bislang unerkannte Unvereinbarkeiten zwischen Werten und Normen aufzeigen.

2.2.2.2. Normkritik durch Tatsachenerkenntnis und die Unvermeidbarkeit von Begründungsdefiziten jedes Normensystems

Der zuletzt angesprochene Sachverhalt führt zur Frage der prinzipiellen Widersprüchlichkeit von Tatsachenerkenntnis und Normsetzung. Man kann davon ausgehen, daß Werte und Normen sowie Tatsachenwissen jeweils unerläßliche spezifische Funktionen für die Möglichkeit von Handeln und sozialer Interaktion überhaupt erfüllen. Soziale Interaktion ist nur möglich, wenn die Interaktionspartner in einem Mindestmaß richtige Erwartungen über die Handlungen und Erwartungen des jeweiligen anderen bilden können[71].

Die ständige Enttäuschung von Erwartungen hätte die völlige Paralysierung des Handelns zur Folge. Wechselseitige Erwartbarkeit von Handlungen und Erwartungen ist wiederum nur möglich durch die Stabilisierung von Werten und Normen, an denen sich das Handeln orientiert. Diese Werte und Normen müssen dabei in zweifacher Hinsicht in einem Mindestmaß „kontrafaktisch" aufrechterhalten werden. Sie müssen ihre Geltung trotz möglicher Abweichungen der Handelnden behaupten können. Sie müssen ihre Geltung aber auch zumindest vorläufig trotz Unvereinbarkeiten mit anderen Werten und Normen behalten können, die durch Tatsachenerkenntnisse aufgedeckt werden. Dies bedeutet, daß Werte und Normen — sollen sie ihre Funktion der Stabilisierung von Erwartungen erfüllen — in einem gewissen Ausmaß gegen neues Tatsachenwissen immun bleiben müssen. Weil ohne relative Sicherheit der Erwartungen der Bestand von Handlungen und Interaktionen nicht möglich wäre und die völlige Paralysierung des Handelns eintreten würde, müssen Werte und Normen in einem bestimmten Umfang von der Tatsachenerkenntnis getrennt werden.

Faktisch geltende Werte und Normen können deshalb nie vollständig begründet sein, da sie in einem gewissen Ausmaß trotz Unvereinbarkeit mit anderen Werten und daraus folgender Minderung ihres Ranges stabil gehalten werden müssen. Die faktische Geltung von Normen kann sich demgemäß nie völlig auf die Zwanglosigkeit eines Diskurses gründen. Sie ist notwendigerweise auf eine „Verzerrung" oder Einschränkung der Kommunikation mindestens insoweit angewiesen als sie in gewissem Ausmaß gegen neue, rangverändernde Tatsachenerkenntnisse stabil gehalten werden muß, um die richtige Erwartbarkeit von Erwartungen überhaupt zu ermöglichen. Diesem Erfordernis wird keine Wert- und Normgeltung entgehen können[72].

Andererseits ist aber auch ein Wachstum der Tatsachenerkenntnis die Voraussetzung erfolgreicher Realisierung beliebiger Ziele. Da die Menge und die Komplexität faktisch verfolgter und möglicher Ziele mit der Komplexität der Gesellschaft zunimmt, entsteht auch ein höherer Bedarf an Tatsachenwissen. Die Erhaltung einer komplexen Gesellschaft mit einer offenen Zielstruktur und die Realisierung dieser Ziele ist deshalb nicht zu erreichen, wenn das Wachstum der Tatsachenerkenntnis durch Rücksichtnahme auf die Sicherheit der Erwartbarkeit von Handlungen und Erwartungen in Interaktionen Beschränkungen unterworfen wird.

Die Tatsachenerkenntnis muß aus diesem Grunde ihrerseits vom Erfordernis der Stabilisierung von Werten und Normen getrennt werden. Die Gesellschaft kann dadurch ein wesentlich höheres Potential an neuen Informationen sammeln, als dies möglich wäre, wenn alle Informationen unmittelbar auf die Begründungen von Werten und Normen bezogen würden. Die relative Trennung der Tatsachenerkenntnis von der Geltung der Werte und Normen in einem spezifischen Wissenschaftssystem ermöglicht es der Gesellschaft aber auch, ein wesentlich höheres Maß an Unsicherheit durch Entwicklung von Tatsachenwissen zu verkraften, als ihr ohne diese Trennung zuträglich wäre[73].

Relative Sicherheit sozialer Handlungsorientierung und Tatsachenwissen zur erfolgreichen Zielrealisierung sind also zwei funktionale Erfordernisse, die jede Gesellschaft erfüllen muß, sofern sie ihre Identität erhalten will. Sie kann diese Erfordernisse aber in unterschiedlicher Weise erfüllen. Diese funktionalen Alternativen haben jedoch jeweils unterschiedliche Folgen und bestimmen in dieser Weise die Identität einer Gesellschaft mit. Den genannten funktionalen Erfordernissen kann sich auch nicht das Modell der Begründung von Normen durch unbeschränkten Diskurs entziehen. Wir können deshalb Voraussagen treffen, welche Folgen sich einstellen werden, wenn versucht wird, dieses Modell der Wert- und Normbegründung angesichts jener funktionalen Erfordernisse zu institutionalisieren. Es zeichnen sich zwei Möglichkeiten ab.

Sofern in einem unbegrenzten Diskurs sowohl vollständige Wert- und Normbegründung als auch unbegrenzte Tatsachenerkenntnis angestrebt wird, treten mit der immer schneller wachsenden Erkenntnis von Tatsachzusammenhängen mit zunehmender Beschleunigung Unvereinbarkeiten zwischen den Werten und Normen auf, die zu ständiger Neuordnung der unter Knappheitsbedingungen auszuwählenden Werte und Normen zwingen. Es wird dadurch das Erfordernis relativer Sicherheit sozialer Handlungsorientierung nicht einmal in minimalstem Ausmaß erfüllt. Völlige Paralysierung des Handelns wäre die Folge.

Diese Alternative ist allerdings aufgrund der für jede Gesellschaft zerstörenden Konsequenzen relativ unwahrscheinlich, obgleich Gesellschaften Tendenzen in der Richtung dieser Alternative entwickeln können.

Wahrscheinlicher wird jedoch das Festhalten an ,,wahrheitsgemäßer'' verbindlicher Wertbegründung durch den aus dem Sicherheitserfordernis folgenden Zwang zur Stabilisierung von Werten und Normen Konsequenzen hervorrufen, die der unbegrenzten Konsensbildung gerade entgegengesetzt sind. Da vollständige Begründung von Werten und Normen nicht möglich ist, kann nur noch der Schein der Begründung erhalten werden. Die Tatsachenerkenntnis muß zu diesem Zweck so weit kontrolliert werden, daß sie keine Informationen erzeugt, welche die Begründung von Werten und Normen ernsthaft in Gefahr bringen würden. Die Folge ist dann die ideologische Stabilisierung der geltenden Werte und Normen durch Verzerrung des Tatsachenwissens. Diese Tendenz zur Ideologienbildung wird zusätzlich dadurch verstärkt, daß an dem Anspruch der Begründung der Höherrangigkeit eines Wertes oder einer Norm vor anderen möglichen Werten und Normen unter Knappheitsbedingungen festgehalten werden muß, obwohl dies eine Ratioskala der Werte und Normen voraussetzt, die prinzipiell nicht realisierbar ist. Da die Begründung der Höherrangigkeit der in zeitlicher, sachlicher und sozialer Hinsicht getroffenen Selektion unter den möglichen Werten und Normen tatsächlich nicht geleistet werden kann, muß diese zwangsläufig vorgetäuscht werden, solange sie Grundlage der Geltung eines Wertes oder einer Norm sein soll. Zu diesem Zweck muß einerseits die Komplexität möglicher Werte und Normen vereinfacht werden. Andererseits muß das Tatsachenwissen die logische Struktur des Wert- und Normensystems und die Struktur sozialer Bedingungszusammenhänge so weit vereinfachen, daß zwischen den Werten und Normen Unvereinbarkeiten vermieden werden, um keine Unsicherheit über die Begründung der Wert- und Normselektion entstehen zu lassen [74].

Die Entfaltung des Tatsachenwissens ohne Rücksichtnahme auf Erfordernisse relativer Stabilität von Werten und Normen setzt dagegen der Kritik geltender Werte und Normen durch Erkenntnis negativer Folgen und Nebenfolgen keine Schranken. Die Befreiung einer Institution innerhalb der Gesellschaft von der Rücksichtnahme auf die Stabilitätserfordernisse von Interaktionsstrukturen erlaubt es der Gesellschaft, sowohl dieses Erfordernis zu erfüllen als auch ein wesentlich höheres kritisches Potential zu entwickeln, das in die Problematisierung von Normen in Verfahren der Normschöpfung eingehen kann, um deren Grad der Reflektiertheit zu erhöhen. Gerade diese kritische Funktion der Wissenschaft müßte Einschränkungen erfahren, wenn man ihr zur Aufgabe machen würde, Normen zu begründen.

Keine Norm wird unter den Bedingungen komplexer Interaktionsstrukturen nur positive Folgen aufweisen; deren Institutionalisierung wird deshalb stets die Realisierung bestimmter Werte und die Befriedigung bestimmter Interessen ausschließen. Diese Menge der ausgeschlossenen Werte und Interessen nimmt im Verhältnis zur Zahl der institutionalisierten Normen überproportional zu. Die Begründung einer Norm kann infolgedessen niemals die gleiche Offenheit gegenüber Tatsachenwissen aufweisen wie eine davon befreite Wissenschaft. Begründung ist bei prinzipiell unbegrenztem Informationsfluß de facto gar nicht möglich. Wo Begründung von Normen trotzdem angestrebt wird, kann dies nur durch Begrenzung dieses Informationsflusses erreicht werden. Wissenschaftliche Begründung von Normen als Grund ihrer Geltung müßte deshalb zu einer Begrenzung des Tatsachenwissens führen und als Folge davon zwangsläufig das Potential der Kritik von Werten und Normen in der Gesellschaft vermindern.

2.2.2.3. Die Beliebigkeit der Subsumtion konkreter Normen unter allgemeine Grundnormen

Noch weniger möglich als die genannte Ratioskalierung der möglichen Werte und Normen unter Knappheits- bzw. Selektivitätsbedingungen ist in modernen Gesellschaften die Bildung eines axiomatischen Systems grundlegender Werte und Normen, aus denen alle anderen Geltung beanspruchenden Normen abgeleitet werden können oder zu denen alle anderen Normen Mittel bzw. Subnormen bilden[75]. Mit der Komplexität von Interaktionen, Wert- und Interessenartikulationen wächst in modernen Gesellschaften der Bedarf an Stabilisierung der Erwartbarkeit von Handlungen durch normative Regelungen. Es wächst aber auch überproportional hierzu die Menge der ausgeschlossenen, gleichwohl möglichen normativen Regelungen. Beides unterscheidet moderne Gesellschaften grundsätzlich von allen vormodernen Gesellschaften.

Je weiter man zurückgeht bis zu den einfachsten frühen Gesellschaften, um so mehr werden sie nur von einer kleinen Zahl grundlegender Werte und Normen reguliert. Einige grundsätzliche Regeln verwandtschaftlicher Beziehungen und die darin verankerten wenig differenzierten religiösen Vorstellungen genügen, um in diesen Gesellschaften das Erfordernis der relativen Sicherheit der Erwartbarkeit von Handlungen und Erwartungen zu erfüllen. Proportional hierzu ist aber auch die Menge nichtgewählter möglicher Werte und Normen relativ klein. Einfache Gesellschaften haben infolgedessen im Vergleich zu modernen Gesellschaften sowohl einen wesentlich geringeren Bedarf normativer Regulierung als auch proportional hierzu eine wesentlich geringere Möglichkeit der Selektion von Alternativen. Wenn absolut viel weniger Werte und Normen das Handeln regeln, gibt es proportional hierzu auch weniger mögliche Alternativen, die ausgeschlossen werden müssen. Diese Grundeigenschaft bewirkt die eigentümliche Selbstverständlichkeit des Handelns in solchen Gesellschaften[76].

Geht man davon aus, daß mit jeder geltenden Norm in der Regel mehr als eine mögliche andere Norm zeitlich, sachlich oder sozial ausgeschlossen wird, dann muß mit der Zunahme der Menge geltender Normen die Menge der nicht selegierten unter den selegierbaren Normen überproportional wachsen. Mit der Zunahme der Komplexität möglicher Interaktionen, Wert- und Interessenartikulationen kann aber das Erfordernis der relativen Sicherheit der Erwartbarkeit von Handlungen und Erwartungen nur durch eine wachsende Zahl von Normen erfüllt werden. Da in modernen Gesellschaften die Komplexität möglicher Interaktion ständig zunimmt. wächst also der Bedarf an Normen und überproportional hierzu die Menge der ausgeschlossenen, gleichwohl aber möglichen Werte und Normen.

Dieser wachsende Bedarf an Generierung von Normen unter der Bedingung des Ausschließens einer überproportional wachsenden Menge anderer Normen übersteigt bei weitem die Grenzen, die einer Gewinnung von Normen durch Ableitung aus oder Subsumtion unter wenige Grundnormen gesetzt sind. Die Grundnormen werden in diesem Falle immer inhaltsloser, da unter den genannten Bedingungen die Implementierung dieser Normen noch sehr viele Alternativen offenläßt, unter denen gewählt werden muß. Prinzipien wie beispielsweise „Demokratie", „Freiheit", „Solidarität", „Aufhebung von Entfremdung", „Anpassung der Produktion von Gütern und Dienstleistungen an die gesellschaftlichen Bedürfnisse", „Gemeinschaftliches Interesse" als solche allgemeinen Werte lassen sehr weit offen, welche weiteren Schritte als ihre Implementierung oder als Mittel zu ihrer Realisierung zu betrachten sind. Die Normen, welche als Implementierung solcher Grundnormen gelten sollen, können insofern nicht durch Ableitung gewonnen werden. Aber auch die

Frage, ob konkrete Normen als Subnormen solcher allgemeinen Normen gelten, ist in der Regel kaum zu beantworten. Dies hat zur Folge, daß es keine verbindliche Gewinnung von Normen durch Ableitung aus wenigen Grundnormen oder durch Subsumtion unter Grundnormen im Sinne einer Mittel-Zweck-Beziehung unter den Bedingungen einer komplexen Gesellschaft geben kann. Darauf hat schon Max Weber aufmerksam gemacht:

„Es ist einfach eine Naivität, wenn auch von Fachmännern gelegentlich immer noch geglaubt wird, es gelte, für die praktische Sozialwissenschaft vor allem ‚ein Prinzip' aufzustellen und wissenschaftlich als gültig zu erhärten, aus welchem alsdann die Normen für die Lösung der praktischen Einzelprobleme eindeutig deduzierbar seien ... Und wie immer Grund und Art der Verbindlichkeit ethischer Imperative gedeutet werden mag, sicher ist, daß aus ihnen, als aus Normen für das konkret bedingte Handeln des *Einzelnen* nicht *Kulturinhalte* als gesollt eindeutig *deduzierbar* sind, und zwar um so weniger, je umfassender die Inhalte sind, um die es sich handelt"[77].

Jeder Anspruch einer Begründung von Normen in dieser Form ist in Wirklichkeit eine nicht einlösbare Prätension. Eine solche „Ableitung" oder „Subsumtion" kann immer nur *eine Interpretation* unter anderen möglichen Interpretationen sein. Diese strukturelle Gegebenheit moderner Gesellschaften hat entsprechende Folgen für die faktischen Chancen derartiger Normbegründungen, auf allgemeine Anerkennung zu stoßen. Man muß sich dabei immer wieder vor Augen halten, daß ähnliche Interpretationsverfahren in den einfacheren Gesellschaften infolge ihres geringeren Selektionszwanges eine wesentlich größere Selbstverständlichkeit besitzen. Es gibt grundsätzlich wesentlich weniger Möglichkeiten der Implementierung grundlegender Normen. Eine um so größere Chance der faktischen Anerkennung besitzen demgemäß diese Interpretationen in Gestalt mythischer, religiöser und philosophischer Welt- und Selbstdeutungen des Menschen.

Man kann die Abnahme faktischer Anerkennung solcher Welt- und Selbstinterpretationen im Gefolge der Entwicklung zur modernen Gesellschaft als Folge des zunehmenden faktischen Selektionszwanges der Gesellschaften betrachten. Darin liegt die strukturelle Ursache der nicht zu leugnenden Tatsache, daß in modernen Gesellschaften solche Interpretationen de facto niemals mehr mit ungeteilter Zustimmung rechnen können[78]. Konsensus als Entscheidungskriterium solcher Implementierungen grundlegender Werte und Normen durch deren Interpretation ist in diesen Gesellschaften grundsätzlich nicht mehr erreichbar. Es gibt in diesen Gesellschaften weder Weise, noch Propheten, noch Philosophenkönige, noch ein Naturrecht oder eine Gesellschaftstheorie, noch einen Diskurs oder eine Beratung, deren diesbezüglichen Interpretationen tatsächlich auf einen zwanglos herbeigeführten Konsensus stoßen könnten. Max Weber wendet in diesem Sinne gegen die Versuche, dem modernen positiven Recht durch das Naturrecht ein Fundament zu verschaffen, ein:

„(Die naturrechtliche Axiomatik) hat jedenfalls die Tragfähigkeit als Fundament eines Rechts verloren. Verglichen mit dem handfesten Glauben an die positive religiöse Offenbartheit einer Rechtsnorm oder an die unverbrüchliche Heiligkeit einer uralten Tradition sind auch die überzeugendsten durch Abstraktion gewonnenen Normen für diese Leistung zu subtil geartet. Der Rechtspositivismus ist deshalb in vorläufig unaufhaltsamem Vordringen. Das Schwinden der alten Naturrechtsvorstellungen hat die Möglichkeit, das Recht als solches kraft seiner immanenten Qualitäten mit einer überempirischen Würde auzustatten, prinzipiell vernichtet; es ist heute allzu greifbar in der großen Mehrzahl und gerade in vielen prinzipiell besonders wichtigen seiner Bestimmungen als Produkt und technisches Mittel eines Interessenkompromisses enthüllt"[79].

Ableitung von Normen aus einem Kanon von Grundnormen oder Subsumtion von Subnormen unter allgemeinere Normen ist in Wirklichkeit also immer nur eine Interpretation der Normen unter anderen möglichen Interpretationen. Diese hohe Selektivität der Normgewinnung macht ihre Begründung prinzipiell konsensunfähig. Auch in dieser Hinsicht erweist sich das Modell der Begründung von Normen durch zwanglos herbeigeführten Konsensus in modernen Gesellschaften als nicht realisierbar. Es ist der Tatsache nicht zu entgehen, daß jede Interpretation entsprechender Grundnormen infolge ihrer hohen Selektivität unter anderen möglichen Interpretationen auf Widerstand stoßen wird.

Normschöpfungen, die diesem Modell nachgebildet sind, haben deshalb in modernen Gesellschaften gar keine Chance des Überlebens, es sei denn, sie können sich auf extensive Androhung und Anwendung von Zwang stützen, um den unausbleiblichen Widerstand zu überwinden. Ein solches Modell der Normschöpfung läßt sich als normative Struktur nicht institutionalisieren, da die prätendierten Interpretationen von Grundnormen infolge ihrer Selektivität zwangsläufig ein zu hohes Maß der Ablehnung durch Individuen und Kollektive erfahren müßten. Die entsprechende Interaktionsstruktur, die an der genannten normativen Struktur orientiert ist, kann unter diesen Bedingungen der Umwelt der Individuen und Kollektive in diesem Sinne nicht „überleben", ihre Identität nicht bewahren. Sie ließe sich nur durch ein hohes Maß der Androhung und Anwendung von Zwang stabilisieren.

Aber auch schon durch den wachsenden Bedarf normativer Regulierung ist diese Art der Normschöpfung in modernen Gesellschaften nicht überlebensfähig. In der Mehrzahl aller Fälle normativer Regelungen lassen sich diese nicht einmal mehr durch Interpretation irgendwelchen Grundnormen subsumieren. Diese Normen können insofern gar nicht mehr durch solche Verfahren begründet werden; ihre Gewinnung durch „Ableitung" bzw. Interpretation als Subnormen eines Systems von Grundnormen oder einer „Weltanschauung" degeneriert zur völlig inhaltsleeren, rein deklamatorisch gebrauchten Formel. Solche Züge besitzt beispielsweise die Normschöpfung in sowjetisch-sozialistischen Gesellschaften. Spezielle Gesetzgebungen werden durch die Formel legitimiert, sie seien aus der marxistisch-leninistischen Erkenntnis der Entwicklungsgesetze der Gesellschaft abgeleitet[80]. In den meisten Fällen wird man einen solchen Zusammenhang indessen nicht nachweisen können, da der hohe Bedarf an normativer Regelung die Möglichkeiten einer Begründung von Normen durch Ableitung aus grundlegenden Axiomen, durch deren Interpretation oder durch Subsumtion unter diese Axiome weit überschreitet. Diese Art der Normbegründung läßt deshalb de facto den größten Teil aller Normschöpfungen in modernen Gesellschaften ohne Legitimation. Die beanspruchte Legitimation kann nur auf Täuschung beruhen.

2.2.2.4. Der nicht einlösbare advokatorische Anspruch einer normativ-kritischen Gesellschaftstheorie

Das Habermassche Modell der Normbegründung muß grundsätzlich an den genannten strukturellen Gegebenheiten moderner Gesellschaften scheitern. In diesem Sinne ist es

„out of step mit der gesellschaftlichen Realität",

wie Luhmann bemerkt[81]. Habermas gesteht selbst zu:

„Wenn die Wahrheitsfähigkeit praktischer Fragen zwingend bestritten werden könnte, wäre die von mir vertretene Position unhaltbar"[82].

Gerade dies kann indessen als Ergebnis der soweit entwickelten Argumentation festgehalten werden. Aber nicht nur diese Tatsachen, sondern vor allem die Folgen, die sich aus dem Versuch der Institutionalisierung des Habermasschen Modells der Normbegründung auf Grund der genannten strukturellen Gegebenheiten zwangsläufig einstellen müssen, lassen dieses Modell als äußerst problematisch erscheinen. Das gilt in besonderem Maße für den mit dem Modell verbundenen Anspruch der Gesellschaftstheorie, eine advokatorische und therapeutische Funktion in der Gesellschaft zu erfüllen.

Den genannten strukturellen Gegebenheiten moderner Gesellschaften kann sich eine Gesellschaftstheorie mit einem solchen Selbstverständnis keinesfalls entziehen. Habermas stellt ihr die Aufgabe, Diskurse zu simulieren, um dadurch die Frage zu beantworten, welche Normen die Gesellschaftsmitglieder institutionalisiert hätten, wenn sie über deren Geltung in einem zwanglosen Diskurs durch allgemeinen Konsensus entschieden hätten[83]. Die Gesellschaftstheorie kann demgemäß beanspruchen, über die Konsensfähigkeit von Werten und Normen und dadurch über deren Legitimität zu urteilen. Da sich jedoch die Gesellschaftstheorie keineswegs über die strukturellen Gegebenheiten moderner Gesellschaften hinwegsetzen kann, muß dies notwendigerweise ein prinzipiell nicht einlösbarer Anspruch bleiben, der als solcher sehr problematische Konsequenzen hat.

Eine advokatorische Gesellschaftstheorie ist allenfalls möglich unter den Bedingungen sehr einfacher Gesellschaften, die keinem hohen Selektionszwang unterworfen sind und in denen das Handeln eine stets gleichbleibende Selbstverständlichkeit besitzt. Nicht zufällig dient deshalb für Habermas in einem früheren Aufsatz die klassische Theorie der Politik als Modell einer solchen Gesellschaftstheorie[84]. Die Antworten auf die Frage nach dem richtigen Staatswesen, nach der richtigen Staatsverfassung oder nach dem Wesen der Gerechtigkeit besitzen allerdings schon in der antiken Philosophie nicht mehr dieselbe Selbstverständlichkeit, wie dies für die Weltdeutungen der archaischen und intermediären Hochkulturen noch eher zutrifft, obwohl auch diese durchaus unterschiedlich interpretiert wurden[85].

Der unvergleichlich hohe Selektionszwang unter möglichen Werten und Normen und das dadurch wachsende Potential an Widersprüchen zwischen Werten und

Normen läßt dagegen eine normativ-advokatorische Gesellschaftstheorie zu einem Anachronismus mit problematischen Folgen werden. Sie muß gegenüber dem analysierten Selektionszwang die Augen schließen und die Begründung von Normensystemen beanspruchen, obwohl dies nur möglich ist, wenn eine Rangordnung unter den möglichen Normen dadurch hergestellt wird, daß der Kosmos von Werten und Normen sowie die logischen und empirischen Vereinbarkeits- und Ausschließungsbeziehungen zwischen den Werten und Normen vereinfacht werden. Dies ist wiederum nur durchführbar, wenn das Wachstum des Tatsachenwissens durch das Erfordernis der relativen Stabilität von Normen eingeschränkt wird. Dadurch wird jedoch wieder das Potential der Kritik an geltenden Normensystemen durch Tatsachenwissen reduziert, das über negative Folgen aufklärt. Eine normativ-advokatorische Gesellschaftstheorie kann infolgedessen unter den Gegebenheiten moderner Gesellschaften prinzipiell gar keinen anderen Status erlangen als denjenigen einer Ideologienproduzentin. Sie muß den Wert- und Normenkosmos und die Realitätswahrnehmung so weit vereinfachen, daß sie unweigerlich die Offenheit einer Gesellschaft für alternative Wert- und Normenstrukturen und für alternatives Tatsachenwissen empfindlich einschränkt. Sie muß in diesem Sinne die Virtuosenleistung des Opfers des Intellekts vollbringen, wie dies Max Weber von der Religion in der modernen Gesellschaft allgemein gesagt hat[86].

Der hohe Selektionszwang moderner Gesellschaften bedingt jedoch auch, daß eine solche Gesellschaftstheorie den selektiven Charakter ihrer Normbegründungen nicht mehr verheimlichen kann. So stehen sich gewöhnlich schon in der normativen Gesellschaftstheorie sehr unterschiedliche Normensysteme gegenüber, die alle den Anspruch wissenschaftlicher Begründung erheben. Normen beispielsweise, die als Prinzipien demokratischer Institutionen gelten sollen, können unter Einbeziehung alternativer Tatsachenaussagen als Ursachen für größere Machtkonzentration betrachtet werden. So mag man die Orientierung der Produktion an einem durch alle Gesellschaftsmitglieder legitimierten Plan zunächst als demokratisches Verfahren bezeichnen, aus dessen Realisierung allerdings im Lichte bestimmter Tatsachenaussagen auch das Gegenteil erwartet werden kann, nämlich der zunehmende Ausschluß der Gesellschaftsmitglieder von den Entscheidungen über die Produktion durch wachsende Bürokratisierung[87]. Eine Gesellschaftstheorie, die Normen begründen will, kann sich jedoch dem unaufhörlichen Fluß der Tatsachenerkenntnis gar nicht aussetzen, da sie sonst überhaupt nichts mehr begründen könnte. Deshalb ist es prinzipiell möglich, daß de facto unterschiedliche Normensysteme mit dem Anspruch der wissenschaftlichen Begründung auftreten.

Aber auch die nie zu vermeidende Selektivität in sozialer Hinsicht gibt dem gesellschaftstheoretisch begründeten Normensystem prinzipiell keine Chance, auf ungeteilte Zustimmung zu stoßen. Dabei ist diese Schwierigkeit keinesfalls allein auf das Bestehen von Kommunikationsbarrieren und auf die Wirkung partikularer Interessen zurückzuführen, wie nach Habermas' Modell zu erwarten wäre. Infolge des Selektionszwanges ist weder der Konsensus noch die Trennung in verallgemeinerungsfähige und partikulare Interessen ein brauchbares Kriterium der Normselektion. Die zur Begründung notwendige Ratioskala von Normen ist ebenfalls nicht realisierbar. Jedes gesellschaftstheoretisch „begründete" Normensystem wird deshalb durch dessen Selektivität in sozialer Hinsicht von den unterschiedlichen sozialen Gruppierungen durch ihre Ablehnung de facto auf dessen angemessenen Status bloßer Partikularität reduziert.

Die Schwierigkeiten jeder normativen Gesellschaftstheorie, auf ungeteilte Zustimmung zu stoßen, haben insofern in modernen Gesellschaften wesentlich tiefer liegende strukturelle Ursachen, als dies in den jeweiligen Erklärungen durch die betroffenen Gesellschaftstheorien selbst zum Ausdruck kommt. Diese Erklärungen gehen fast ausnahmslos von einer Befangenheitstheorie des Bewußtseins aus. Sie nehmen an, daß die Schwierigkeiten der Theorie, auf ungeteilte Zustimmung zu stoßen, in der Befangenheit der Adressaten liege. Das gilt z. B. für das platonische Höhlengleichnis[88] oder für die Baconsche Idolentheorie[89] oder für die marxistische Theorie des wahren und falschen Klassenbewußtseins, wie sie vor allem Lukács entwickelt hat[90], oder für die Manipulationstheorie des eindimensionalen Bewußtseins bei Marcuse[91] oder schließlich für die Theorie der therapeutischen Auflösung von Kommunikationsbarrieren bei Habermas[92]. In allen Fällen liegt die Ursache der Schwierigkeiten, ein begründetes Normensystem durchzusetzen, in der Befangenheit der Adressaten. Unterschiedlich sind lediglich die Ursachen dieser Befangenheit selbst.

Auch Habermas' advokatorische Gesellschaftstheorie entgeht nicht dieser Tendenz. Er geht aus von der Möglichkeit *konsensmäßiger* Begründung von Normen durch ihre Scheidung in solche, die partikularen Interessen dienen und solche, die verallgemeinerungsfähige Interessen ausdrücken. Wenn nun die Gesellschaftstheorie in ihrer advokatorischen Rolle durch Simulation von Diskursen zur Begründung von Normen gelangt, die auf Ablehnung stoßen, dann muß dies daran liegen, daß die Gesellschaftsmitglieder nicht selbst in diesen Diskurs eingetreten sind und durch faktische Kommunikationsbarrieren befangen sind, soweit die Gesellschaftstheorie adäquate Simulationsbedingungen realisiert. Es ist deshalb naheliegend, daß Habermas der Gesellschaftstheorie unter diesen Bedingungen die emanzipatorische Rolle des Therapeuten zuordnet, der die Gesellschaftsmitglieder aus ihrer Befangenheit, aus verzerrten Kommunikationsstrukturen zu befreien hat, um die Bedingungen herrschaftsfreier Konsensbildung über die Geltung von Normen in der Gesellschaft selbst herzustellen. Nach allem, was über die Voraussetzungen ermittelt wurde, die Anforderungen einer solchen advokatorischen und therapeutischen Rolle adäquat zu erfüllen, muß hier notwendigerweise eine außergewöhnlich große Diskrepanz zwischen Anspruch und Wirklichkeit bestehen.

Soweit ist nun gezeigt worden, aus welchen Gründen Habermas' Modell der Begründung von Normen an den strukturellen Gegebenheiten moderner Gesellschaften scheitert. Es scheitert insofern, als dessen Realisierungsversuch nicht erfolgreich sein kann und in aller Regel höchst problematische Folgen erzeugt, vor allem die Prätension einer prinzipiell nicht einlösbaren Begründungsfähigkeit normativer Gesellschaftsmodelle durch eine advokatorische und therapeutische Gesellschaftstheorie. Da ihre normativen Modelle nicht auf ungeteilte Zustimmung stoßen können, wird sie stets Zuflucht suchen müssen in Strategien der Belehrung, Erziehung oder therapeutischen „Heilung" der Adressaten, obwohl es wesentlich tiefer liegende Ursachen der Schwierigkeiten gesellschaftstheoretischer Normbegründungen gibt.

Belehrung, Erziehung und therapeutische Behandlung können jedoch infolge der hohen sozialen Selektivität jeweils begründeter Normenstrukturen allenfalls durch Rekurs auf Zwang unterschiedlicher Art Erfolg haben, sei es durch Vereinfachung und Verzerrung der Realitätswahrnehmung und des Kosmos möglicher Werte und Normen, sei es durch die Androhung und Anwendung nackter Gewalt. All diese Konsequenzen dürften den Intentionen des Habermasschen Modells der Normbegründung diametral entgegengesetzt sein.

3. Max Weber: Legitimität der Legalität und struktureller Pluralismus

Welche Alternativen der Normsetzung und des Verhältnisses von Wissenschaft, Normsetzung und politischer Entscheidung bleiben unter den genannten Bedingungen in modernen Gesellschaften überhaupt noch übrig, wenn die Begründung von Normen in Habermas' Sinne nicht möglich ist? Folgt man Habermas, dann scheint es nach dem Scheitern dieses pragmatischen Modells nur noch eine technokratische und eine dezisionistische Version zu geben, welche die Normsetzung zur bloßen technischen oder politischen Entscheidungsfrage machen[1]. Zweifel an der Möglichkeit wahrheitsorientierter Begründung von Normsetzungen und Entscheidungen, wie sie aus Max Webers Auffassung des unauflöslichen Pluralismus der Wertsysteme, der Welt- und Selbstinterpretationen des Menschen und aus Niklas Luhmanns Konzeption der hohen Selektivität von Normselektionen in modernen Gesellschaften entstehen, lassen nach Habermas nur noch die dezisionistische Lösung der Normsetzung und Entscheidung zu. Normsetzung ist in diesem Fall Gegenstand beliebiger Entscheidung. Habermas versucht dies in Auseinandersetzung mit Webers Legitimitätsbegriff und dessen Anwendung auf den Idealtypus der legalen-rationalen Herrschaft sowie in Auseinandersetzung mit Luhmanns Konzeption der Legitimation durch Verfahren als des Legitimitätstypus bei positiviertem Recht zu begründen[2]. Um diese Deutung von Habermas zu überprüfen, ist es erforderlich, näher auf Max Webers Idealtypen legitimer Ordnungen und legitimer Herrschaft sowie auf seine Betrachtungen zum Verhältnis zwischen Wissenschaft und politischem Entscheiden einzugehen.

3.1. Die Legitimität des legal-rational gesatzten Rechts

3.1.1. Die Typen legitimer Ordnungen und legitimer Herrschaft

Man trifft in Webers Kategorienlehre, seinen allgemeinen Handlungstypen entsprechend, auf vier Geltungsgründe legitimer Ordnung, auf die Geltung

„a) kraft Tradition: Geltung des immer Gewesenen;
b) kraft affektuellen Glaubens: Geltung des neu Offenbarten oder des Vorbildlichen;
c) kraft wertrationalen Glaubens: Geltung des als absolut gültig Erschlossenen;
d) kraft positiver Satzung, an deren Legalität geglaubt wird"[3].

Die Legalität gilt wiederum aus zwei Gründen als legitim:

„a) kraft Vereinbarung der Interessenten für diese;
b) kraft Oktroyierung aufgrund einer als legitim geltenden Herrschaft von Menschen über Menschen und Fügsamkeit"[4].

Oktroyierung von Normen aufgrund eines Legalitätsglaubens in „formal korrekt und in der üblichen Form zustandegekommene Satzungen" ist für Weber die heute geläufigste Form der Normsetzung. Oktroyierung anstelle von reiner Vereinbarung wird notwendig, da „Einmütigkeit" nur noch ganz selten herstellbar ist. Damit ist der Tatbestand hoher Selektivität der Normselektion gemeint. Oktroyierung bedeutet vor allem auch die Normsetzung durch Mehrheitsbeschluß. Jede Art der Normsetzung, die nicht durch den vollkommenen Konsensus aller zustandekommt, ist eine Oktroyierung. Es ist also notwendigerweise damit Herrschaft und Fügsamkeit verbunden[5].

In seiner Typologie der Herrschaft geht Weber von einer spezifischen Definition der Herrschaft aus, die er schon in der Kategorienlehre der Definition des allgemeineren Machtbegriffs gegenüberstellt.

„Macht bedeutet jede Chance, innerhalb einer sozialen Beziehung den eigenen Willen auch gegen Widerstreben durchzusetzen, gleichviel worauf diese Chance beruht. Herrschaft soll heißen, die Chance, für einen Befehl bestimmten Inhalts bei angebbaren Personen Gehorsam zu finden"[6].

Jede Herrschaft bedarf für Weber, soweit sie über die Grenzen der Hausgemeinschaft hinausgeht, eines Verwaltungsstabes zur Durchführung von Normsetzungen[7]. Sie ist aber vor allem auf einen spezifischen Glauben der Gehorchenden an die Legitimität der einzelnen Anordnungen und der Befehlsgewalt im allgemeinen angewiesen, um eine ausreichende Stabilität zu erlangen[8]. Weber unterscheidet dementsprechend die Herrschaftstypen nach ihrem spezifischen Legitimitätsanspruch, dem aber zur Stabilisierung ein entsprechender Legitimitätsglaube gegenüberstehen muß. In Analogie zu den Geltungsgründen legitimer Ordnungen bildet Weber drei Typen legitimer Herrschaft: die traditionale, charismatische und legal-rationale Herrschaft. Sie entsprechen in gleicher Reihenfolge den Geltungsgründen legitimer Ordnungen kraft Tradition, affektuellen Glaubens und Legalität. Weber definiert hier die genannten drei Typen wie folgt:

„Es gibt drei reine Typen legitimer Herrschaft. Ihre Legitimitätsgeltung kann nämlich primär sein:
1. rationalen Charakters: auf dem Glauben an die Legalität gesatzter Ordnungen und des Anweisungsrechts der durch sie zur Ausübung der Herrschaft Berufenen ruhen (legale Herrschaft) oder
2. traditionalen Charakters: auf dem Alltagsglauben an die Heiligkeit von jeher geltender Traditionen und die Legitimität der durch sie zur Autorität Berufenen ruhen (traditionale Herrschaft), – oder endlich
3. charismatischen Charakters: auf dem Alltagsglauben an die Heiligkeit oder die Heldenkraft oder die Vorbildlichkeit einer Person und der durch sie offenbarten oder geschaffenen Ordnungen ruhen (charismatische Herrschaft)"[9].

Aus der Typologie der vier Geltungsgründe legitimer Ordnungen fehlt hier der wertrationale Glaube. Man könnte diesem Typus Herrschaftssysteme zuordnen, die ihre Legitimität vorwiegend aus einer Weltdeutung oder einer Ideologie beziehen. Im Sinne von Webers Anwendung der Idealtypen könnte man dementsprechend in konkreten Gesellschaften neben Elementen anderer Herrschaftstypen auch wesentliche Elemente dieses Herrschaftstypus beobachten. Beispielsweise bildet nach dem Selbstverständnis sozialistischer Gesellschaften die marxistisch-leninistische Weltanschauung die grundlegende Legitimation von Normsetzungen. Sie enthalten insofern wesentliche Elemente eines wertrationalen Herrschaftstypus. Religiöse Begründungen von Herrschaftsordnungen, wie sie vor allem für vormoderne Gesellschaften typisch waren, sind ebenfalls wertrationale Legitimitätsformen. Sie gehen allerdings eine enge Verbindung mit dem traditionalen oder charismatischen Typus ein. Dies mag der Grund sein, weshalb in Webers Herrschaftstypologie die wertrationale Legitimität nicht mehr gesondert auftaucht[10].

3.1.2. Die Erklärung der Existenz und der Legitimität des legal-rational gesatzten Rechts

Wenn wir nun diese Legitimitäts- und Herrschaftstypen in den Rahmen der hier entwickelten Analyse der Bedingungen möglicher empirischer Geltung von Normen einordnen, dann fallen vor allem Unterschiede hinsichtlich der Frage auf, wie diese Legitimitäts- und Herrschaftstypen das Problem der Selektivität der Normselektion lösen und wie hohe Selektivität sie überhaupt verkraften können.

Die Typen des traditionalen, charismatischen und wertrationalen Legitimitätsglaubens sind nur überlebensfähig in einer wenig komplexen Umwelt und unter den Bedingungen geringer Selektivität der Normselektion. Je mehr die Selektivität der Normselektion zunimmt, um so mehr muß diese durch ideologische Einschränkung der Wahrnehmung des Wert- und Normenkosmos und der gesellschaftlichen Realität und durch Gewaltandrohung und -anwendung wieder reduziert werden. Normselektionen müssen einen hohen Grad der Selbstverständlichkeit besitzen. Der Glaube an die Legitimität des Gewohnten impliziert als solcher schon, daß es außer dem Realisierten keine anderen Möglichkeiten gibt. Der Glaube an die außeralltäglichen Fähigkeiten eines Propheten oder Führers ist zwar gegenüber der Tradition eine revolutionäre Kraft, hat aber im persönlichen Vertrauen in die Qualitäten des zur Herrschaft Berufenen eine so spezifische Legitimitätsgrundlage, daß sie nur in Ausnahmesituationen und Notlagen, in denen der Möglichkeitshorizont der Normsetzung ohnehin eingeschränkt ist, wirksam werden kann. Fehlt diese Einschränkung der Selektivität, muß sie künstlich geschaffen werden. Der wertrationale Glaube schließlich muß die Komplexität des Wert- und Normenkosmos und der Realitätswahrnehmung so weit reduzieren, daß eine eindeutige Rangordnung unter den möglichen Werten und Normen gebildet werden kann.

Der legale Herrschaftstypus ist hingegen im Hinblick auf den Wert- und Normenkosmos offener. Er enthält keine inhaltlichen Beschränkungen der Legitimität von Normen. Jede Norm, die formell korrekt gesetzt wurde, besitzt Legitimität. In diesem Sinne sagt Weber, daß bei legaler Herrschaft beliebiges Recht gesetzt werden kann[11]. Allerdings ist es schwierig, bei Weber eine explizite Erklärung zu finden, warum das formal korrekt gesetzte Recht als legitim akzeptiert wird. Luhmann bemerkt deshalb über Webers Legitimitätstypus reiner Legalität:

„Gegen Webers These rational-legaler Legitimität ist vor allem geltend zu machen, daß sie dieses Problem nur formuliert, aber die sozialen Mechanismen nicht aufzeigt, die es lösen könnten"[12].

Was sich Webers Analysen hingegen entnehmen läßt, sind die Annahmen, daß in modernen Gesellschaften

(1) der Bedarf an Berechenbarkeit und damit an Normierung von Interaktionen durch ihre höhere Komplexität steigt,

(2) damit verbunden der Bedarf an Berechenbarkeit und Normierung der Normsetzung,

(3) infolge des hohen Normierungsbedarfs

    (a) die Normsetzung nicht die Gestalt der Ableitung aus wenigen material begründeten Grundnormen haben kann und

    (b) nichts von vornherein als mögliche Norm ausgeschlossen werden darf[13].

Diese Bedingungen sieht Weber am weitesten durch die formale Rationalität des Rechts unter legaler Herrschaft erfüllt. Formale Rationalität erreicht das Recht vor allem durch stärkere Trennung von Rechtsschöpfung und Rechtsfindung und durch folgende Merkmale der Rechtsschöpfung und Rechtsfindung:

(1) Sie werden durch einen Kodex genereller Verfahrensnormen geregelt, beruhen also stets auf Anwendung solcher allgemeinen Verfahrensnormen.

(2) Die Rechtsfindung besteht in der Anwendung genereller Normen, die durch die Rechtsschöpfung nach den Verfahrensnormen formell korrekt gesetzt wurden und sie kommt selbst zu *formell* korrekten Entscheidungen, soweit sie die Verfahrensnormen der Rechtsfindung befolgt.

Zunächst besitzt die Rechtsschöpfung in diesem Falle ein höheres Potential der Generierung von Normen, da beliebiges Recht gesetzt werden kann, sofern es den normierten Verfahrensweg durchläuft. Vor allem aber besitzt das Recht eine höhere Berechenbarkeit, die Weber in historischer Perspektive als eine unabdingbare Voraussetzung der Entwicklung und Stabilisierung des rationalen Kapitalismus betrachtet. Die moderne Betriebsform mit stehendem Kapital, Kapitalrechnung rationaler Organisation der Arbeit und rationaler Technik bedarf neben der Garantie spezieller Rechtsinstitute wie des freien Eigentums, der Marktfreiheit, der Vertragsfreiheit und der Betriebsbeteiligung in Wertpapierform[14] vor allem der Berechenbarkeit eigenen und fremden Handelns und deren Rechtsfolgen, insbesondere der Berechenbarkeit des Regierungshandelns, des Verwaltungshandelns und des richterlichen Handelns:

„(Die) modernen Betriebsformen mit ihrem stehenden Kapital und ihrer exakten Kalkulation (sind) gegen Irrationalitäten des Rechts und der Verwaltung viel zu empfindlich. Sie konnten nur da entstehen, wo *entweder*, wie in England, die praktische Gestaltung des Rechts tatsächlich in den Händen der Advokaten lag, welche im Dienste ihrer Kundschaft: der kapitalistischen Interessenten also, die geeigneten Geschäftsformen ersannen, und aus deren Mitte dann die streng an ‚Präzedenzfälle‘, also an *berechenbare* Schemata gebundenen Richter hervorgingen. *Oder* wo der Richter, wie im bürokratischen Staat mit seinen rationalen Gesetzen, mehr oder minder ein Paragraphen-Automat ist, in welchen man oben die Akten nebst den Kosten und Gebühren hineinwirft, auf daß er unten das Urteil nebst den mehr oder minder stichhaltigen Gründen ausspeie: dessen Funktionieren also jedenfalls im großen und ganzen kalkulierbar ist"[15].

Diese Berechenbarkeit des modernen Rechts beruht für Weber auf den formalen Qualitäten des modernen Rechts. Die Betroffenen sind generellen Rechtsnormen oder Präzedenzfällen unterworfen, die auf konkrete Fälle angewendet werden und nicht z. B. dem materialen Gerechtigkeits- und Billigkeitsempfinden einer Kadijustiz, die über einen breiten Raum willkürlicher Entscheidung verfügt. Darüber hinaus ist die Rechtsschöpfung und Rechtsfindung selbst durch generelle Normen reguliert. Diese formale Eigenschaft des modernen Rechts unter legaler Herrschaft macht, unabhängig vom materialen Gehalt der einzelnen Rechtsnormen, eigenes oder fremdes Handeln und deren Rechtsfolgen vor allem aber das Verwaltungshandeln wesentlich berechenbarer als dies bei der typischen Spannung zwischen Traditionsgebundenheit und persönlicher Willkür der traditionalen Herrschaft und bei der typischen Irrationalität der charismatischen Herrschaft möglich wäre[16].

Höhere Berechenbarkeit eigenen und fremden Handelns ist eine grundlegende Voraussetzung höherer Zweckrationalität des Handelns, wie sie für den modernen kapitalistischen Betrieb notwendig ist[17]. Ganz allgemein kann darüber hinaus gesagt werden, daß jede Sicherung irgendwelcher Lebenschancen, gleichviel welcher Art, an dieser Berechenbarkeit eigenen und fremden Handelns und dessen Rechtsfolgen in diesem Sinne interessiert sein muß. In der historischen Entwicklung sieht Weber dementsprechend die genannte Art der formalen Rationalisierung des Rechts vor allem durch den kapitalistischen Interessenten gefördert[18]. Je mehr soziale Schichten jedoch tatsächlich einen Bestand von Lebenschancen zu sichern haben, um so breiter ist auch das Interesse an dieser Berechenbarkeit des Rechts gestreut. Jeder Anspruch auf Interessenvertretung, auf Krankenversicherung, auf Arbeitslosenunterstützung, auf Rente usw. möchte sich nicht mit willkürlicher Almosenvergabe begnügen, sondern strebt nach *Legalisierung*, d. h. nach rechtlicher Kodifizierung in Gestalt genereller Rechtsnormen. Die Entscheidung von Einzelansprüchen im Hinblick auf Krankenversicherung, Rente, Ausbildungsbeihilfe usw. durch Anwendung der generellen Rechtsnormen auf die konkreten Fälle macht den Grad ihrer Befriedigung vorausberechenbar.

Die Trennung von Rechtsschöpfung und Rechtsfindung, die Bindung von Rechtsschöpfung und Rechtsfindung selbst an generelle Verfahrensnormen, die Rechtsfindung durch Subsumtion konkreter Tatbestände unter generelle Normen sind *formale* Eigenschaften des Rechts, die *unabhängig vom Inhalt* der einzelnen Rechtsnormen bestehen, aber als solche eine größere Berechenbarkeit eigener und fremder Erwartungen, Entscheidungen und Handlungen in einer komplexen Umwelt ermöglichen. Durch diese Berechenbarkeit erlauben sie einen höheren Grad zweckrationalen Handelns, da dieses für das Abwägen von Mitteln, Zwecken und Folgen von

Handlungen einen hohen Grad jener Berechenbarkeit voraussetzt. Die genannten formalen Eigenschaften des modernen Rechts sind demgemäß eine Voraussetzung höherer Zweckrationalität des Handelns, die zur typischen Handlungsform in allen Teilsystemen, Institutionen und Organisationen der modernen Gesellschaft wird[19]. Dieser Zusammenhang ist es, aufgrund dessen Weber von der *formalen Rationalität* des modernen Rechts sprechen kann. Sie ist unabhängig von der sogenannten *materialen Rationalität*, die insofern gegeben wäre, als die *Inhalte* der Rechtsnormen bestimmten *wertrationalen* Gerechtigkeitspostulaten entsprechen würden. Formelle Rationalisierung führt auf jeden Fall nicht ohne weiteres auch zu materialer Rationalität. Beide können sogar in einem Spannungsverhältnis stehen, da das Bedürfnis nach Erfüllung materialer Gerechtigkeitspostulate häufig auf die Durchbrechung des Prinzips der Rechtsfindung durch Subsumtion von Einzelfällen unter generelle Normen drängen muß. Das Gerechtigkeitsempfinden muß die besondere Würdigung des Einzelfalls verlangen, die durch das Prinzip der Subsumtion des Einzelfalls unter generelle Normen nicht möglich ist[20]. In prägnanter Weise kommt diese Spannung zwischen formaler und materialer Rationalität des Rechts im sogenannten Gleichheitssatz des modernen bürgerlichen Rechts zum Ausdruck. In dem Prinzip, daß alle Menschen vor dem Gesetz gleich seien, steckt nämlich einerseits die formale Rationalität der Subsumtion der notwendigerweise nur nach bestimmten Aspekten rechtlich erfaßten Einzelfälle unter die entsprechenden generellen Normen. Andererseits ist darin auch das materiale Gerechtigkeitspostulat enthalten, daß infolge der faktischen Ungleichheit aller Einzelfälle auch eine dementsprechende Ungleichheit, d. h. besondere Würdigung, in ihrer rechtlichen Behandlung erforderlich sei[21]. Im ersten Fall steht die Berechenbarkeit eigenen und fremden Handelns und seiner Rechtsfolgen im Vordergrund, die im zweiten Fall notwendigerweise beeinträchtigt werden muß. An den unterschiedlichen Auslegungen des Gleichheitssatzes ist mit besonderer Deutlichkeit das Spannungsverhältnis zwischen formaler und materialer Rationalität abzulesen.

Man könnte die logische Struktur der dargestellten Weberschen Erklärung der formalen Rationalität des modernen Rechts so rekonstruieren, daß die formale Rationalität des Rechts eine notwendige Überlebensbedingung des zweckrationalen Handlungstypus als Identitätsmerkmal anderer Subsysteme der Gesellschaft, insbesondere der kapitalistischen Wirtschaft bildet. Die Vorherrschaft des zweckrationalen Handlungstypus setzt hohe Berechenbarkeit eigenen und fremden Handelns voraus und diese hohe Berechenbarkeit ist nur erreichbar durch formale Rationalität des Rechts in Gestalt der Trennung von Rechtsschöpfung und Rechtsfindung und in Gestalt der Rechtsfindung durch Anwendung genereller Normen auf konkrete Fälle, die nach generellen Verfahrensregeln gesetzt wurden. Dieser Zusammenhang kann wie folgt schematisiert werden:

Formale   Hohe   Hohe
Rationalität ←—— Berechenbarkeit ←—— Zweckrationalität
des Rechts   des Handelns   des Handelns

Derselbe Zusammenhang kann auch in Hypothesen formuliert werden:

(1) Für alle komplexen Gesellschaften gilt: Nur wenn das Recht formale Rationalität besitzt, dann besteht hohe Berechenbarkeit des Handelns und nur wenn hohe Berechenbarkeit des Handelns besteht, dann besteht hohe Zweckrationalität des Handelns.

Da es sich in der Zweckrationalität des Handelns um ein sehr spezifisches Identitätsmerkmal sozialer Systeme handelt, kann dieselbe Hypothese auch als Je-desto-Aussage formuliert werden:

(1a) Für alle komplexen Gesellschaften gilt: Je mehr das Recht formale Rationalität besitzt, um so höher ist die Berechenbarkeit des Handelns und je höher die Berechenbarkeit des Handelns ist, um so höher ist die Zweckrationalität des Handelns.

Soweit ist zu erkennen, daß sich Webers Analyse zu den Entstehungs- und Stabilisierungsbedingungen der legal-rationalen Herrschaft mit ihrem formal rationalisierten Recht vorwiegend auf den zunehmenden Bedarf an Berechenbarkeit des Rechts als Ursache des Entstehens und Fortbestandes bezieht. Weber zeigt die *rechtstechnischen* Eigenschaften auf, die das Recht erfüllen muß, wenn es dem Erfordernis *höherer Berechenbarkeit* in modernen Gesellschaften entsprechen soll. Es wird jedoch nicht die Frage beantwortet, welche *legitimatorischen* Eigenschaften das Recht besitzen muß, wenn es unter den *Bedingungen hoher Selektivität* der Normsetzung in modernen Gesellschaften überhaupt *faktische Geltung* erlangen soll. Weber gibt demgemäß hinsichtlich der legal-rationalen Herrschaft keine Antwort auf seine Frage,

„auf welche letzten Prinzipien die ‚Geltung' einer Herrschaft, d. h. der Anspruch auf Gehorsam der ‚Beamten' gegenüber dem Herrn und der Beherrschten gegenüber beiden gestützt werden kann?" [22].

Die höhere Berechenbarkeit eigener und fremder Erwartungen, Entscheidungen und Handlungen und deren Rechtsfolgen als Konsequenz des im charakterisierten Sinne formal rationalisierten Rechts und der dadurch gebundenen legalen Herrschaft macht dieses Recht zur notwendigen *Bestandsvoraussetzung* der Vorherrschaft des zweckrationalen Handlungstyps in modernen Gesellschaften. In Gesellschaften, in denen dieser Handlungstyp vorherrscht, muß demgemäß notwendigerweise das Recht die Eigenschaft formaler Rationalität besitzen. Von diesem Zusammenhang zwischen den notwendigen Bestandsvoraussetzungen eines vorherrschenden Handlungstyps moderner Gesellschaften und der rechtstechnischen Eigenschaft formaler Rationalität des Rechts führt jedoch kein Weg zu dem Zusammenhang zwischen den Geltungsbedingungen des Rechts in modernen Gesellschaften und dessen formaler Rationalität. Höheres Normsetzungs- und Rechtsfindungspotential und höhere Berechenbarkeit sind keine Leistungen, die gesatzten Rechtsnormen und konkreten Entscheidungen faktische Legitimität bzw. Geltung verschaffen.

Nach Weber beruht unter legaler Herrschaft die Geltung von Normen und Entscheidungen auf dem Glauben an die Legitimität des formell korrekt gesatzten Rechts und der formell korrekt getroffenen Entscheidungen durch die hierzu aufgrund formell korrekter Amtszuweisung Berufenen[23]. Im Vergleich zu den anderen Legitimitätstypen ist in dieser Formulierung keine Bedingung der Geltung von Normen und Entscheidungen genannt. Der Glaube an die Heiligkeit der Tradition und der Glaube an die außeralltäglichen Fähigkeiten eines Propheten oder Führers im Falle traditionaler und charismatischer Herrschaft und der Glaube an die Wahrheit einer Weltdeutung bilden Motive für die Bereitschaft, Normen und Entscheidungen zu akzeptieren, also Bedingungen der Geltung von Normen. Für das formell korrekt gesatzte Recht erwähnt Weber jedoch kein äquivalentes Motiv zu dessen Akzeptierung. Der Glaube an die Legitimität der formell korrekt gesatzten Normen und der formell korrekt getroffenen Entscheidungen ist weit davon entfernt, eine Erklärung ihrer faktischen Geltung zu geben; er ist vielmehr selbst der zu erklärende Tatbestand. Wie gezeigt wurde, findet sich bei Weber jedoch eine solche Erklärung nicht. Webers Erklärung der legalen Herrschaft mit ihrem formal-rationalen Recht in ihren rechtstechnischen Eigenschaften als der allein den Erfordernissen zweckrationalen Handelns in modernen Gesellschaften angepaßten Herrschafts- und Rechtsform ist insofern durch eine Analyse ihrer faktischen Geltungsbedingungen zu ergänzen.

3.1.3. Wertrationale Legitimität der Satzungsregeln und Dezisionismus als ausschließliche Alternativen?

Das Fehlen einer Erklärung der Geltungsbedingungen des formell korrekt gesatzten Rechts kann tatsächlich die Deutung stützen, daß die formell korrekte Satzung selbst Legitimitätsgrundlage des Rechts sei. Dies könnte in der Tat einen dezisionistischen Charakter des legalen Herrschaftstypus naheleegen. In diese Lücke stößt Jürgen Habermas, um die Frage der Legitimation der Satzungsnormen selbst zu stellen. Anhand der möglichen Antworten auf diese Frage versucht er, den dezisionistischen Charakter des Weberschen legal-rationalen Legitimitätstypus aufzuzeigen, um diesem eine nicht-dezisionistische, an der „Wahrheit" der Normen orientierte Lösung gegenüberzustellen[24].

Habermas geht von Webers Annahme aus, daß sich jede Herrschaft, sofern sie eine gewisse Stabilität erlangen will, auf einen spezifischen Legitimitätsglauben stützen muß. Diesen Legitimitätsglauben meint Habermas in zwei unterschiedlichen Formen deuten zu können. Im einen Falle stützt sich der Legitimitätsglaube auf die „wahrheitsgemäße" Begründung von Normen, im anderen Falle genügt der Glaube an die Legitimität allein und es ist gleichgültig, worauf er beruht[25]. Es ist leicht zu erkennen, daß natürlich die erste Deutung Habermas' Begründungspostulat entspricht. Aber es kann kein Zweifel darüber bestehen, daß diese Deutung Max Weber kaum in den Sinn kommen konnte. Auch Habermas ist sich dessen bewußt. Allein schon die Tatsache, daß Weber nicht von Legitimität sondern von Legitimitäts*glauben* spricht, macht genügend deutlich, daß es ihm nur um die Frage der *empirischen* Stabilitätsbedingungen von Herrschaft gehen kann, gleichviel ob er diese Frage vollständig beantwortet hat.

Für eine in Webers Sinn werturteilsfreie Wissenschaft ist ohnehin nur die Beantwortung dieser Frage möglich. Die Frage der wahrheitsgemäßen Legitimität als solcher kann für ihn gar keine Frage der Wissenschaft sein. Aber auch die Auffassung, Legitimität im Sinne der wahrheitsgemäßen Geltung sei empirische Bedingung der Stabilität von Herrschaft — wie es bei Habermaß anklingt[26] — stand dem nüchternen Realisten Weber sicherlich fern. Aus diesem Grund ist Habermas' Übertragung der zweifachen Deutung des Legitimitätsglaubens auf den Idealtypus der legal-rationalen Herrschaft unangemessen. Die legal-rationale Herrschaft stützt sich nach Weber auf den Glauben an die Legitimität von Normen und konkreten Anweisungen soweit sie formal korrekt gesatzt worden sind. Es bleibt dabei offen, welchen Inhalt Normen und Anweisungen annehmen, d. h., sie sind in materialer Hinsicht unbestimmt. Um Legitimität zu erlangen, müssen sie allein bestimmten formalen Satzungsregeln genügen. Es handelt sich dabei um Normen, die das Verfahren des Zustandekommens von Normen und Anweisungen regulieren. Als „formal" werden sie bezeichnet, weil sie nicht den Inhalt der Normen und Anweisungen vorschreiben, sondern allein den Vorgang ihrer Institutionalisierung. Die inhaltliche Unbestimmtheit des nach formalen Regeln gesatzten Rechts meint Weber, wenn er als dessen Merkmal hervorhebt,

„daß *beliebiges* Recht durch Paktierung oder Oktroyierung rational, zweckrational oder wertrational orientiert (oder: beides), gesatzt werden könne mit dem Anspruch auf Nachachtung mindestens durch die Genossen des Verbandes, regelmäßig aber auch: durch Personen, die innerhalb des Machtbereichs des Verbandes (bei Gebietsverbänden: des Gebiets) in bestimmte von der Verbandsordnung für relevant erklärte soziale Beziehungen geraten oder sozial handeln"[27].

Es wurde schon gezeigt, daß Weber allerdings nicht die Frage beantwortet, welches generelle Motiv außer der Furcht vor negativen Folgen durch Androhung von Gewalt die Betroffenen veranlassen kann, die formell korrekt gesatzten Normen zu befolgen. Von dieser Frage ist jedoch klar die Frage zu unterscheiden, ob das auf diese Weise zustande gekommene Recht tatsächlich einen *wahrheitsgemäßen* Geltungsanspruch erheben kann. Es besteht kein Zweifel, daß diese Frage außerhalb der Intentionen Webers liegt. Im Rahmen seiner Untersuchungen kann es allein um die Frage gehen, welche Art des *Legitimitätsanspruches* unter den strukturellen Gegebenheiten hoher Selektivität jeden Rechts in modernen Gesellschaften überhaupt eine Chance hat, in einem für dessen Fortbestand notwendigen Ausmaß auf einen ebensolchen Legitimitäts*glauben* zu stoßen, also de facto Anerkennung zu finden, ohne sich allein auf die Androhung und Anwendung von Zwang. interessenbedingte Befolgung o. ä. stützen zu müssen, wenn auch Weber diese Frage nicht befriedigend beantwortet hat.

Daran ändert auch die Interpretation der Legitimität reiner Legalität durch Johannes Winckelmann nichts, auf die sich Habermas bezieht, um zur Frage der „Wahrheit" von Normen als solcher überleiten zu können[28]. Ausgangspunkt der Deutung Winkelmanns bildet die Problemstellung, daß zwar das gesatzte Recht seine Legitimität auf die formale Korrektheit seiner Satzung stützen kann, aber die formalen Verfahrensregeln der Satzung als solche schon irgendeinen Legitimitätsanspruch erheben müssen, um die Chance faktischer Anerkennung zu besitzen. Es stellt sich hier das allgemeine Begründungsproblem, das Hans Albert als Trilemma der Wahl zwischen einem infiniten Regreß, einem logischen Zirkel oder einem dogmatischen Abbruch bezeichnet hat[29]. Winckelmanns Interpretation entspricht der dritten Alternative. Nach seiner Auffassung müssen sich die formalen Satzungsregeln auf einen wertrationalen Glauben an ihre immanente Legitimität stützen. Ihre Legitimität ist also nicht formal sondern inhaltlich bestimmt. Man kann aber auch hier klar zwischen der Frage nach den empirischen Bedingungen der durchschnittlichen Chance faktischer Anerkennung formaler Satzungsregeln und der Frage nach der „Wahrheit" der formalen Satzungsregeln unterscheiden, wobei allein die erste Frage für Weber Relevanz besitzen kann[30].

Bedeutet diese Ausscheidung der „wahrheitsorientierten" Deutung der legal-rationalen Herrschaft aber zugleich, daß nur noch ihre dezisionistische Deutung übrig bleibt, wie Habermas meint[31]? Hierzu ist festzustellen, daß der eigentliche Unterschied der beiden Deutungen in einer kognitiven und in einer normativen Orientierung liegt. Empirische Stabilitätsbedingungen normativer Strukturen unter den strukturellen Gegebenheiten moderner Gesellschaften und „Wahrheit" von Normen sind die unterschiedlichen Fragestellungen. Daraus folgt aber noch keineswegs, daß der Dezisionismus als einzig adäquate Interpretation der legal-rationalen Herrschaft gelten muß und die genannten Bedingungen empirischer Stabilität erfüllen würde. Die Alternative von „wahrheitsorientierter" Begründung von Normen und Dezisionismus ergibt sich lediglich aus Habermas' Perspektive, die im Grunde immer nur die „Wahrheit" von Normen im Auge hat und dort, wo diese „Wahrheit" nicht Grundlage der empirischen Geltung ist, per definitionem nur noch den reinen Dezisionismus wahrnehmen kann. In dieser sehr eingeschränkten Perspektive läßt natürlich die Preisgabe wahrheitsgemäßer Normbegründung nur noch die Alternative der *willkürlichen* Entscheidung zwischen gleich beliebigen Alternativen zu. Für Habermas erschöpft sich die Problematik in dieser Alternative, da er sich nicht auf die empirische Frage nach den Chancen der Stabilität unterschiedlicher Strukturen der Normschöpfung, politischen Entscheidung und Handlungsanweisung und deren Folgeproblemen unter den strukturellen Gegebenheiten moderner Gesellschaften einläßt.

Im Rahmen einer solchen Fragestellung läßt sich eine Lösung des Problems herausarbeiten, die jenseits der Habermasschen Alternative von wahrheitsorientierter Normbegründung und Dezisionismus liegt und die diesbezügliche Lücke bei Weber zu schließen vermag. Dabei kann auf Ideen von Weber selbst und auf Ideen von Niklas Luhmann zurückgegriffen werden, die systematisch entwickelt werden sollen. Es handelt sich um Webers Konzeption des strukturellen Pluralismus[32] und um Luhmanns Konzeption der Legitimation durch Verfahren. Habermas identifiziert Luhmanns Legitimation durch Verfahren[33] mit Webers Legitimität des formell korrekt gesatzten Rechts und schreibt ihr die dezisionistische Variante seiner Deutung der legalen Herrschaft zu. Er knüpft an eine Formulierung Luhmanns an, die dem Weberschen Idealtypus legaler Herrschaft sehr nahe kommt:

„Das Recht einer Gesellschaft ist positiviert, wenn die Legitimität reiner Legalität Anerkennung findet, wenn also Recht deswegen beachtet wird, weil es nach bestimmten Regeln durch zuständige Entscheidung gesetzt ist. Damit wird in einer zentralen Frage des menschlichen Zusammenlebens *Beliebigkeit* Institution"[34].

Nach Habermas' Deutung genügen die Verfahrensregeln als Legitimation allein deshalb, weil sie Unsicherheit reduzieren:

„Die formalen Verfahrensregeln reichen als legitimierende Entscheidungsprämissen aus und bedürfen ihrerseits keiner weiteren Legitimation. Denn ihre Funktion, Unsicherheit zu absorbieren, erfüllen sie ohnehin: sie verknüpfen die Ungewißheit darüber, welche Entscheidung zustande kommt, mit der Gewißheit, daß überhaupt eine Entscheidung zustande kommt"[35].

Die Reduktion von Unsicherheit der Handlungsorientierung ist natürlich eine Funktion, die durch jede Art der Institutionalisierung von Normen erfüllt wird. Sie ist nichts Spezifisches der Institutionalisierung von Normen durch normativ geregelte Verfahren, vor allem aber für Luhmann nicht die Bedingung ihrer faktischen Geltung. Habermas übergeht die Annahmen Luhmanns über diese faktischen Geltungsbedingungen, obwohl solche von Luhmann unmittelbar an die von Habermas zitierte Passage angeschlossen werden. Luhmann fährt nämlich an der genannten Stelle wie folgt fort:

„Das ist nur tragbar, wenn geregelt ist, wie diese Beliebigkeit konkretisiert wird. Recht muß zudem als bestehende Ordnung so komplex sein, daß es nicht insgesamt und nicht kapriziös, sondern nur durch Umbau einer vorhandenen Ordnung, also nur aufgrund des Status quo, geändert werden kann. Beide Gesichtspunkte zusammen führen zur Institutionalisierung von *Verfahren*, einer besonderen Art kurzfristiger Teilsysteme, die Komplexität abarbeiten und Entscheidungen legitimieren. Das Besondere dieser Institution besteht darin, daß sie Offenheit und Konfliktgeladenheit von Entscheidungssituationen als eine nur zeitweilige Ungewißheit immer wieder neu schafft und mit dieser Ungewißheit Motive setzt für eine (zuschauende oder mitwirkende) Beteiligung an der Absorption von Ungewißheit. Nachdem Quellen der Legitimation außerhalb des politischen Systems nicht mehr vorausgesetzt werden können, muß die Legitimation im System selbst geleistet werden"[36].

Luhmann betont hier die Offenheit der Normsetzung als die unter hohem Selektionszwang mögliche Form der faktischen Legitimität. Gleichzeitig ist damit der Tatbestand verbunden, daß nun die Legitimität nicht mehr von außen an die Normsetzung übertragen wird, sondern durch eine Eigenschaft der Normsetzung selbst, nämlich durch ihre Offenheit geleistet wird. Dieser grundlegende Argumentationsschritt Luhmanns im Hinblick auf die Legitimitätsbedingungen von Normen und Entscheidungen bei hoher Selektivität der Normselektion wird von Habermas übergangen.

Auch die Konzeption Max Webers wird von Habermas eigenwillig auf die Verbindung von Wertpluralismus, Legitimität durch Legalität und reinem Dezisionismus gebracht. Es entgehen ihm dabei die Lösungsansätze des Problems der Normlegitimität unter den strukturellen Gegebenheiten moderner Gesellschaften, die sich vor allem in Webers Schriften zum Verhältnis zwischen Wissenschaft und Politik finden lassen. Für Weber ist unter den strukturellen Bedingungen moderner Gesellschaften keine Norm*begründung* durch Wissenschaft möglich, wohl aber Wert- und Norm*kritik* der Wissenschaft als Grundlage des sogenannten verantwortungsethischen politischen Handelns. Wissenschaft und Politik werden dabei insofern institutionell getrennt, als die Wissenschaft nicht politisches Entscheiden begründen muß; aber gerade dadurch kann die Wissenschaft wieder in eine kritische Beziehung zur Politik treten. Die Normsetzung ist dadurch offen für prinzipielle Revisionen. Dieses Verhältnis zwischen Wissenschaft und Politik kann als struktureller Pluralismus bezeichnet werden[37]. Struktureller Pluralismus ist der spezifische Beitrag Max Webers zu einer Konzeption der Legitimität der Normsetzung durch ihre prinzipielle Offenheit. Dieser Beitrag Max Webers soll im folgenden Abschnitt dargestellt werden.

3.2 Struktureller Pluralismus: Das kritische Verhältnis zwischen Wissenschaft und Politik

3.2.1. Der Kampf der Wertordnungen in der modernen Gesellschaft

Eine für Max Weber unentrinnbare Folgeerscheinung der Entwicklung zur modernen Gesellschaft des Okzidents, die er unter dem Gesichtspunkt der Rationalisierung untersucht hat, ist die sogenannte Entzauberung der Welt, die vor allem durch die wachsenden Erkenntnisse der Wissenschaft vorangetrieben wird. Gleichzeitig verliert damit die Religion ihre Funktion einer Legitimationsbasis für Werte und Normen, die in der Gesellschaft allgemeine Verbindlichkeit beanspruchen können und auch tatsächlich Geltung erlangen. Dieser Verlust einer allgemeinen Legitimationsinstanz verbindlicher Werte und Normen in der modernen Gesellschaft eröffnet zwar größere Handlungsspielräume, erzeugt aber auch ein hohes Maß an Unsicherheit der Handlungsorientierung. Diese Handlungsunsicherheit bietet genügend Anlaß für Bestrebungen, die nach neuen, allgemein verbindlichen Werten und Normen suchen und zwar um so mehr, je weniger es einer Gesellschaft gelungen ist, Strukturen der Wertsetzung und -implementierung herauszubilden, die ihrer eigenen Komplexität angemessen sind.

Eine ganze Reihe jener Bestrebungen erwartet gerade von den Sozialwissenschaften, daß sie quasi den Verlust der Religion ersetzen und als eine Art Superwissenschaft auch in einer modernen Gesellschaft Werte als verbindlich legitimieren können. Diese Art der Wertbegründung durch Wissenschaft ist jedoch einer Reihe ganz erheblicher Einwände ausgesetzt. Die Wissenschaft beansprucht in diesem Falle, sowohl der Ort einer auf Wahrheitsannäherung abzielenden Tatsachenerkenntnis, als auch der Ort einer auf Verbindlichkeit abzielenden Wertbegründung zu sein. Die Frage ist dann, welchen Charakter die Tatsachenerkenntnis und die Wert- und Normsetzung mit welchen Folgen in einer überaus komplexen Gesellschaft besitzen, wenn sie in einer einzigen Institution zusammengezogen werden. Es muß dabei bedacht werden, daß die Gesellschaft, für welche die Religion noch beide Funktionen in sich vereinigen konnte, im Vergleich zur modernen Gesellschaft wesentlich einfacher und einheitlicher strukturiert war.

Die allgemeine Differenzierung und die wachsende Komplexität der modernen Gesellschaft bringt auch eine Differenzierung in den Wertsystemen mit sich. Es wird zunehmend schwieriger, alle Menschen oder nur alle Mitglieder einer Gesellschaft auf ein einheitliches und detailliertes Wertsystem zu vereinigen. Weber versucht dies an zahlreichen Beispielen zu erläutern. An einer Stelle bemerkt er z. B. über die Vielfalt möglicher Deutungen des Postulats der Gerechtigkeit:

„Zu den von *keiner* Ethik eindeutig entscheidbaren Fragen gehören die Konsequenzen des Postulats der ‚Gerechtigkeit'. Ob man z. B. dem, der viel leistet, auch viel schuldet, oder umgekehrt von dem, der viel leisten kar.n, auch viel fordert, ob man also z. B. im Namen der Gerechtigkeit (denn andere Gesichtspunkte – etwa der des nötigen ‚Ansporns' haben dann auszuscheiden) dem großen Talent auch große Chancen gönnen solle, oder ob man umgekehrt (wie Babeuf) die Ungerechtigkeit der ungleichen Verteilung der geistigen Gaben auszugleichen habe durch strenge Vorsorge dafür, daß das Talent, dessen bloßer Besitz ja schon ein beglückendes Prestigegefühl geben könne, nicht auch noch seine besseren Chancen in der Welt für sich ausnützen könne: dies dürfte aus ethischen Prämissen unaustragbar sein. Diesem Typus entspricht aber die *ethische* Problematik der meisten sozialpolitischen Fragen"[38].

Es besteht also in modernen Gesellschaften prinzipiell keine Einheitlichkeit in der Deutung eines bestimmten Wertprinzips, wie z. B. des Gerechtigkeitspostulates. Darin unterscheiden sie sich grundlegend von älteren Gesellschaften, in denen aufgrund des geringeren Spielraumes für Alternativen eine wesentlich größere Selbstverständlichkeit der Deutung allgemein verbindlicher Wertprinzipien besteht. Erst durch den größeren Spielraum von Alternativen werden deshalb solche Prinzipien zu sogenannten Leerformeln, die mit beliebigem Inhalt versehen werden können. Es ist aber nicht nur die beliebige Bestimmbarkeit von Wertprinzipien, sondern auch die Vielfalt unterschiedlicher Wertprinzipien, wie z. B. „Gerechtigkeit", „Anreiz", „Ökonomische Rationalität" und dgl., die eine Konstruktion eines allgemein verbindlichen und detaillierten Wertsystems in modernen Gesellschaften zunehmend ausschließt. Konkrete Wert- und Normsetzungen sind immer nur eine Selektion unter vielen Alternativen. Dieser Tatbestand ist gemeint, wenn Weber vom unüberbrückbar tödlichen Kampf der Wertordnungen spricht:

„Jede empirische Betrachtung dieser Sachverhalte würde, wie der alte Mill bemerkt hat, zur Anerkennung des absoluten Polytheismus als der einzigen ihnen entsprechenden Metaphysik führen. Eine nicht empirische, sondern sinndeutende Betrachtung: eine echte Wertphilosophie also, würde ferner, darüber hinausgehend, nicht verkennen dürfen, daß ein noch so wohlgeordnetes Begriffsschema der ‚Werte' gerade dem entscheidendsten Punkt des Tatbestandes nicht gerecht würde. Es handelt sich nämlich zwischen den Werten letztlich überall und immer wieder nicht nur um Alternativen, sondern um unüberbrückbar tödlichen Kampf, so wie zwischen ‚Gott' und ‚Teufel' "[39].

An anderer Stelle hebt Weber hervor, daß dieser Kampf zwischen den Wertordnungen nicht durchgehend auf den Kampf zwischen Interessen, wie z. B. Klasseninteressen, reduziert werden kann. Eine Beseitigung von Klassengegensätzen muß demgemäß nicht notwendigerweise die Beendigung dieses Kampfes zwischen den Wertordnungen zur Folge haben:

„Und es wird gestritten nicht nur, wie wir heute so gern glauben, zwischen ‚Klasseninteressen', sondern auch zwischen Weltanschauungen . . ."[40].

Allgemeine Übereinstimmung ist allenfalls noch bei äußerst abstrakten Wertprinzipien möglich, die für den lebenspraktischen Bereich konkreter Wertungen und Entscheidungen einen sehr weiten Spielraum lassen, also gerade die genannten Widersprüche nicht beseitigen können[41].

Diese Uneinheitlichkeit und Offenheit möglicher Wertungen ist also für Weber eine Tatsache, welche die modernen Gesellschaften von den älteren Gesellschaften grundsätzlich unterscheidet, es ist eine unentrinnbare Tatsache, an der wir heute nicht vorbeigehen können, wenn wir nicht insgesamt in allen Lebensbereichen einen Zustand wiederherstellen wollen, der den undifferenzierten Gesellschaften ähnlich ist[42]. Weder die Religion und noch viel weniger die Wissenschaft können in einer komplexen Gesellschaft mit letzter Verbindlichkeit den Sinn der Welt deuten und ein allgemeingültiges Wertsystem begründen[43]. Angesichts der Komplexität der Gesellschaft müßte ein solches Wertsystem auf unüberwindlichen Widerstand stoßen und es wäre nur durch den Einsatz eines hohen Maßes von Gewalt und Zwang aufrechtzuerhalten. Das zeigt sich z. B. darin, daß Versuche, entwickeltere Gesellschaften durch ein einheitliches Wertsystem zu integrieren, ohne extensiven Gebrauch von Zwang und Gewalt nicht überleben können. Ordnungsprinzip moderner Gesellschaften kann nicht mehr ein einheitliches Wertsystem mit unverbrüchlicher Verbindlichkeit sein. Moderne Gesellschaften müssen vielmehr Strukturen entfalten, die gerade eine solche Heterogenität zulassen und dennoch eine Integration der Gesellschaft gewährleisten.

In einer solchen Gesellschaft kann es prinzipiell auch nicht die Aufgabe der Wissenschaft sein, ein allgemein verbindliches Wertsystem zu begründen, da sie diese Aufgabe auf keinen Fall zu erfüllen vermag. Die immer wieder gehegten Erwartungen, die Wissenschaft könnte etwas derartiges leisten, also die einheitsstiftenden Religionen der älteren Gesellschaften ersetzen, beruhen für Weber auf der Schwäche,

„dem Schicksal der Zeit nicht in sein ernstes Antlitz blicken zu können"[44].

In der berühmten Rede „Wissenschaft als Beruf" hält er solchen Erwartungen an einer Stelle entgegen:

„Daß die Wissenschaft heute ein *fachlich* betriebener ‚Beruf' ist im Dienst der Selbstbesinnung und der Erkenntnis tatsächlicher Zusammenhänge, und nicht eine Heilsgüter und Offenbarungen spendende Gnadengabe von Sehern und Propheten oder ein Bestandteil des Nachdenkens von Weisen und Philosophen über den *Sinn* der Welt, – das freilich ist eine unentrinnbare Gegebenheit unserer historischen Situation, aus der wir, wenn wir uns selbst treu bleiben, nicht herauskommen können. Und wenn nun wieder Tolstoj in ihnen aufsteht und fragt: ‚Wer beantwortet, da es die Wissenschaft nicht tut, die Frage: was sollen wir denn tun? und: wie sollen wir unser Leben einrichten? – oder in der heute abend hier gebrauchten Sprache: welchem der kämpfenden Götter sollen wir dienen? oder vielleicht einem ganz anderen, und wer ist das? ' – dann ist zu sagen: nur ein Prophet oder ein Heiland. Wenn der nicht da ist oder wenn seiner Verkündigung nicht mehr geglaubt wird, dann werden Sie ihn ganz gewiß nicht dadurch auf die Erde zwingen, daß Tausende von Professoren als staatlich besoldete oder privilegierte kleine Propheten in ihren Hörsälen ihm seine Rolle abzunehmen versuchen. Sie werden damit nur das eine fertig bringen, daß das Wissen um den entscheidenden Sachverhalt: der Prophet, nach dem sich so viele unserer jüngsten Generation sehnen, ist eben *nicht* da, ihnen niemals in der ganzen Wucht seiner Bedeutung lebendig wird"[45].

3.2.2. Wissenschaftliche Tatsachenerkenntnis und verantwortungsethisches politisches Handeln

Diese Überlegungen über die prinzipielle Unmöglichkeit, unter den strukturellen Gegebenheiten moderner Gesellschaften Wertsysteme zu begründen, die von allen in gleicher Weise mit gleicher Verbindlichkeit akzeptiert werden, führen Weber zu der Auffassung, daß es deshalb auch nicht die Aufgabe der Wissenschaft sein kann, derartige Wertbegründungen quasi in Ersetzung der Religion zu geben. Die Frage ist dann, welche Funktion die Wissenschaft unter diesen Bedingungen in modernen Gesellschaften übernehmen kann und in welchem Verhältnis sie prinzipiell zu den Wert-, Normsetzungen und politischen Entscheidungen stehen kann, wenn sie diese nicht zu begründen vermag. Weber sieht hier zwei Möglichkeiten. Einerseits kann die Wissenschaft an dem Anspruch festhalten, Werte, Normen und politische Entscheidungen zu begründen. In diesem Fall müßte sie dem Zwang erliegen, den Kosmos der möglichen Werte und Normen zu vereinfachen und gegen negative Folgen und alternative Wertstandpunkte zu stabilisieren[46]. Andererseits kann die Wissenschaft aber auf die Wertbegründung verzichten und sich auf die Entfaltung von bloßem Tatsachenwissen beschränken. In diesem Falle ist sie von dem genannten Legitimationszwang befreit und dadurch umgekehrt fähig zur Wertkritik. Sie kann dann auf beliebige negative Folgen und Nebenfolgen von Wertsetzungen, Normsetzungen und politischen Entscheidungen durch Tatsachenfeststellungen über entsprechende Bedingungszusammenhänge aufmerksam machen.

Dieses kritische Verhältnis zwischen Wissenschaft und Normsetzung hatte Weber im Auge, als er das viel umstrittene Prinzip der Wertfreiheit der Wissenschaft formulierte[47]. Es beinhaltet den Verzicht der Wissenschaft auf Wertbegründung, ihre Einschränkung auf die Entfaltung der Tatsachenerkenntnis, um dadurch keine legitimatorische, sondern eine kritische Beziehung zwischen Wissenschaft und Normsetzung entstehen zu lassen. Wissenschaft und Normsetzung werden dadurch einerseits institutionell getrennt, aber andererseits über die mögliche Wertkritik wieder in Beziehung zueinander gebracht. In diesem Wechselverhältnis von institutioneller Trennung und Verflechtung ist das Grundprinzip der Weberschen Vorstellungen über die Legitimation von Werten, Normen und politischen Entscheidungen unter den strukturellen Gegebenheiten moderner Gesellschaften zu erkennen. Es ist eine Lösung die im Verhältnis zur Komplexität moderner Gesellschaften eine entsprechend komplexere Struktur der Normlegitimation entwickeln muß als in einfacheren Gesellschaften, in denen eine Legitimation durch bloße Wert*begründung* noch möglich ist.

In komplexen Gesellschaften haben Wertsetzungen so viele unterschiedliche und sich stets wandelnde Konsequenzen für andere Werte, daß sie im Prozeß der gesellschaftlichen Entwicklung immer wieder für eine Revidierung offen sein müssen. Es kann aufgrund dessen in modernen Gesellschaften im Bereich der Werte prinzipiell keine ewigen Wahrheiten mehr geben wie in den einfachen Gesellschaften. Die Errichtung eines solchen verbindlichen Wertsystems muß in modernen Gesellschaften notwendigerweise die Verletzung sehr vieler anderer Werte in Kauf nehmen. Weber bezeichnet diese Haltung als gesinnungsethisch, der er die verantwortungsethische Haltung gegenübergestellt[48]. Der Verantwortungsethiker geht von der Vielfältigkeit der Folgen und Nebenfolgen praktischer Entscheidungen aus und ist sich darüber bewußt, daß Wertsetzungen durch neu auftretende Folgen und Nebenfolgen in ihrer Gültigkeit immer wieder eingeschränkt oder ganz revidiert werden können. Wer demgemäß glaubt, bestimmten Wertsetzungen verbindliche wissenschaftliche Begründungen verleihen zu können, entzieht dadurch tatsächlich die praktischen Entscheidungen einer ständigen Überprüfung und Rechtfertigung durch die Analyse ihrer Folgen und Nebenfolgen. Webers Plädoyer für die Wertfreiheit der Wissenschaft ist insofern untrennbar verbunden mit einem Plädoyer für die Institutionalisierung der Verantwortungsethik als Entscheidungsprinzip praktischen Handelns in allen Lebensbereichen, insbesondere in der Politik[49].

Den Wissenschaften die Aufgabe der Tatsachenfeststellung und -erklärung zuzuweisen und der Politik die Aufgabe der Entscheidung, soll nicht, wie vielfach behauptet, die Wissenschaft zur willigen Dienerin einer unkontrollierten Politik machen. Diese Zuordnung soll vielmehr ganz im Gegenteil verhindern, daß politischen Entscheidungen die ganze Verantwortungslast durch wissenschaftliche Pseudobegründungen genommen wird. Der Verantwortungsethiker muß den Tatsachen ins Auge sehen und er muß sein Handeln immer der wissenschaftlichen Analyse aussetzen. Eine Wissenschaft, die sich um die Feststellung und Erklärung von Tatsachen und Tatsachenzusammenhängen bemüht, gibt dem politisch Handelnden nicht absolute Gewißheit, sondern lehrt ihn, was möglich ist und was nicht möglich ist, welche Mittel ihm zur Realisierung seiner Ziele zur Verfügung stehen, welche Folgen und Nebenfolgen er aus der Realisierung der Ziele und Mittel zu erwarten hat und in welcher Beziehung diese zu anderen Werten stehen[50]. Ihr Verhältnis zur Politik ist also kein dienendes, wie das bei einer verbindlichen Wertbegründung durch die Wissenschaft tatsächlich der Fall wäre, sondern ein kritisches.

Weber hat selbstverständlich gesehen, daß auch der Verantwortungsethiker Entscheidungen treffen muß und deshalb immer in einem gewissen Ausmaß negative Folgen in Kauf zu nehmen hat, da sich diese niemals vollständig vermeiden lassen. Es wird deshalb stets Fälle geben, in denen auch der Verantwortungsethiker an der einmal getroffenen Entscheidung festhält. Anderenfalls wäre die Verantwortungsethik mit Entscheidungsunfähigkeit gleichbedeutend. Was den Verantwortungsethiker vom Gesinnungsethiker unterscheidet, ist die relativ größere Offenheit gegenüber der Kritik durch unliebsame Tatsachenerkenntnisse und die geringere Bindung durch absolut gültige Dogmen. Zwischen Verantwortungsethik und Gesinnungsethik besteht in diesem Sinne kein völliger Gegensatz, sondern ein gradueller Unterschied im Hinblick auf die Offenheit gegenüber der Revidierung von Wertordnungen durch Beachtung von negativen Folgen aus den Wertsetzungen. Die Grenze dieser Offenheit beginnt jedoch dort, wo sie mit Entscheidungsunfähigkeit erkauft würde. Auf der institutionellen Ebene bedeutet dies, daß die Politik hinreichend von der Tatsachenerkenntnis abgetrennt sein muß, um überhaupt entscheidungsfähig zu sein, aber auch wiederum genügend offen zu bleiben hat, um sich von der Tatsachenerkenntnis beeinflussen lassen zu können. In diesem Sinne müssen die Sätze Webers interpretiert werden, in denen er Verantwortungsethik und Gesinnungsethik als zwei sich ergänzende Orientierungspunkte des politischen Handelns bezeichnet:

„Insofern sind Gesinnungsethik und Verantwortungsethik nicht absolute Gegensätze, sondern Ergänzungen, die zusammen erst den echten Menschen ausmachen, den, der den ‚Beruf zur Politik' haben *kann*" [51].

Diese Sätze Webers müssen nur dann wörtlich übernommen werden, wenn Gesinnungsethik und Verantwortungsethik die beiden Extrempunkte einer Skala der Offenheit des politischen Entscheidens für unliebsame Tatsachenerkenntnisse bildeten. Weber geht es um einen Typus des politischen Handelns, der die Offenheit gegenüber unvoreingenommenem Tatsachenwissen so weit aufweist als dies mit Entscheidungsfähigkeit und relativer Stabilität der gesetzten Normen noch vereinbar ist. Es muß in dem erforderlichen Ausmaß auch die Sicherheit der Handlungsorientierung gewährleistet sein, ohne die keine Gesellschaft bestehen kann. An anderen Stellen verbindet Weber mit dem verantwortungsethischen politischen Handeln diesen Typus des politischen Handelns, der zwischen den Endpunkten der Skala der Offenheit angesiedelt ist, während die Gesinnungsethik den Extrempunkt der völligen Geschlossenheit bildet. Würde die Verantwortungsethik den anderen Extrempunkt der unbegrenzten Offenheit darstellen, hätte sie Entscheidungsunfähigkeit und hohe Unsicherheit der Handlungsorientierung zur Folge. In diesem Falle würde der von Weber bevorzugte Typus des politischen Handelns zwischen Gesinnungs- und Verantwortungsethik liegen, also beide Gesichtspunkte in Grenzen verfolgen.

Deutlich ist dementsprechend die Intention Webers, während der Sprachgebrauch tatsächlich ein wenig verwirrend ist. Es erscheint jedoch durchaus angebracht, den Begriff der Verantwortungsethik nicht als Extrembegriff zu verwenden, sondern als Begriff für das *in Grenzen* offene politische Entscheiden, soweit es mit Entscheidungsfähigkeit noch vereinbar ist, während der Begriff der Gesinnungsethik dem Extremtypus des geschlossenen politischen Entscheidens ohne Rücksicht auf Folgen und Nebenfolgen entsprechen würde. In diesem Sinne verwendet auch Weber die beiden Begriffe, wenn er die Verantwortungsethik der Gesinnungsethik deutlich vorzieht[52].

3.2.3. Wert- und Normkritik durch wissenschaftliche Tatsachenerkenntnis

Die Aufgabe der Wissenschaft auf Tatsachenerkenntnis zu beschränken, bedeutet also nicht, daß die Ergebnisse der Wissenschaft für die Diskussion und Setzung von Werten und Normen irrelevant seien.

Wie Weber aufzählt, können folgende Aspekte einer Wertdiskussion mit wissenschaftlichen Mitteln behandelt werden[53]:

(1) Mit Hilfe der Logik können unterschiedliche werthafte Auffassungen systematisiert werden, so daß ersichtlich wird, von welchen Axiomen sie tatsächlich ausgehen.

(2) Ebenso kann die Logik darüber informieren, welche weiteren Werte aus diesen Axiomen rein logisch folgen und mit welchen Werten sie kompatibel bzw. nicht kompatibel sind.

(3) Die empirische Wissenschaft kann untersuchen, (a) ob ein Wert überhaupt, oder mit welcher Wahrscheinlichkeit er realisiert werden kann, d. h. ob es Mittel gibt, um den erstrebten Zustand herbeizuführen, (b) mit welchen faktischen Folgen und Nebenfolgen zu rechnen ist, entweder aufgrund der Unvermeidlichkeit bestimmter Mittel oder aufgrund unvermeidlicher Nebenfolgen aus dem gewählten Wert oder den Mitteln.

Die Analyse des Verhältnisses von Mitteln und Zwecken, Folgen und Nebenfolgen geschieht dementsprechend auf der Grundlage logischer Regeln und auf der Grundlage von Tatsachenaussagen über Bedingungszusammenhänge in der Konditionalform. Sie informieren z. B., daß A oder B eine hinreichende oder notwendige Bedingung für C sind und daß aus A außerdem der Tatbestand D, aus B der Tatbestand E und aus C der Tatbestand F folgt. Der Charakter einer solchen Analyse soll im folgenden an einem Beispiel verdeutlicht werden.

Ziel praktischer Entscheidungen mit gesamtgesellschaftlicher Tragweite mag z. B. die Anpassung der Produktion von Gütern an die Bedürfnisse der Gesellschaftsmitglieder sein. Die ökonomische Theorie könnte nun darüber informieren, daß zu diesem Zweck (1) Informationen über Präferenzen gewonnen werden müssen, (2) die Allokation der Ressourcen auf unterschiedliche Sektoren der Wirtschaft in Übereinstimmung mit diesen Präferenzen gewährleistet werden muß, (3) die Entscheidungen über die zu benutzenden Produktionstechniken zu regeln sind, (4) Anreize zur sparsamen Nutzung der Ressourcen, zur Investition und zur Entwicklung neuer Technologien geschaffen werden müssen, und (5) die millionenfachen Entscheidungen von Unternehmen und Haushalten koordiniert werden müssen, damit jeder Industriesektor genau die Güter in der Menge produziert, wie sie von Haushalten und anderen Unternehmen gewünscht werden[54]. Die Wissenschaft mag weiter darüber aufklären, daß es prinzipiell zwei Möglichkeiten zur Realisierung dieser Zielsetzungen gibt, nämlich Märkte oder administrative Prozesse. Dies wären die Mittel, hinsichtlich derer dann wieder gesagt werden muß, welche faktischen Folgen und Nebenfolgen sich aus ihnen ergeben. Eine wesentliche Folge ist z. B. darin zu sehen, daß die gesamtwirtschaftliche Anpassung von Produktion und Bedürfnissen durch administrative Prozesse die Zentralisierung und Hierarchisierung von Entscheidungsprozessen zur Folge hat, während Märkte eher zur Dezentralisierung von Entscheidungsprozessen führen. Die Zentralisierung der wirtschaftlichen Entscheidungsprozesse bedeutet natürlich eine außerordentliche Machtkonzentration, die um so schwieriger zu kontrollieren ist.

Aufgrund dieser Informationen weiß der politisch Handelnde, falls er marktwirtschaftliche Strukturen beseitigen möchte, daß er diese auf jeden Fall durch administrative Prozesse ersetzen muß, die wiederum je nach Umfang eine Zentralisierung von Entscheidungsprozessen und Macht zur Folge haben. Wollen politische Entscheidungsträger die Zentralisierung von wirtschaftlichen Entscheidungen abbauen, sind sie gezwungen, auf marktwirtschaftliche Strukturen zurückzugreifen. Sollen administrative Prozesse zur Effektivierung der wirtschaftlichen Entscheidungen durch marktwirtschaftliche Elemente ersetzt werden, wie dies in den Wirtschaftsreformen sozialistischer Gesellschaften versucht wurde, muß damit gerechnet werden, daß die Konzentration von Macht, z. B. bei der Parteispitze, infolge der Dezentralisierung von Entscheidungen aufbricht[55].

Solche Tatsachenaussagen sind nicht rein technische Hilfen für das politische Handeln und deshalb auch nicht jeder Zielsetzung dienstbar, wie das von Gegnern des Wertfreiheitsprinzips häufig behauptet wird. Daß sie gerade nicht jeder Zwecksetzung dienstbar sind, macht auch das dargestellte Beispiel deutlich. Politische Gruppierungen mögen die Beseitigung der Marktwirtschaft und ihre Ersetzung durch eine Planwirtschaft zum Programm erhoben haben, z. B. mit dem an Marx anknüpfenden Leitmotiv, daß sich in der Marktwirtschaft die Produktion nach dem Profit und nicht nach den gesellschaftlichen Bedürfnissen richtet und diese deshalb durch eine „planmäßige gesellschaftliche Anpassung" der Produktion an die Bedürfnisse zu ersetzen sei. Sofern diese Gruppierungen politische Unterstützung gewinnen wollen, müssen sie sich gegen Tatsachenwissen der geschilderten Art absichern. Die Information, daß eine Beseitigung marktwirtschaftlicher Strukturen deren Ersetzung durch administrative Prozesse mit der Folge einer schwer zu kontrollierenden Zentralisierung von Machtbefugnissen erforderlich macht, zieht nicht allein ihre eigene Überzeugung in Zweifel, sondern sie macht es vor allem schwierig, für die propagierten Ziele politische Unterstützung zu gewinnen, ohne welche eine politische Gruppierung nicht Erfolg haben kann. Bei Kenntnis dieser Tatsachenzusammenhänge werden sich auf jeden Fall weniger potentielle Anhänger von jener politischen Zielsetzung überzeugen lassen als zuvor, da nur wenige unbedingt ein Interesse an mehr staatlicher Administration und Machtkonzentration haben werden.

Die genannten Tatsachenaussagen lassen sich aber auch umgekehrt nicht zur verbindlichen Begründung marktwirtschaftlicher Strukturen verwenden. Andere Tatsachenaussagen können auf die verschiedensten negativen Folgen der Marktwirtschaft aufmerksam machen, wie z. B. die Entwicklung schwer zu kontrollierender wirtschaftlicher Machtzentren. Eine politische Gruppierung, welche die uneingeschränkte Institutionalisierung der Marktwirtschaft vertritt, wird mit diesem Ziel deshalb nur hinreichende Unterstützung gewinnen können, wenn sie jene Folgen verschweigen, bagatellisieren oder wegerklären kann. Sofern sich die Wissenschaft demgemäß an der Wahrheitssuche orientiert, wird sie stets Tatsachenwissen produzieren, das die Legitimität bestimmter Werte, Normen und politischer Ziele untergräbt.

Das Verhältnis zwischen der wissenschaftlichen Ermittlung von Tatsachenzusammenhängen und dem politischen Handeln ist demgemäß eher ein kritisches als ein dienendes, sofern die Wissenschaft von der Rücksichtnahme auf politische Zielsetzungen frei ist[56]. Die Politik muß stets darauf ausgerichtet sein, politische Unterstützung für ihre Zielsetzungen zu gewinnen, wenn sie sich nicht allein auf Gewalt stützen will.

Da die Voraussetzungen, Folgen und Nebenfolgen dieser Zielsetzungen indessen nie alle auf positive Bewertung stoßen können, ist es prinzipiell unvermeidlich, die negativen Folgen und Nebenfolgen zu verdrängen, um die politische Unterstützung zu sichern, ein Tatbestand, mit dem gerade auch in einer Demokratie gelebt werden muß, in der mehrere Parteien um politische Unterstützung konkurrieren. Eine notwendige Ergänzung ist hier die unvoreingenommene Tatsachenerkenntnis einer von der Politik institutionell hinreichend getrennten Wissenschaft, die auf solche Bedingungen des politischen Erfolgs keine Rücksicht zu nehmen hat. Dieses kritische

Verhältnis kann nur dann bestehen, wenn einerseits die Politik nicht beansprucht, für das Finden der Wahrheit zuständig zu sein, und die Wissenschaft andererseits nicht beansprucht, verbindliche Wertsysteme errichten zu können. Aufgrund der in komplexen Gesellschaften unerhört vielfältigen Folgen und Nebenfolgen solcher Wertsetzungen, läßt sich nie ein System mit nur positiven Folgen und Nebenfolgen finden. Wenn die Wissenschaft trotzdem diese Aufgabe übernehmen würde, müßte sich infolgedessen ebenso die Tendenz zum Verdrängen unangenehmer Tatsachen einschleichen wie in der Politik, ohne daß sich die Wertsetzungen, wie diejenigen der Politik, vor den Adressaten zu rechtfertigen hätten und vor der unvoreingenommenen Tatsachenerkenntnis als Gegeninstanz, da es diese nicht mehr gäbe.

Soll die Wissenschaft der Zielsetzung einer Begründung oder Rationalisierung eines Glaubenssystems dienen, sei es einer Religion oder einer Weltanschauung, dann ist dies nur möglich, wenn sie „das Opfer des Intellekts" erbringt[57]. Ihre Funktion ist dann nicht mehr eine kritische, sondern eine eindeutig den Glauben erhaltende und stützende.

Es zeigt sich also, daß die kritische Funktion der Wissenschaft gerade auf ihrer Enthaltsamkeit hinsichtlich der Errichtung von Wertsystemen und auf ihrer Konzentration auf die Erkenntnis von Tatsachenzusammenhängen beruht. Für alle Wertsysteme gibt es unliebsame Tatsachen, die zu verdrängen für jeden unvermeidlich ist, auch für eine mit ihrer Begründung betraute Wissenschaft. In diesem Sinne würde sie zur Entwicklung und Stabilisierung von Ideologien beitragen. Nur eine Wissenschaft, die von solchen Rücksichten auf die Begründung von Wertsystemen frei ist, kann dagegen eine kritische bzw. ideologiekritische Funktion wahrnehmen, indem sie unvoreingenommen über solche unangenehmen Tatsachen aufklärt. Die unausweichlichste Kritik von Wertsetzungen und Ideologien erfolgt gerade durch ihre Konfrontation mit Tatsachen, die sie verdrängen, verschweigen oder ignorieren, da sie als negative Folgen und Nebenfolgen der Wertsetzungen deren Überzeugungskraft unterminieren.

Die Wissenschaft kann stets Wert*kritik* üben, sie kann aber keine Wert*begründung* geben. In diesem Sinne kann man ein Modell der Wert*kritik* bei Weber angelegt sehen, wie es später Hans Albert im Rahmen des kritischen Rationalismus entwickelt hat[58]. Im Sinne des Kritizismus kann es auch Albert nur um die Möglichkeit einer Wert*kritik* gehen und nicht um die Möglichkeit einer Wert*begründung*. Die Tatsache, daß Weber einen letztlich rational nicht entscheidbaren Kampf unterschiedlicher Wertordnungen oder letzter Stellungnahmen sieht, schließt nicht Wert*kritik* aus, sondern nur Wert*begründung*. Jede Wertordnung oder auch jede letzte Stellungnahme kann der Kritik durch den Verweis auf unangenehme Folgen unterworfen werden. Dies muß aber nicht notwendigerweise zur Ausscheidung dieser Wertordnung oder Stellungnahme und zur Selektion anderer Wertordnungen und Stellungnahmen führen, wie dies bei der Selektion von Tatsachenaussagen durch Kritik der Fall wäre. Man müßte dabei eine Aufrechenbarkeit der Folgen von Wertordnungen und Stellungnahmen voraussetzen, die nicht in jedem Fall und in jeder Situation möglich ist.

Die Wertkritik durch Entfaltung der Tatsachenerkenntnis stößt darüber hinaus an die Grenzen einer unmittelbaren Revision von Normsetzungen im Lichte neuer

Tatsachenerkenntnisse über negative Folgen, sobald dadurch das Erfordernis relativer Sicherheit der Handlungsorientierung nicht mehr erfüllt werden kann. Geltende Normen müssen in der Regel trotz Kritik stabilisiert werden können. Die Wertkritik der Wissenschaft ist deshalb noch kein hinreichender Grund der faktischen Legitimität oder Illegitimität jeweiliger Normselektionen in modernen Gesellschaften im Sinne ihrer tatsächlichen Anerkennung oder Duldung. Sie ist nur ein Element in einer komplexen Struktur der Normlegitimation.

III. Eine Theorie politischer Systeme: Bedingungen der legitimierten Verwendung politischer Macht zur verbindlichen Durchsetzung politischer Entscheidungen

Nach der soweit durchgeführten Erörterung einiger theoretischer Alternativen soll im folgenden ein neues theoretisches Paradigma entwickelt werden. Legitimität im Sinne von Legitimitätsglaube wird dabei nicht unmittelbar auf Normen und politische Entscheidungen bezogen, wie dies vor allem in den Ansätzen bei Marx und Habermas der Fall ist, sondern auf die Verwendung politischer Macht und infolgedessen nur mittelbar auf Normen und politische Entscheidungen. Es sollen Bedingungen herausgearbeitet werden, unter denen Legitimitätsglaube die Funktionsfähigkeit politischer Macht als symbolisches und generalisiertes Kommunikationsmedium zur Übertragung politischer Entscheidungsleistungen sicherstellt. Die hierbei entwickelten empirisch überprüfbaren Hypothesen ergeben sich aus der Spezifikation der Grundannahmen einer allgemeinen Theorie sozialer Systeme[1].

1. Strukturelle Ausgangsbedingungen: Das Erfordernis der Erwartungssicherheit und die Selektivität der Normsetzung und politischen Entscheidung

Es ist auszugehen von einigen grundlegenden funktionalen Erfordernissen der Stabilisierung von Interaktionsstrukturen in modernen Gesellschaften. Charakterisierend für moderne Gesellschaften ist zunächst ihre höhere Komplexität[2]. Es nimmt die Menge tatsächlicher und – überproportional hierzu – die Menge möglicher Ereignisse zu, z. B. die Menge der Handlungen und Interaktionen und die Menge unterschiedlicher Typen von Handlungen und Interaktionen. Es wächst die Menge tatsächlicher und überproportional die Menge möglicher Institutionen, die Menge tatsächlicher und überproportional die Menge möglicher sozialer Gruppierungen, die Menge realisierter und überproportional die Menge möglicher Werte, Normen, Rollen und Interessen, die Menge von Widersprüchen zwischen Handlungen, Interaktionen, Institutionen, sozialen Gruppierungen, Werten, Normen, Rollen und Interessen. Dieses Wachstum soll als Zunahme der Komplexität bezeichnet werden. All diese Handlungen, Interaktionen, Institutionen, sozialen Gruppierungen, Werte, Normen, Rollen und Interessen lassen sich wechselseitig in einem Verhältnis von System und Umwelt betrachten. Sie bilden füreinander jeweils die Umwelt, in der sie sich erhalten müssen. Sich in einer gegebenen Umwelt zu erhalten, bedeutet dabei, daß Handlungen, Interaktionen, Institutionen, soziale Gruppierungen, Werte, Normen, Rollen und Interessen und deren Umwelt ihre jeweilige Identität behalten.

Wenn nun die Umwelt jeweiliger Interaktionen komplexer wird, wächst notwendigerweise auch die Unsicherheit des Handelns. Die Möglichkeiten, falsche Erwartungen über das Handeln und die Erwartungen anderer zu hegen, nehmen zu. Zu jedem Handeln und Erwarten gibt es eine überproportional wachsende Menge alternativer eigener und fremder Handlungen und Erwartungen. Diese Unsicherheit von Erwartungen über Handlungen und Erwartungen anderer läßt sich nur durch die normative Stabilisierung von Handlungen und Erwartungen auf ein ertragbares Maß reduzieren[3]. Mit der wachsenden Komplexität und Unsicherheit steigt demgemäß in modernen Gesellschaften der Bedarf an der Generierung von Normen. Immer mehr, immer komplexere und immer verschiedenartigere Interaktionen müssen normativ reguliert werden. Gleichzeitig nimmt damit aber auch der Bedarf an Revidierung des Normensystems zu, das auf den ständigen Wechsel von Problemstellungen eingestellt werden muß. Sicherheit des Handelns und Erwartens kann sich unter diesen Bedingungen immer weniger auf personalisiertes Vertrauen in die jeweiligen Handlungspartner stützen und bedarf immer mehr des generalisierten Vertrauens in die Geltung eines Normensystems selbst, unabhängig von den wechselnden Partnern, von denen lediglich dasselbe Vertrauen in die Geltung eines Normensystems erwartet wird[4]. Ein solches generalisiertes Vertrauen ist Voraussetzung des Fortbestandes von Interaktionssystemen, die den Umkreis persönlicher, verwandtschaftlicher oder sonstiger gruppenspezifischer Bindungen überschreiten, wie dies für die Interaktionssysteme moderner Gesellschaften typisch ist.

Mit dem Umfang des Normensystems in modernen Gesellschaften wächst nun aber gleichzeitig überproportional die Menge der dadurch zeitlich, sachlich und sozial ausgeschlossenen Alternativen. Jede Normsetzung ist insofern eine Selektion unter immer mehr Alternativen. Es steigt die Selektivität der Selektion. Knappheit nimmt in diesem Sinne nicht ab, sondern zu. Niklas Luhmann hat dieses Problem zu einem Grundthema seiner Untersuchungen gemacht. An einer Stelle heißt es bei ihm:

„Entscheidungsprozesse sind Prozesse der Selektion, des Ausscheidens anderer Möglichkeiten. Sie erzeugen mehr Neins als Jas, und je rationaler sie verfahren, je umfassender sie andere Möglichkeiten prüfen, desto größer wird ihre Negationsrate"[5].

Wie schon ausführlich gezeigt wurde, scheitert daran die Normbegründung durch zwanglosen Konsensus; die Scheidung in partikulare und verallgemeinerungsfähige Interessen repräsentierende Normen wird als Kriterium der Selektion funktionslos, da jede Norm partikulare Interessen tangieren muß; eine relationale Rangordnung unter den Normen ist nicht realisierbar; die völlige Offenheit des Normensystems gegenüber dem Tatsachenwissen, die der zwanglose Diskurs erfordern müßte, macht die Selektion unter den möglichen Werten und Normen und damit Normsetzung überhaupt unmöglich; nur wenn Normen in gewissem Ausmaß gegen das Tatsachenwissen und gegen alternative Normen immun gehalten werden, ist überhaupt eine Selektion von Normen möglich.

Diese strukturellen Gegebenheiten führen zu einem grundlegenden Wandel der empirischen Bedingungen dafür, daß Normsetzungen in modernen Gesellschaften eine hinreichende Chance haben, Normen zu generieren, die in einem relevanten Grade als legitim akzeptiert oder geduldet oder zumindest mit relativer Indifferenz ertragen werden. Die hohe Selektivität jeder Normsetzung schließt es aus, daß die „Wahrheit" der Norm selbst als Grundlage ihrer empirischen Geltung ausreicht[6]. Ihr inhaltlicher Geltungsanspruch muß notwendigerweise Widerspruch unter den Gesichtspunkten alternativer Werte und Normen in unterschiedlichen Institutionen, wie der Wissenschaft, der Wirtschaft, der Religion und in unterschiedlichen sozialen Gruppierungen erzeugen. Legitimationen von Normen in dieser Form sind in modernen Gesellschaften nicht überlebensfähig. Sie bieten keine ausreichende Gewähr für die empirische Geltung von Normen. Der Wahrheitsanspruch der einzelnen Normen wird von den Mitgliedern zu vieler Institutionen und zu vieler sozialer Gruppierungen im Lichte alternativer Selektionen nicht akzeptiert. Der Wahrheitsanspruch jeder Norm und deren Implementierung kann im Lichte wissenschaftlicher Tatsachenerkenntnis, ökonomischer Erfordernisse, religiöser Werte und im Lichte der Werte und Interessen sozialer Gruppierungen im Vergleich zu Alternativen zeitlich, sachlich und sozial zurückgewiesen werden.

Da auch moderne Gesellschaften das funktionale Erfordernis ausreichender Sicherheit der Handlungsorientierung erfüllen müssen, erhebt sich die Frage, wie in diesen Gesellschaften überhaupt Normen in hinreichendem Ausmaß institutionalisiert werden können, also die Chance haben, empirische Geltung zu erlangen. Werden keine anderen empirischen Legitimitätsgründe gefunden, bleibt als einzige Alternative der Rückgriff auf ein höheres Maß der Androhung und Anwendung von Zwang und Gewalt. Die Komplexität der Umwelt des Normsetzungssystems muß dabei wieder vereinfacht werden. Es ist erforderlich, die Selektivität der Normselektion wieder zu reduzieren. Dies kann durch Vereinfachung des Wert- und Normenkosmos und der Realitätswahrnehmung der Wissenschaft geschehen. Diese Art der Reduktion der Selektivität der Normselektion gibt den Normen sozusagen wieder ihre Selbstverständlichkeit zurück, die sie in einfacheren Gesellschaften ausgezeichnet hatte[7]. Je weniger Normen bei der Normselektion ausgeschlossen werden, um so leichter ist es, die wahren von den falschen zu unterscheiden und eine Rangordnung zu bilden. Es besteht dementsprechend eine viel größere Wahrscheinlichkeit, daß der Wahrheitsanspruch von Normen de facto auch anerkannt wird. Allerdings wird diese größere Selbstverständlichkeit mit einer zwanghaften Reduktion der Komplexität moderner Gesellschaften erkauft, die sich in der Regel nicht nur auf die *Wahrnehmung* des Werte- und Normenkosmos und der gesellschaftlichen Realität durch Ideologiebildung beschränken kann, sondern sich auch auf die Zulassung von tatsächlichen Wert-, Norm- und Interessenartikulationen von Institutionen und sozialen Gruppierungen erstrecken muß[8]. Die empirische Geltung der Normen muß deshalb über die ideologische Rechtfertigung durch Reduktion der Selektivität hinaus gegen den trotzdem noch möglichen Widerspruch durch offenen Zwang abgesichert werden.

Normschöpfung durch praktische Erkenntnis der Wahrheit kann in einer komplexen Umwelt faktisch nicht überleben. Alle Versuche zu deren Realisierung setzen in Wirklichkeit schon die Vereinfachung der Umweltkomplexität voraus. Bleibt die Komplexität der Umwelt konstant, überleben sie nicht, da sie zu häufig auf Widerstand stoßen, der sich von alternativen Werten, Normen und Interessen leiten läßt. Sie erlangen keine faktische Geltung mehr, da sie zu wenig Befolgung und Akzeptierung erfahren[9]. Dies bedeutet nichts anderes, als daß sie in einer komplexen Umwelt nicht überleben können. Welche Bedingungen müssen aber nun Normselektionen in modernen Gesellschaften erfüllen, wenn sie die Chance empirischer Geltung besitzen wollen, ohne auf die Strategie der Vereinfachung der Umweltkomplexität zurückgreifen zu müssen? Diese Problemstellung soll nun einer Lösung näher gebracht werden.

2. Die Problemstellung im Rahmen einer allgemeinen Theorie sozialer Systeme

2.1. Systemtheoretische, kommunikationstheoretische und evolutionstheoretische Elemente des allgemeinen Theorieansatzes

Die zuletzt formulierte Fragestellung läßt sich im Rahmen einer allgemeinen Theorie sozialer Systeme einer Antwort näher bringen, die systemtheoretische, kommunikationstheoretische und evolutionstheoretische Elemente enthält[10]. Die vorangegangenen Überlegungen müssen zu diesem Zweck in der Sprache dieser Theorie formuliert werden.

Mit dem systemtheoretischen Element des Theorieansatzes ist Normsetzung als soziales System von Interaktionen zu begreifen, das sich von anderen sozialen Systemen dadurch abgrenzt, daß die systembildenden Interaktionen durch ihren Sinn als Normsetzungsprozesse zu identifizieren sind. Sie sind selbst an *institutionalisierten* Werten, Normen und Rollen orientiert, die sich als sekundäre Indikatoren zur Indentifikation eines sozialen Systems verwenden lassen[11]. Die Interaktionen im Normsetzungssystem sind natürlich über den genannten allgemeinen Sinn hinaus weiter differenziert. Diese Differenzierung des allgemeinen Sinnes von „Normsetzung" ermöglicht wiederum eine Abgrenzung unterschiedlicher Arten von Normsetzungssystemen.

Durch weitere Einbeziehung einer funktionalistischen Perspektive kann im Rahmen einer solchen Systemtheorie nach notwendigen Bedingungen der Erhaltung sozialer Systeme mit bestimmten Identitätsmerkmalen in einer spezifischen Umwelt gefragt werden. In einer sehr komplexen Umwelt kann beispielsweise die funktionale Differenzierung eines sozialen Systems als notwendige Bedingung seiner Erhaltung gelten[12]. Mit dieser funktionalen Differnezierung entsteht jedoch vor allem das weitere Folgeproblem der Integration. Jedes Teilsystem erbringt für seine Umwelt Selektionsleistungen, indem es im Hinblick auf seine spezifizierte Zielsetzung Problemlösungen erstellt, also z. B. das Normsetzungssystem Normen für seine Umwelt als verbindlich selegiert. Das Integrationsproblem erscheint hier als Problem, wie die Übertragung der Selektionsleistungen auf die Umwelt bzw. ihre Abnahme oder Übernahme durch die Umwelt erreicht werden kann.

Die theoretische Lösung des Problems der Abnahme der Selektionsleistungen eines Systems durch dessen Umwelt könnte man dem kommunikationstheoretischen Element des allgemeinen Theorieansatzes zuordnen. Es gilt zu erklären, welche Mechanismen eine solche Übertragung von Selektionsleistungen erleichtern. Es müssen sich generalisierte Kommunikationsmedien ausbilden, die in einem spezifischen Code institutionalisiert sind, um eine solche Übertragung von Selektionsleistungen sicherzustellen[13]. Für das Wirtschaftssystem läßt sich z. B. Geld als ein solches generalisiertes Kommunikationsmedium auffassen und die Eigentumsordnung als Code, für das politische System politische Macht und die Normen, die de facto ihre Verwendung regeln, also die Herrschaftsordnung, als Code. Diese Problemstellung der Übertragung von Selektionsleistungen sozialer Teilsysteme auf ihre Umwelt durch generalisierte und in einem Code institutionalisierte Kommunikationsmedien ist die allgemeine Fassung des hier behandelten spezielleren Problems der Legitimitätsbedingungen von Normsetzungen. Geht man davon aus, daß in komplexen Gesellschaften die Normsetzung allein noch dem politischen System der Gesellschaft zufällt, dann wird es darauf ankommen, herauszuarbeiten, welche Eigenschaften in komplexen Gesellschaften der Machtcode aufweisen muß, um die Übertragung der Normselektionen des politischen Systems auf dessen Umwelt zu sichern.

Das dritte Element des allgemeinen Theorieansatzes, die Evolutionstheorie, bringt in diesen Rahmen vor allem die zeitliche Perspektive ein[14]. In dem hier untersuchten Fall der Legitimitätsbedingungen von Normsetzungen handelt es sich um die Erklärung des Nichtüberlebens spezifischer Formen von Legitimität im Sinne der relativ zwanglosen Übernahme von Normsetzungen aus den im zeitlichen Ablauf veränderten Überlebensbedingungen. Die Zunahme der Selektivität der Normselektion macht z. B. Legitimität durch Normbegründung, durch Konsensus, durch Weltinterpretationen, durch Religion, durch Tradition oder durch Charisma nicht auf Dauer überlebensfähig. Das faktische Nichtüberleben dieser Legitimitätsformen ist aus der in zeitlicher Perspektive zunehmenden Komplexität der Gesellschaft und der daraus folgenden höheren Selektivität der Normselektion zu erklären. Aus diesem zeitlichen Wandel der Überlebensbedingungen von Legitimitätsformen ist dann auch zu erklären, warum in den modernen komplexen Gesellschaften spezifische neue Legitimitätsformen auftreten.

Soviel mag zur Charakterisierung des allgemeinen Theorieansatzes genügen, in dessen Rahmen im folgenden eine Beantwortung der Frage versucht werden soll, wie in modernen Gesellschaften Normlegitimität erreicht werden kann. Der Schwerpunkt der Analyse liegt dabei auf dem kommunikationstheoretischen Teil, wobei allerdings die systemtheoretische und evolutionstheoretische Perspektive stets mit einbezogen werden müssen. Das Verhältnis zwischen dem allgemeinen Theorieansatz und der speziellen Analyse des Legitimitätsproblems ist dabei im Sinne einer wechselseitigen Befruchtung zu verstehen. Über den allgemeinen Theorieansatz lassen sich Problemlösungen aus anderen Systemen auf die Legitimitätsfrage übertragen. Andererseits können auch neue Aspekte von dem untersuchten Problem auf analoge Problemstellungen anderer Systeme übertragen werden. Schließlich ist die Bearbeitung eines spezielleren Problems auch unter dem Gesichtspunkt einer Systematisierung und Fortentwicklung des allgemeinen Theorieansatzes zu betrachten.

2.2. Ausdifferenzierung und funktionale Spezifizierung des politischen Systems

Nachdem soweit der allgemeine Rahmen der weiteren Untersuchung abgesteckt worden ist, gilt es das Problem der Legitimität von Normselektionen in die Sprache des hier verwendeten allgemeinen Theorieansatzes zu übersetzen. Dies soll nun geschehen.

Als Ausgangsbedingung wurde im vorherigen Abschnitt das Problem eines erhöhten Bedarfs der Normgenerierung und das Problem erhöhter Selektivität der Normselektion bei zunehmender Komplexität der Gesellschaft und ihrer Umwelt ermittelt. Die Lösung der allgemeinen Problemstellung eines erhöhten Bedarfs der Generierung von Normen wäre als funktionales Erfordernis der Erhaltung des Identitätsmerkmals hoher *Komplexität der Gesellschaft unter Erhaltung relativer Erwartungssicherheit* zu fassen. Die Gesellschaft ist in diesem Fall die sogenannte Systemreferenz funktionalistischer und systemtheoretischer Analyse. Das Problem lautet, daß die Gesellschaft nur dann den „Bestand" hoher Komplexität und relativer Erwartungssicherheit als Identitätsmerkmal in einer komplexen Umwelt erhalten kann, wenn sie das funktionale Erfordernis eines erhöhten Bedarfs der Normgenerierung erfüllt. Als erste Lösungsbedingung läßt sich dann aufgrund allgemeiner Annahmen der Theorie sozialer Systeme angeben, daß die Gesellschaft sich intern differenzieren und ein Teilsystem ausbilden muß, das speziell auf die Erfüllung dieses funktionalen Erfordernisses der Gesellschaft bezogen ist[15]. Dadurch kann die Gesellschaft dem Problem der Normgenerierung allein schon die entsprechend notwendige höhere Aufmerksamkeit in zeitlicher Hinsicht widmen. Die Spezialisierung eines Teilsystems auf diese Problemstellung erhöht darüber hinaus die Chance adäquater Lösungen, da bei der Problemlösung nicht auf andere Probleme Rücksicht genommen werden muß, deren Lösung in sachlicher Hinsicht möglichen Lösungen des Problems der Normgenerierung im Wege stehen kann. In sozialer Hinsicht erhöht die Befreiung von vorgegebenen Loyalitäten, z. B. verwandtschaftlicher und religiöser Art, die Menge wählbarer Problemlösungen.

Für die Gesellschaft entsteht dadurch jedoch das Problem, die Problemlösungen der einzelnen Teilsysteme zu integrieren. Eine grundlegende Voraussetzung dieser Integration ist die Abnahme der jeweiligen Problemlösungen und damit verbundenen Leistungen bzw. Outputs einzelner Teilsysteme in den anderen Teilsystemen der Gesellschaft. D. h., durch die funktionale Differenzierung entsteht in sozialer Hinsicht das Integrationsproblem. Diese Abnahme von Problemlösungen und Leistungen eines Teilsystems der Gesellschaft durch die übrigen Teilsysteme ist insofern wiederum eine Bedingung dafür, daß eine Gesellschaft das Identitätsmerkmal hoher Komplexität und relativer Erwartungssicherheit im allgemeinen und das Identitätsmerkmal interner funktionaler Differenzierung im besonderen erhalten kann[16]. Je weniger diese wechselseitige Abnahme erreicht wird, um so mehr verliert eine Gesellschaft das Identitätsmerkmal hoher Komplexität, relativer Erwartungssicherheit und funktionaler Differenzierung. Die Probleme, auf deren Lösung die Teilsysteme spezialisiert waren, werden in stärkerem Ausmaß in diffusem Zusammenhang mit anderen Problemen gelöst. Die Gesellschaft verliert ihre Identitätsmerkmale höherer Komplexität, relativer Erwartungssicherheit und funktionaler

Differenzierung und nimmt die Identitätsmerkmale geringerer Komplexität, geringerer Erwartungssicherheit und geringerer funktionaler Differenzierung an.

Wechselt man an dieser Stelle die Systemreferenz von der Gesellschaft zu einem einzelnen Teilsystem hin, dann bedeutet dies, daß die Abnahme der Problemlösungen und Leistungen eines gesellschaftlichen Teilsystems durch die Umwelt der übrigen Teilsysteme der Gesellschaft und durch die personalen Systeme eine notwendige Bedingung ihrer eigenen Erhaltung darstellt. Funktional ausdifferenzierte Teilsysteme der Gesellschaft können sich als solche nur erhalten, wenn ihre speziellen Problemlösungen und Leistungen von ihrer Umwelt auch abgenommen werden. Die Wirtschaft kann sich in ihrer Identität als funktional ausdifferenziertes Teilsystem der Gesellschaft nur erhalten, wenn die von ihr produzierten Güter und Dienstleistungen von ihrer Umwelt auch abgenommen werden und die Teilsysteme der Umwelt nicht in erhöhtem Maße zur Eigenproduktion greifen. Die Wissenschaft kann sich in ihrer Identität als funktional ausdifferenziertes Teilsystem der Gesellschaft nur erhalten, wenn die in ihr entwickelte Erkenntnis in ihrer Umwelt auch abgenommen wird und die Teilsysteme der Umwelt nicht in erhöhtem Maße zur Eigenherstellung von Erkenntnis greifen. Rechtsfindungssysteme, wie Gerichtsverfahren, können sich in ihrer Identität als funktional ausdifferenzierte Teilsysteme der Gesellschaft nur erhalten, wenn ihre Entscheidungen von ihrer Umwelt auch abgenommen werden und diese nicht in erhöhtem Maße eigene Rechtsvorstellungen durchzusetzen versucht oder zu Formen der Selbstjustiz greift. Normsetzungssysteme schließlich können sich in ihrer Identität als funktional ausdifferenzierte Teilsysteme der Gesellschaft nur erhalten, wenn ihre Normsetzungen von ihrer Umwelt auch abgenommen werden und diese sich nicht in erhöhtem Maße den Normsetzungen widersetzt und tatsächlich teilweise andere Normen das Handeln regulieren.

Mit zunehmender interner Differenzierung der Gesellschaft differenzieren sich überhaupt generelle Rechts- bzw. Normsetzung und Rechtsfindung als Normanwendung auf konkrete Fälle in unterschiedliche Teilsysteme[17]. Das Normsetzungssystem differenziert sich darüber hinaus von anderen ursprünglich damit stark verbundenen Systemen wie der Religion und der Verwandtschaft. Mit dem Fortschreiten dieser Differenzierung ist die Normsetzung immer mehr eine ausschließliche Leistung des politischen Teilsystems der Gesellschaft, das allein auf die Normselektion bzw. die Herstellung gesamtgesellschaftlich verbindlicher Entscheidungen spezialisiert ist[18]. Normsetzung ist dann als ein spezieller Fall gesamtgesellschaftlich verbindlicher Entscheidung zu betrachten.

Das bedeutet nicht, daß in anderen Teilsystemen der Gesellschaft keine verbindlichen Entscheidungen getroffen und keine Normen institutionalisiert werden. Innerbetriebliche Entscheidungen und Normen im Wirtschaftssystem oder Kriterien der Bewährung wissenschaftlicher Aussagen im Wissenschaftssystem sind Beispiele dafür. Ihr Unterscheidungsmerkmal gegenüber verbindlichen Entscheidungen des politischen Systems liegt darin, daß diese Entscheidungen nur das Handeln innerhalb des Wirtschafts- bzw. des Wissenschaftssystems regeln — und nicht das Handeln in Systemen ihrer Umwelt — und darin, daß ihre Verbindlichkeit nicht mit Hilfe politischer Macht durchgesetzt wird, sondern mit Hilfe wirtschaftlicher Macht, wissenschaftlicher Reputation und dgl. Demgegenüber ist das Kennzeichen der Entscheidungen des politischen Systems, daß sie das Handeln in Systemen der Umwelt regeln; so reguliert etwa das Vertragsrecht das Handeln bei Vertragsabschlüssen im Wirtschaftssystem. Darüber hinaus wird die Verbindlichkeit der Entscheidungen des politischen Systems mit Hilfe politischer Macht durchgesetzt.

Die Identitätsmerkmale des politischen Systems der Gesellschaft ergeben sich aus den Interaktionen, die an der allgemeinen Zielsetzung der Herstellung gesamtgesellschaftlich und innerhalb eines angebbaren geographischen Gebietes verbindlicher Entscheidungen orientiert sind, die wiederum als Prämissen das Handeln in allen Teilbereichen der Gesellschaft regeln und deren Durchsetzung im Falle von Widerstand auf der Verwendung politischer Macht beruht[19].

2.3. Politische Macht als symbolisches und generalisiertes Kommunikationsmedium

Geht man von der Annahme aus, daß es in komplexen Gesellschaften zu jeder im politischen System getroffenen politischen Entscheidung eine wachsende Zahl von Alternativen und eine wachsende Zahl sozialer Kollektive gibt, die einer bestimmten politischen Entscheidung widerstreben, dann ergeben sich daraus spezifische Folgerungen über die Möglichkeiten, die zur gesamtgesellschaftlich verbindlichen Durchsetzung politischer Entscheidungen offenstehen. Der Erklärungsgegenstand der weiteren Untersuchung ist dann, wie politische Entscheidungen *auch gegen Widerstreben* als gesamtgesellschaftlich verbindlich durchgesetzt werden können.

Die nicht zu umgehende wachsende Selektivität politischer Entscheidungen schließt aus, daß Regierungen oder Verwaltungen allein dadurch hinreichend Abnahmemotive für politische Entscheidungen erzeugen können, daß sie nur Entscheidungen im Interesse der untschiedlichen sozialen Kollektive treffen. Fast jede politische Entscheidung, die dem Interesse und den Wertvorstellungen bestimmter sozialer Kollektive entspricht, unterbindet zugleich die Befriedigung der Interessen und die Verwirklichung der Wertvorstellungen anderer sozialer Kollektive. Regierungen und Verwaltungen könnten dieses Dilemma dadurch zu lösen versuchen, daß sie jeweils den benachteiligten sozialen Kollektiven kompensatorische politische Entscheidungen als positiven Anreiz anbieten. Aber auch dabei werden wieder die Wertvorstellungen und Interessen anderer sozialer Kollektive verletzt, denen nun ihrerseits kompensatorische Leistungen angeboten werden müßten.

Bis zu einem gewissen Ausmaß können Regierungen und Verwaltungen zwar durch eine solche kompensatorische Politik Abnahmemotive erzeugen; sie werden dabei allerdings sehr schnell an Grenzen stoßen. Die Grenzen einer solchen kompensatorischen Politik mit nur positiven Anreizen beginnen dort, wo die Ansprüche und Erwartungen sozialer Kollektive an politische Entscheidungen schneller steigen als die Leistungsfähigkeit des politischen Systems. Auch bei einer kompensatorischen Politik der positiven Anreize werden immer wieder Situationen auftreten, in denen nicht mehr schnell genug kompensatorische Entscheidungen angeboten werden können. Man kommt dann in die Situation, eine politische Entscheidung oder eventuell eine kompensatorische politische Entscheidung auch gegen das Widerstreben bestimmter sozialer Kollektive durchsetzen zu müssen, ohne sich auf eine weitere kompensatorische Entscheidung stützen zu können. Das bedeutet, daß man auch bei einer Politik kompensatorischer Anreize auf die Wirksamkeit zusätzlicher Motivationsmittel angewiesen ist. Der Erklärung bedürftig ist dann nicht die Abnahme politischer Entscheidungen auf Grund positiver Betroffenheit oder auf Grund kompensatorischer Leistungen, sondern die Abnahme politischer Entscheidungen auch bei Widerstreben, ohne daß ein Widerstreben stets durch entsprechende Kompensationen beseitigt werden kann.

Das Anbieten einer gewünschten politischen Entscheidung als Motivationsmittel zur Abnahme einer anderen politischen Entscheidung kann man als einen konkreten *Anreiz* bezeichnen. Es wird in diesem Fall für die Abnahme einer politischen Entscheidung eine Leistung zur Befriedigung eines Bedürfnisses in Aussicht gestellt. Diese Form der Motivation zur Abnahme konkreter politischer Entscheidungen reicht jedoch nicht aus, da dem politischen System immer nur konkrete Mittel, d. h. konkrete politische Entscheidungen, als Anreiz zur Verfügung stehen und kein generalisiertes Mittel, das die Motivierung eines Handlungspartners zu einer bestimmten Handlung vom Inhalt des Anreizes und von der Bedürfnisstruktur, den Interessen oder den Werten des jeweiligen Handlungspartners unabhängig macht. Ein solcher *generalisierter Anreiz* als Mittel der Motivierung eines Interaktionspartners zu einer bestimmten Handlung ist das Geld. Mit Geld wird der Naturaltausch überwunden; der Austausch von Gütern und Diensten wird unabhängig von den konkreten Bedürfnissen der Interaktionspartner. In diesem Sinne ist Geld ein generalisiertes Medium der Kommunikation, das den beliebigen, von Bedürfnisstrukturen unabhängigen Austausch von Gütern und Diensten ermöglicht.

Nur wenn das politische System über ein ähnliches generalisiertes Motivationsmittel verfügen würde, könnte es dem Dilemma entgehen, jedem konkreten Anreiz zur Abnahme politischer Entscheidungen einen kompensatorischen Anreiz zur Seite stellen zu müssen und dabei in der Leistungsfähigkeit mit den steigenden Ansprüchen nicht mehr Schritt halten zu können. Daß dieses Problem nicht über einen generalisierten Anreiz wie Geld zu lösen ist, liegt an der im Verhältnis zum Markttausch komplexeren Interaktionsstruktur, die der Durchsetzung politischer Entscheidungen zugrundeliegt. Im Markttausch kann ein Partner A einen Partner B mit Geld zur Abgabe einer Leistung, unabhängig von dessen Bedürfnissen, motivieren, solange B erwartet, gegen das angenommene Geld auf dem Markt gewünschte Leistungen eintauschen zu können. Würde man bei der gesamtgesellschaftlich verbindlichen Durchsetzung politischer Entscheidungen Geld als generalisierten Anreiz verwenden, dann könnte ein soziales Kollektiv z. B. die Regierung mit Geld zum Treffen einer Entscheidung motivieren. Bei bloßem Austausch von Gütern und Diensten wäre hier der Tausch zu Ende. Im politischen System ist dies jedoch nicht der Fall. Hier müßten zusätzlich die sich widersetzenden Dritten zur Abnahme der Entscheidung motiviert werden, um deren gesamtgesellschaftliche Verbindlichkeit sicherzustellen. Prinzipiell könnte man sich vorstellen, daß die Regierung ihr Geldeinkommen aus der Bereitstellung politischer Entscheidungen für soziale Kollektive verwendet, um die widerstrebenden Dritten mit Geld zur Abnahme der Entscheidungen zu motivieren, die ihrerseits das Geld in gewünschte Entscheidungen eintauschen könnten.

Geldeinkommen ist beim Austausch von Gütern und Diensten nur durch ein entsprechendes Angebot an Leistungen zu erzielen. Eine Erhöhung des Geldeinkommens einzelner Kollektive oder aller Kollektive überhaupt setzt infolgedessen eine Steigerung von Leistungen voraus, sofern keine Geldentwertung eintreten soll. Im politischen System hätte jedoch die Verwendung von Geld als generalisiertem Anreiz die fatale Konsequenz, daß Geldeinkommen nicht nur durch vermehrte Leistungen gesteigert werden kann, sondern vor allem auch durch ein höheres Ausmaß des Widerstrebens gegen Entscheidungen. Dabei wären die Einkommensarten zusätzlich asymmetrisch verteilt. Die politischen Kollektive, welche politische Entscheidungen als gesamtgesellschaftlich verbindlich durchsetzen sollen, könnten Geldeinkommen bei Konkurrenz nur durch Vermehrung von Leistungen oder durch Verknappung von Leistungen auf Grund einer Monopolstellung bei Ausschaltung politischer Konkurrenz erzielen, während die sozialen Kollektive als Abnehmer von politischen Entscheidungen nur durch ein höheres Ausmaß des Widerstrebens ein höheres Geldeinkommen erreichen könnten. Auf Dauer können in diesem Fall nur zwei Extremtypen politischer Systeme entstehen. Im einen Fall werden die politischen Kollektive, wie Parteien, Regierungen und Verwaltungen, sehr bald zahlungsunfähig und sie sind denjenigen sozialen Kollektiven ausgeliefert, die sich am weitestgehenden politischen Entscheidungen widersetzen können und deshalb auf Dauer durch ihr erhöhtes Einkommen eine Monopolstellung als Nachfrager politischer Entscheidungen erreichen. Im anderen Fall gelingt es einem politischen Kollektiv, politische Konkurrenz auszuschalten, um dadurch eine Monopolstellung als alleiniger Anbieter politischer Entscheidungen einzunehmen.

Die Verwendung eines generalisierten Anreizes wie Geld zur verbindlichen Durchsetzung politischer Entscheidungen würde demgemäß nicht wie beim Austausch von Gütern und Diensten Leistungssteigerungen belohnen, sondern Widerstand gegen politische Entscheidungen und Verknappung politischer Entscheidungen durch Ausschaltung politischer Konkurrenz. Im politischen System ist in diesem Fall ein Defekt eingebaut, der die Steigerung politischer Entscheidungsleistungen durch ein verbessertes Angebot politischer Entscheidungen in bezug auf die Wertvorstellungen und Interessen *aller* sozialen Kollektive ausschließt. Prinzipiell kommt in diesen Konsequenzen der gesamtgesellschaftlich verbindlichen Durchsetzung politischer Entscheidungen allein mit Hilfe eines generalisierten Anreizes lediglich die letzte Konsequenz einer Politik besonders deutlich zum Ausdruck, die nur auf der Verwendung von Anreizen und Kompensationen für Widerstreben beruht, auch dann, wenn an Stelle eines generalisierten Anreizes viele konkrete Anreize verwendet werden.

Sollen in politischen Systemen derartige Konsequenzen vermieden werden, dann muß die Abnahme politischer Entscheidungen durch widerstrebende soziale Kollektive im Bedarfsfall auch durch andere Motivationsmittel als durch konkrete oder generalisierte Anreize erreicht werden können. Dabei muß auf jeden Fall die Möglichkeit unterbunden werden, allein durch das Ausmaß der Widersetzung gegen politische Entscheidungen ein entsprechendes Einkommen an gewünschten politischen Entscheidungen (Naturalien) oder an generalisierten Motivationsmitteln zur verbindlichen Durchsetzung politischer Entscheidungen zu erzielen. Bei der Verwendung eines generalisierten Motivationsmittels muß der Zirkel durchbrochen werden, der den sozialen Kollektiven mit der größten Fähigkeit, sich politischen Entscheidungen zu widersetzen, zugleich ein Monopol der Nachfrage nach politischen Entscheidungen verschafft. Wenn politische Kollektive ein generalisiertes Motivationsmittel verwenden, um widerstrebende soziale Kollektive zur Abnahme politischer Entscheidungen zu motivieren, dann darf das verwendete Motivationsmittel, obwohl es dabei ebenfalls allgemein aufgebraucht wird, nicht unmittelbar den sich widerstrebenden sozialen Kollektiven zufließen. Als *konkrete* Motivationsmittel kämen dabei in Frage die Überzeugung von der Richtigkeit einer Entscheidung, der Glaube an die Übereinstimmung einer Entscheidung mit allgemein anerkannten Werten oder die Anwendung oder Androhung einer negativen Sanktion in Gestalt des Entzugs eines Mittels zur Befriedigung eines Bedürfnisses.

Bei der Verwendung dieser konkreten Motivationsmittel wird man jedoch wieder an die Grenze stoßen, daß die Möglichkeiten zu solchen konkreten Motivierungen mit wachsender Selektivität politischer Entscheidungen hinter der Rate der Widersetzung gegen politische Entscheidungen zurückbleiben. Die Motivationsmittel müßten deshalb generalisiert werden. Die Generalisierung der Überzeugungsfähigkeit von der Richtigkeit politischer Entscheidungen auf beliebige Entscheidungen kann als Einfluß bezeichnet werden, die Generalisierung des Glaubens an die Übereinstimmung von Entscheidungen mit allgemein anerkannten Werten auf beliebige Entscheidungen als Wertübereinstimmung und die Generalisierung der Fähigkeit zur Androhung oder Anwendung negativer Sanktionen auf beliebige Entscheidungen als politische Macht. Von diesen generalisierten Motivationsmitteln stoßen jedoch Einfluß und Wertübereinstimmung bei zunehmender Selektivität politischer Entscheidungen auf Grenzen der Wirksamkeit. Zu häufig wird über die Kompetenz politischer Kollektive zu richtiger Entscheidung und über die Beziehung von Entscheidungen zu Werten Uneinigkeit bestehen. Von den generalisierten Motivationsmitteln Geld, Einfluß, Wertübereinstimmung und politische Macht bleibt dann nur noch politische Macht übrig, auf die sich politische Kollektive im Bedarfsfall zur gesamtgesellschaftlich verbindlichen Durchsetzung politischer Entscheidungen gegen Widerstrebende stützen müssen[20].

In der Regel versteht man unter Macht in Anlehnung an Max Weber die Chance, Entscheidungen auch gegen Widerstreben durchsetzen zu können[21]. Diese Chance beruht auf der Verfügung über negative Sanktionsmittel, d. h. auf der Verfügung über Möglichkeiten, die Befriedigung von Bedürfnissen eines anderen oder mehrerer anderer zu beeinträchtigen. Machtausübung in diesem Sinne kann vor allem durch den Entzug oder die Androhung des Entzugs von Belohnungen erfolgen. Der Verlust eines Arbeitsplatzes, sozialer Schätzung, sozialer Beziehungen im allgemeinen, finanzieller Zuwendungen für Parteien oder der Verlust von Liebe sind negative Sanktionen, die Machtausübung ermöglichen. Dasselbe gilt für Streik, Investitionsrückgang, Inflation, Demonstration, Information der Öffentlichkeit, Ausnutzung eines Monopols für bestimmte Güter oder Leistungsqualifikationen. Es gilt dabei die allgemeine Annahme, daß die Macht eines Akteurs oder eines Kollektivs A über einen Akteur oder ein Kollektiv B um so größer ist, je wertvoller die Bedürfnisse für B sind, zu deren Befriedigung B auf bestimmte Leistungen (Handeln oder Unterlassen) von A angewiesen ist und je weniger Alternativen der Befriedigung der Bedürfnisse neben A für B zur Verfügung stehen. Ein schon generalisiertes Mittel, anderen Belohnungen zu versagen, ist die Verfügung über physische Gewalt. Ihre Androhung oder Anwendung kann die Befriedigung unterschiedlicher Bedürfnisse verhindern.

Politische Macht beruht auf der Verfügung politischer Kollektive, wie Parteien, Regierungen, Verwaltungen oder Gerichte, über *politische Unterstützung* durch soziale Kollektive, die ihrerseits über kollektivspezifische Machtmittel verfügen. Wenn ein soziales Kollektiv, wie z. B. die Gewerkschaften, die Unternehmer oder die Bauern, einer Partei oder einer Regierung politische Unterstützung gewähren, dann bedeutet dies, daß sie auf den Einsatz ihrer kollektivspezifischen Machtmittel gegen die Entscheidungen dieser politischen Kollektive verzichten und diese Machtmittel zur Unterstützung einer Entscheidung einsetzen würden, sobald andere soziale Kollektive ihre kollektivspezifischen Machtmittel gegen die Entscheidungen mobilisieren und die Machtmittel der politischen Kollektive nicht mehr ausreichen. Die Verfügung über politische Unterstützung wird gegenüber den kollektivspezifischen Machtmitteln der sozialen Kollektive zu einem sekundären Machtmittel. Politische Kollektive benötigen zur gesamtgesellschaftlich verbindlichen Durchsetzung politischer Entscheidungen die politische Unterstützung durch soziale Kollektive mit jeweils kollektivspezifischen Machtmitteln. Kollektivspezifische Machtmittel sind z. B. die Möglichkeiten, Menschen zu mobilisieren, Gewalt anzuwenden, Güter, Dienste, wie z. B. Investitionen, Arbeit oder Wissen, vorzuenthalten.

Politische Unterstützung kann in Ketten weiter übertragen werden, wenn z. B. politische Parteien, die von unterschiedlichen sozialen Kollektiven unterstützt werden, ihrerseits eine bestimmte Regierungspolitik unterstützen, die Regierung die laufenden Verwaltungsentscheidungen abstützt und der konkrete Entscheidungsverwender die Unterstützung von Gerichten für die Durchsetzung von Ansprüchen erhält. Soweit dabei die politischen Kollektive über die politische Unterstützung verschiedener sozialer Kollektive verfügen, wird politische Macht in Gestalt der Verfügung über politische Unterstützung über die kollektivspezifischen Machtmittel hinaus generalisiert. Politische Macht ist dabei ein *symbolisches* Kommunikationsmedium. Politische Unterstützung *symbolisiert* die primären und kollektivspezifischen Machtmittel, d. h. die politischen Ressourcen, die mit ihrer Hilfe mobilisiert werden können. In dieser Hinsicht gleicht politische Unterstützung als politische Macht dem Geld, das die ökonomischen Ressourcen symbolisiert, die mit seiner Hilfe mobilisiert werden können. Politische Unterstützung ist ein symbolisches Machtmittel, da sie die damit mobilisierbaren primären Machtmittel symbolisiert, und sie wird in den Händen politischer Kollektive um so mehr zu einem generalisierten Machtmittel, je mehr diese durch politische Unterstützung mittelbar Zugang zu *unterschiedlichen* primären Machtmitteln, unabhängig vom Inhalt entsprechender politischer Entscheidungen haben. Man kann die Beziehung zwischen den primären und kollektivspezifischen Machtmitteln als politischen Ressourcen und politischer Unterstützung als politischer Macht in Analogie zur Beziehung zwischen Geld und ökonomischen Ressourcen darstellen:

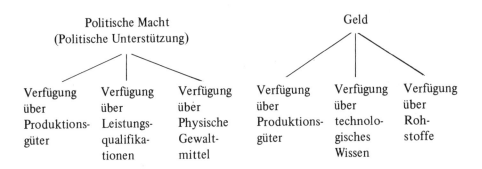

Politische Macht
(Politische Unterstützung)

Verfügung über Produktionsgüter

Verfügung über Leistungsqualifikationen

Verfügung über Physische Gewaltmittel

Geld

Verfügung über Produktionsgüter

Verfügung über technologisches Wissen

Verfügung über Rohstoffe

Betrachtet man politische Macht in dem genannten Sinne als ein symbolisches und generalisiertes Kommunikationsmedium, dann muß der Begriff der politischen Macht in anderer Weise definiert werden als bei Max Weber. Das definierende Merkmal ist dann „die Verfügung über politische Unterstützung". „Macht" als „die Chance, beliebige Entscheidungen als gesamtgesellschaftlich verbindlich auch gegen Widerstreben durchsetzen zu können", ist streng genommen auch keine *Definition*, sondern eine *Kennzeichnung* von politischer Macht. Es wird dadurch eine Folge des Machtbesitzes angegeben. Wenn im folgenden von politischer Macht als symbolischem und generalisiertem Kommunikationsmedium gesprochen wird, dann ist dies stets in der *Definition* als Verfügung über politische Unterstützung gemeint, von der die *Kennzeichnung* politischer Macht im Sinne Webers zu unterscheiden ist. In gleicher Weise ist die *Definition* von „Macht" als „Verfügung über primäre Sanktionsmittel" von der *Kennzeichnung* von Macht als der Chance zu unterscheiden, Entscheidungen auch gegen Widerstreben durchsetzen zu können.

Die Frage ist nun, wie durch die Verwendung politischer Macht als generalisiertem Motivationsmittel die geschilderte langfristige Auslieferung politischer Kollektive an die sozialen Kollektive mit der größten Fähigkeit zum Widerstand unterbunden werden kann. Bei dieser Fragestellung ist von der Unterscheidung eines politischen Kapitalmarktes und eines politischen Gütermarktes auszugehen. Auf dem politischen Kapitalmarkt verwenden soziale Kollektive das Angebot politischer Unterstützung als konkreten *Anreiz* für politische Parteien als politischen Banken, um dafür generelle Engagements der Parteien für die sozialen Kollektive, aber nicht konkrete Entscheidungen einzutauschen. Die Parteien können diese politische Unterstützung in derselben Form einer Regierung anbieten. Auf dem politischen Gütermarkt bieten soziale Kollektive als Interessenten einer Regierung politische Unterstützung als konkreten *Anreiz* an, um dafür bestimmte politische Entscheidungen zu erhalten. Die Regierung kann nun an dieser Stelle den bei alleiniger Verwendung von Anreizen zugunsten der widerstandsfähigsten sozialen Kollektive entstehenden Zirkel durchbrechen, wenn sie über den Kapitalmarkt und über den Gütermarkt genügend generalisierte politische Unterstützung angesammelt hat und diese zur verbindlichen Durchsetzung politischer Entscheidungen gegen widerstrebende soziale Kollektive *als generalisierte Möglichkeit zur Androhung und Anwendung negativer Sanktionen* anwendet. D. h., daß sie durch die angesammelte generalisierte politische Unterstützung für beliebige Entscheidungen unabhängig von deren Inhalt negative Sanktionen anwenden oder androhen kann. Sie muß nicht abwarten, für welche Entscheidungen sie welche Sanktionsmittel welcher Kollektive mobilisieren kann.

Durch die Verwendung politischer Macht zur Durchsetzung der Verbindlichkeit politischer Entscheidungen gegen Widerstrebende als generalisiertes negatives Sanktionsmittel wird zwar der Vorrat an politischer Unterstützung allgemein aufgezehrt, aber nicht, wie bei einem Anreiz, auf die Widerstrebenden zur weiteren Verwendung übertragen. Dadurch ist es nicht möglich, allein durch das Ausmaß an Widersetzung ein entsprechendes Einkommen in politischer Macht zu erzielen. Die Übertragung politischer Macht auf andere erfolgt nur in der Gestalt eines *konkreten Anreizes* für bestimmte politische Leistungen.

Politische Unterstützung kann zwar weitgehend generalisiert sein, sie reicht jedoch immer nur zur Abrufung der gegebenen politischen Unterstützung in einer begrenzten Anzahl von Fällen und über einen begrenzten Zeitraum hinweg. Mit jeder Abrufung politischer Unterstützung für eine politische Entscheidung wird diese weiter aufgebraucht. Sie muß deshalb immer wieder erneuert werden. Die verwendete politische Unterstützung geht jedoch bei der Abrufung im Entscheidungsfall nicht auf die sich widersetzenden Kollektive über, sie fließt vielmehr allgemein an die Unterstützung gewährenden Kollektive zurück. Die Regierung bezahlt die Abrufung einer konkreten Leistung in Form einer Unterstützung durch soziale Kollektive mit der Rücküberweisung der allgemein erhaltenen politischen Unterstützung. Die sozialen Kollektive können dann wieder frei über ihre Sanktionsmittel verfügen und infolgedessen erneut der Regierung für bestimmte Entscheidungen generalisierte Unterstützung anbieten. Politische Unterstützung ist demgemäß ein generalisiertes *Motivationsmittel*, das auf dem politischen Kapitalmarkt und Gütermarkt zunächst *als konkreter Anreiz* verwendet werden kann, um dafür bestimmte Leistungen, nämlich generelle Verpflichtungen, politische Entscheidungen oder konkrete Unterstützungen einzutauschen. Dasselbe Motivationsmittel kann jedoch auch *als generalisiertes negatives Sanktionsmittel* zur verbindlichen Durchsetzung politischer Entscheidungen gegen widerstrebende Dritte verwendet werden. Bezeichnet man die Verfügung über politische Unterstützung als politische Macht, dann bedeutet dies, daß politische Macht zwar die generalisierte Form negativer Sanktionsmöglichkeit ist, aber zugleich auch als *konkreter Anreiz* gehandelt werden kann, sofern eine Nachfrage nach politischer Macht als *generalisierter negativer Sanktionsmöglichkeit* besteht. In umgekehrter Form ist das Geld ein *generalisierter Anreiz*, der auch als *konkretes negatives Sanktionsmittel* verwendet werden kann, wenn einem anderen die Vorenthaltung von benötigtem Geld angedroht wird.

Politische Macht ist das spezifische symbolische und generalisierte Kommunikationsmedium des politischen Systems, weil nur durch ihre Verwendung als generalisierte negative Sanktionsmöglichkeit das bei Anreizen unvermeidliche Zurückbleiben der politischen Leistungsfähigkeit hinter den wachsenden Ansprüchen gelöst werden kann. Es ist darüber hinaus dasjenige Motivationsmittel, das immer noch wirksam ist, wenn Einfluß und Wertübereinstimmung infolge ihrer Selektivität an ihre Grenzen gestoßen sind.

Ohne ein generalisiertes Kommunikationsmedium ist Güteraustausch nur zwischen Interaktionspartnern möglich, von denen Akteur A genau die Güter anbieten kann, die Akteur B wünscht. Das Entstehen komplexer wirtschaftlicher Interaktionsstrukturen ist in diesem Fall nicht möglich und das Wachstum der Güterproduktion ist erheblichen Beschränkungen unterworfen. Ohne das generalisierte Kommunikationsmedium *politischer* Macht, das die Verbindlichkeit der normativen Ordnung gesellschaftlicher Interaktionen unabhängig von den konkreten Zielsetzungen und Machtmitteln jeweiliger Interaktionspartner garantiert, ist aber auch die Durchsetzung der Verbindlichkeit und Zulässigkeit von Handlungen der Interaktionspartner nur soweit möglich, wie sie nicht durch die ihnen verfügbaren besonderen Machtmittel wechselseitig übergangen werden können. Akteur A könnte nur solche Handlungen ausführen, die Akteur B nicht durch seine Machtmittel unterbinden kann oder will. Akteur B könnte nur solche Handlungen ausführen, die Akteur A nicht durch seine Machtmittel unterbinden kann oder will. Unter diesen Bedingungen müssen alle Entscheidungen über die Verbindlichkeit von Geboten, Verboten und Erlaubnissen von Handlungen durch unmittelbare wechselseitige Anpassung der Interaktionspartner getroffen werden. In einer solchen Gesellschaft ist eine Steigerung der Fähigkeit zu gesamtgesellschaftlich verbindlichen Entscheidungen ebensowenig möglich wie eine Zunahme der Komplexität von Interaktionen unter Erhaltung relativer Sicherheit der Erwartbarkeit von Handlungen und Erwartungen. Alle kollektiv verbindlichen Entscheidungen müssen *persönlich* abgestimmt werden.

Durch die Verwendung von Geld wird der Güteraustausch unabhängig von der Komplementarität der Güter- und Leistungswünsche konkreter Interaktionspartner. Durch die Ausbildung politischer Macht als generalisiertem Kommunikationsmedium des politischen Systems und durch dessen Ausdifferenzierung aus der Verteilung von Machtmitteln in der gesellschaftlichen Umwelt des politischen Systems wird die Durchsetzung gesamtgesellschaftlich verbindlicher Entscheidungen über Gebote, Verbote und Erlaubnisse von Handlungen davon unabhängig, welche Handlungen die jeweiligen Interaktionspartner durch Einsatz spezifischer Machtmittel durchsetzen bzw. zulassen können und wollen. Die Durchsetzung gesamtgesellschaftlich verbindlicher Entscheidungen wird relativ unabhängig von Verteilung und Einsatz der Machtmittel in der gesellschaftlichen Umwelt des politischen Systems. Ihre Verteilung setzt sich im politischen System nicht einfach fort.

Nach der Darstellung des Verhältnisses von politischer Macht und primären, kollektivspezifischen Machtmitteln in Analogie zum Verhältnis von Geld und ökonomischen Ressourcen ist es ratsam, physische Gewalt nur als eines unter anderen primären Machtmitteln zu betrachten, das neben den anderen primären Machtmitteln die Basis des symbolischen Machtmittels politischer Unterstützung bildet[22]. Physische Gewalt ist allenfalls die wirksamste unter den Ressourcen politischer Macht[23]. Ganz ähnlich sieht man auch in der ökonomischen Theorie nicht mehr das Gold als grundlegende Stütze des Geldes, sondern die gesamten ökonomischen Ressourcen einer Wirtschaft.

Politische Macht als generalisiertes Kommunikationsmedium kann nicht identisch sein mit der Androhung oder Anwendung physischer Gewalt zur Durchsetzung politischer Entscheidungen, sobald soziale Systeme einen höheren Grad der Komplexität erreichen[24]. Sie wäre mit physischer Gewalt in dem Grenzfall identisch, in welchem jede politische Entscheidung der konkreten Androhung oder Anwendung von Gewalt bedarf, um als verbindlich durchgesetzt werden zu können. Unter dieser Bedingung wird man allerdings in komplexen sozialen Systemen nur wenige Entscheidungen als verbindlich durchsetzen können, weil physische Gewalt in dem Ausmaß gar nicht verfügbar ist, das bei der gewaltsamen Durchsetzung jeder politischen Entscheidung in jeder Situation eingesetzt werden müßte. In dieser Hinsicht besteht eine Parallelität zwischen der Beziehung der politischen Macht zur physischen Gewalt und der Beziehung des Geldes zum Gold. Auch Gold ist nicht in dem Ausmaß verfügbar, wie es in komplexen Wirtschaftssystemen erforderlich wäre, wenn Geld als Zahlungsmittel im wirtschaftlichen Tauschprozeß nur aufgrund des Goldwertes von Geldstücken oder aufgrund der Deckung von Geldstücken und Geldscheinen durch Goldreserven angenommen würde. In diesem Falle ist Geld mit Gold identisch wie Macht mit physischer Gewalt.

Die im Umlauf befindliche Geldmenge in modernen Wirtschaftssystemen übersteigt jedoch auch den Wert der verfügbaren ökonomischen Ressourcen. Dasselbe gilt auch für die in modernen politischen Systemen verwendete politische Macht. Im politischen System werden Entscheidungen dadurch als gesamtgesellschaftlich verbindlich durchgesetzt, daß sie auf politische Unterstützung gegründet werden. Das Ausmaß der bei den hohen Entscheidungsleistungen moderner politischer Systeme verwendeten politischen Unterstützung, z. B. durch Regierungen und Parteien, übersteigt dabei das tatsächlich für alle diese Entscheidungen mobilisierbare Ausmaß der primären Machtmittel sozialer Kollektive.

In modernen Wirtschaftssystemen besitzt das Geld nur noch symbolischen Charakter im wirtschaftlichen Austausch. Seine Wirksamkeit als symbolisches und generalisiertes Tauschmittel gründet sich auf ein allgemeines Vertrauen, daß in Zukunft auf dem Markt beliebige gewünschte Güter gegen Geld eingetauscht werden können. Ein ähnliches allgemeines Vertrauen, daß im politischen System in Zukunft beliebige gewünschte politische Entscheidungen gegen politische Unterstützung eingetauscht werden können, ist die Voraussetzung dafür, daß politische Macht als symbolisches und generalisiertes Kommunkationsmedium im politischen System in ausreichendem Ausmaß verfügbar wird und funktionsfähig bleibt. Es ist ein allgemeines Vertrauen in die Offenheit politischer Entscheidungsleistungen für entsprechende Nachfrage. Dieses generalisierte Vertrauen ist der spezifisch moderne *Legimitätsglaube.*

Man muß präzise unterscheiden, ob sich soziale Kollektive nur gegen konkrete politische Entscheidungen widersetzen oder ob sie auch gegen die Verfügung politischer Kollektive über politische Macht Widerstand leisten. Ein Legimitätsglaube in die Verfügung über politische Macht bedeutet, daß politische Kollektive zwar zur verbindlichen Durchsetzung konkreter politischer Entscheidungen *gegen Widerstrebende* politische Macht verwenden, aber ihre Verfügung über politische Macht nicht ihrerseits auf der Anwendung politischer Macht beruhen muß. Die Verfügung über politische Macht, aber noch nicht eine konkrete politische Entscheidung, wird dann zwanglos abgenommen. Das bedeutet, daß widerstrebende soziale Kollektive nur die institutionalisierten Formen der *Opposition* gegen politische Entscheidungen wählen und nicht zu außerinstitutionellen Formen des *Widerstands* durch unmittelbare Anwendung ihrer kollektivspezifischen Machtmittel greifen. Während es bei nichtlegitimierter Verwendung politischer Macht zur unmittelbaren Machtprobe mit den kollektivspezifischen Machtmitteln der widerstrebenden sozialen Kollektive kommt, werden bei legitimierter Verwendung politischer Macht die widerstrebenden sozialen Kollektive dazu motiviert, politische Entscheidungen abzunehmen und sich auf die institutionell geregelten Formen der Opposition zu beschränken, um auf die Veränderung einer politischen Entscheidung einzuwirken.

Es handelt sich hierbei um denselben Vorgang wie bei einem Spiel, in dem die Spieler Verluste nicht dadurch ausgleichen, daß sie die Spielregeln durchbrechen und andere Mittel einsetzen, um die Mitspieler zu bestimmten Handlungen zu motivieren, sondern dadurch, daß sie im Rahmen der geltenden Spielregeln Verluste wettzumachen versuchen. Ein Schachspieler, der einen Gegenspieler durch einen bestimmten Zug zum Rückzug einer Spielfigur zwingt, wendet dabei legitimierte Macht an. Sie beruht auf der Möglichkeit, dem Gegenspieler im Falle einer Weigerung zum Rückzug im Spiel noch höhere Verluste zuzufügen. Wenn ein Spieler seine Spielfigur zurückzieht und versucht, durch eine andere Spielstrategie wieder einen Angriff aufzubauen, um sich in eine bessere Spielposition zu bringen oder anderenfalls einen Verlust hinnimmt, unterwirft er sich der Macht des Gegenspielers und versucht, selbst auf anderen Wegen nach Spielregeln legitimierte Macht zur Durchsetzung seiner eigenen Spielentscheidungen zu gewinnen. Man kann daran sehen, daß in diesem Fall eine Form der Macht ausgeübt wird, die nur nach den institutionalisierten Spielregeln erworben und angewendet werden kann. Solange die Spielregeln von beiden Spielern anerkannt werden, kommt es nicht zur unmittelbaren Machtauseinandersetzung mit Machtmitteln, die den Spielern außerhalb des Spiels zur Verfügung stehen. Eine Voraussetzung dafür ist das Vertrauen der Spieler in gleichwertige Chancen im Spiel. In politischen Systemen komplexer Gesellschaften ist es das Vertrauen in die Offenheit des politischen Systems für beliebige Nachfrage und in die Offenheit der Gewinnung politischer Unterstützung für beliebige Entscheidungen. Dieser Legitimitätsglaube kann nur entstehen, wenn politische Unterstützung, generelle Verpflichtung für soziale Kollektive und politische Entscheidungen auf einem politischen Kapitalmarkt und auf einem politischen Gütermarkt frei ausgetauscht werden können. Politische Macht wird dann frei und in Konkurrenz erworben und ist nicht selbst auf die Anwendung von Macht, sondern auf einen Legitimitätsglauben gegründet. Wenn von zwangloser Abnahme der Verwendung politischer Macht zur verbindlichen Durchsetzung politischer Entscheidungen als Folge von Legitimitätsglauben gesprochen wird, dann ist dies in dem Sinne gemeint, daß widerstrebende soziale Kollektive durch *politische* Macht zur Abnahme einer politischen Entscheidung motiviert werden und diese eine Änderung der Entscheidung nur in den institutionell geregelten Formen der Gewinnung politischer Unterstützung für alternative Entscheidungen herbeizuführen versuchen. Es kommt nicht zum unmittelbaren Kampf mit kollektivspezifischen Machtmitteln. Die Verfügung über politische Macht in Gestalt politischer Unterstützung und nicht die unmittelbare Verwendung primärer, kollektivspezifischer Machtmittel ist dann die Machtform, deren Besitz oder Nichtbesitz die verbindliche Durchsetzung politischer Entscheidungen ermöglicht. Das heißt, daß widerstrebende soziale Kollektive, wenn sie nicht über politische Unterstützung verfügen, politischen Kollektiven, die über politische Unterstützung verfügen, unabhängig von ihren kollektivspezifischen Machtmitteln politisch unterlegen sind. Solange die Verfügung über politische Macht als legitim anerkannt wird, kommt es nicht zur unmittelbaren Machtprobe zwischen der politischen Macht politischer Kollektive und der kollektivspezifischen Macht widerstrebender sozialer Kollektive. Widerstrebende soziale Kollektive halten sich in diesem Fall an die politischen Spielregeln und versuchen nur über die institutionalisierten Formen der Opposition gegen politische Entscheidungen ihrerseits politische Unterstützung für alternative politische Entscheidungen zu gewinnen. Der unterlegene Spieler bricht das Spiel nicht ab, um Verluste mit anderen Machtmitteln auszugleichen, sondern versucht, sich innerhalb des Spiels in eine bessere Spielposition zu bringen.

Wie diese Überlegungen zeigen, wird der rein symbolische Charakter politischer Macht in der Gestalt politischer Unterstützung durch einen Legitimitätsglauben nochmals verstärkt und politische Macht als symbolisches und generalisiertes Kommunikationsmedium vollständig von den kollektivspezifischen Machtmitteln getrennt. Politische Unterstützung kann dementsprechend in unterschiedlicher Form die verbindliche Durchsetzung politischer Entscheidungen sicherstellen. Ohne die Wirkung eines Legitimitätsglaubens bedeutet die Verfügung über politische Unterstützung für politische Kollektive, daß die Zahl der Widerstrebenden begrenzt ist, daß sie ein entsprechendes Monopol der Androhung oder Anwendung physischer Gewalt besitzen, daß sie bei der Androhung oder Anwendung physischer Gewalt die Zustimmung der Unterstützung gewährenden Kollektive finden und daß sie im Notfall auf die kollektivspezifischen Sanktionsmittel der unterstützenden Kollektive zurückgreifen können. Soweit jedoch ein Legitimitätsglaube in die Verfügung über politische Macht durch die Institutionalisierung eines offenen Wettbewerbs um politische Unterstützung besteht, wird die verbindliche Durchsetzung politischer Entscheidungen gegen Widerstrebende nicht mehr unmittelbar durch das aus politischer Unterstützung spezifischer Kollektive gewonnene Sanktionspotential sichergestellt. Sie ergibt sich nun daraus, daß sich Widerstrebende schon dadurch zur Abnahme einer politischen Entscheidung zwingen lassen, daß die dafür verantwortlichen politischen Kollektive über politische Unterstützung allein im Sinne einer generellen Akzeptierung als Inhaber politischer Entscheidungsrollen verfügen. Die sozialen Kollektive finden sich in diesem Fall bereit, in ein System einzutreten, in dem die Gewinnung politischer Unterstützung allgemein von allen als ein Mittel anerkannt wird, mit dem Widerstrebende zur Abnahme einer Entscheidung dadurch gezwungen werden können, daß sie nur die Wahl zwischen der Abnahme einer Entscheidung und der Erleidung eines anderen Verlustes haben. Die Verfügung über politische Unterstützung als negative Sanktionsmöglichkeit bedarf dann nicht mehr der mittelbaren Unterstützung durch die kollektivspezifischen Machtmittel der unterstützenden Kollektive. Sie beruht vielmehr auf *allgemeiner* Anerkennung. Es ist allgemein von allen Teilnehmern anerkannt, daß derjenige, der über politische Unterstützung verfügt, Widerstrebende vor die ungünstige Alternative stellen darf, eine Entscheidung abzunehmen oder einen anderen Verlust zu erleiden. Die verbindliche Durchsetzung politischer Entscheidungen wird dann durch den Wettbewerb um politische Macht in der Form politischer Unterstützung geregelt und ist nicht dem unmittelbaren Kampf der sozialen Kollektive mit ihren kollektivspezifischen Machtmitteln unterworfen. Welche politischen Entscheidungen als verbindlich durchgesetzt werden können, hängt dann von der Gewinnung politischer Unterstützung nach den Regeln des politischen Systems ab und nicht unmittelbar von der Machtverteilung außerhalb des politischen Systems, wie auch der Ausgang des Schachspiels von der Erzielung von Vorteilen nach den Regeln des Schachspiels abhängt und nicht von den Mitteln, mit denen ein Partner den anderen außerhalb des Spiels zu einer Handlung motivieren könnte. Festgehalten werden muß demnach folgende Definition legitimierter Verfügung über politische Macht:

> Legitimierte Verfügung über politische Macht bedeutet die legitimierte Verfügung über politische Unterstützung, und legitimierte Verfügung über politische Unterstützung ist definiert als die allgemeine Anerkennung der Mitglieder politischer Systeme, daß derjenige, der über politische Unterstützung verfügt, die Chance hat, Widerstrebende vor die Wahl zu stellen, eine politische Entscheidung abzunehmen oder einen anderen Verlust zu erleiden.

Inwiefern die Verwendung politischer Macht tatsächlich Offenheit besitzt, wird bestimmt durch eine weitere Eigenschaft, die alle generalisierten Kommunikationsmedien gemeinsam haben. Sie ergibt sich aus der normativen Ordnung, welche die Verwendung generalisierter Kommunikationsmedien regelt. Diese Eigenschaft gilt es noch zu erläutern.

In einer normativen Ordnung ist festgelegt, in welcher Weise die generalisierten Kommunikationsmedien in konkrete Kommunikationen umgewandelt werden dürfen. Dadurch wird die totale Beliebigkeit mehr oder weniger stark auf ein noch ertragbares und verarbeitbares Ausmaß reduziert. Die Eigentumsordnung ist ein System von Regeln, die bestimmen, welche Arten von Güteraustausch erlaubt sind und welche nicht. Sie legen nicht den Inhalt des Tauschs fest, sondern nur formale Eigenschaften. Es sind formale Regeln. Die normativen Regeln, die festlegen, in welcher Weise politische Macht in gesamtgesellschaftlich verbindliche (politische) Entscheidungen umgesetzt werden darf und in welcher nicht, kann man als Verfassung oder in moderner Terminologie als Machtcode bezeichnen[25]. Sie legen ebenfalls nicht fest, welchen Inhalt politische Entscheidungen annehmen sollen, sondern nur, in welcher Weise sie getroffen werden müssen. In diesem Sinne besteht der Machtcode oder die Verfassung aus den institutionalisierten formalen Normen, welche die Umwandlung von politischer Macht in politische Entscheidungen regeln. Die institutionalisierten Normen sind dabei nicht mit der schriftlich fixierten Verfassung identisch. Die tatsächlich ablaufenden Interaktionen, die durch die institutionalisierte Verfassung reguliert werden, bilden die politische Herrschaft oder die politische Herrschaftsordnung oder auch die politische Herrschaftsstruktur eines sozialen Systems[26]. Häufig werden diese Begriffe jedoch sowohl zur Bezeichnung der entsprechenden Normen als auch zur Bezeichnung der daran orientierten Interaktionen verwendet. Die Begriffe „Verfassung" und „Machtcode" würden sich dann erübrigen. Auch der Begriff „Machtcode" bezeichnet zuweilen sowohl Normen als auch die daran orientierten Interaktionen. Man könnte hier folgende begriffliche

Konvention vorschlagen: Der Begriff „Verfassung" in Webers Sinne wird in Erinnerung behalten, um die Vergleichbarkeit mit der älteren Forschung auf diesem Gebiet zu bewahren. Tatsächlich verwenden könnte man die Begriffe „politischer Machtcode" und „politische Herrschaftsordnung" für die entsprechenden Normen sowie die Begriffe „politische Herrschaft" und „politische Herrschaftsstruktur" für die daran orientierten Interaktionen.

Die politische Herrschaftsordnung in dem auf Normen bezogenen Sinne legt den Gebrauch politischer Macht in der Gesellschaft fest, wie die Eigentumsordnung den Gebrauch des Geldes regelt. Sofern die Institutionalisiertheit bzw. die faktische Geltung der politischen Herrschaftsordnung nicht ihrerseits *allein* auf der Androhung oder Anwendung von Gewalt der Inhaber politischer Macht beruht, sondern eine durchschnittliche Erwartbarkeit relativ zwangloser Akzeptierung der politischen Herrschaftsordnung durch die Gesellschaftsmitglieder besteht, kann von einer legitimen Verfügung über politische Macht durch die von der politischen Herrschaftsordnung dazu bestimmten Träger politischer Entscheidungsrollen gesprochen werden.

2.4. Legitimitätsglaube als Voraussetzung der Funktionsfähigkeit politischer Macht als symbolisches und generalisiertes Kommunikationsmedium

Nach diesen Ausführungen läßt sich näher bestimmen, was mit der Formulierung gemeint ist, daß die Normsetzung bei funktionaler Differenzierung der Gesellschaft zu einer ausschließlichen Leistung des politischen Teilsystems der Gesellschaft werde. Das politische System der Gesellschaft besteht aus denjenigen Interaktionen, die an dem Ziel der Herstellung gesamtgesellschaftlich verbindlicher Entscheidungen orientiert sind. Normsetzungen als Leistungen des politischen Systems sind ein spezieller Fall gesamtgesellschaftlich verbindlicher Entscheidungen. Die Durchsetzung gesamtgesellschaftlich verbindlicher Entscheidungen gegen Widerstreben wird durch die Verfügung über politische Macht garantiert. Die Minimalvoraussetzung für die Ausdifferenzierung des politischen Systems als ein Teilsystem der Gesellschaft ist die Zentralisierung der legitimen Verfügung über politische Macht bei den durch die politische Herrschaftsordnung bestimmten Trägern politischer Entscheidungsrollen. Neben dieser Minimalvoraussetzung gibt es natürlich weitere Voraussetzungen, die später im Rahmen der Einzelanalyse behandelt werden. Ist nun die Normsetzung eine ausschließliche Leistung eines ausdifferenzierten Teilsystems der Gesellschaft, dann bedeutet dies, daß sie selbst durch die normative Ordnung dieses Teilsystems, also durch die Herrschaftsordnung, geregelt wird und auf der Verwendung des generalisierten Kommunikationsmediums politischer Macht beruht. Dadurch wird unterbunden, daß die Normsetzung durch eine religiöse Ordnung oder durch eine Verwandtschaftsordnung geregelt und ihre Geltung durch spezifisch religiöse und verwandtschaftliche Sanktionsmittel, wie z. B. Verlust religiösen Heilsbesitzes oder Verlust verwandtschaftlicher Unterstützung, garantiert wird. Es wird verhindert, daß sich die Normsetzung unmittelbar aus der Verteilung der primären Machtmittel in der gesellschaftlichen Umwelt des politischen Systems ergibt.

Durch die funktionale Spezifizierung der Normsetzung im politischen System wird das Problem der Abnahme der Problemlösungen und Leistungen des Normsetzungssystems besonders virulent. Solange die Normsetzung noch unmittelbar verbunden ist mit anderen Strukturen der Gesellschaft, vor allem mit Religion und Verwandtschaft, findet sie in diesen Strukturen vielfältige Unterstützung zur Abnahme der Problemlösungen und Leistungen. Die Abnehmer der Problemlösungen und Leistungen des Normsetzungssystems treten dadurch diesem nicht als Umwelt gegenüber, sie sind vielmehr über Religion und Verwandtschaft in dieses System schon integriert. Die Abnahme der Problemlösungen und Leistungen des Normsetzungssystems wird deshalb schon über diese Integration der Abnehmer in das Normsetzungssystem gewährleistet[27].

Diese Beziehung des Normsetzungssystems zu den Abnehmern seiner Leistungen ändert sich grundlegend durch dessen funktionale Differenzierung und Spezifizierung im politischen System. Die potentiellen Abnehmer sind nicht mehr über andere Beziehungen in dieses System integriert, sondern vollständig in die Umwelt verlagert. Die Übernahme spezifisch politischer Rollen, wie Wähler, Parteimitglied, Abgeordneter, Interessenvertreter, erleichtert noch nicht ohne weiteres die Abnahme von Normselektionen oder bindenden Entscheidungen des politischen Systems in anderen Rollen und Mitgliedschaften, wie Arbeiter, Beamter, Angestellter, Verkehrsteilnehmer, Patient, Steuerzahler, Mieter, Familienmitglied, Lehrer usw. oder als Persönlichkeit, wie dies in einfacheren Gesellschaften durch die Mitgliedschaft in religiösen und verwandtschaftlichen Systemen der Fall ist. Die Abnahme der Leistungen eines funktional differenzierten und spezifizierten Teilsystems der Gesellschaft durch die anderen Teilsysteme und durch die personalen Systeme kann sich insofern nicht mehr auf eine vorgängige Integration durch die Verbindung unterschiedlicher Rollen stützen. Sie muß ohne derartige Hilfen durch die Strukturen des funktional differenzierten und spezifizierten Systems selbst sichergestellt werden[28].

An dieser Stelle ist es nun möglich, das Problem der Legitimität als einen Sonderfall der Erzeugung von Vertrauen in die Offenheit der Selektionsleistungen sozialer Teilsysteme zu betrachten. Dieses Vertrauen ist eine Voraussetzung krisenfreier Funktionsfähigkeit generalisierter Kommunikationsmedien als Motivationsmittel zur Übertragung der Selektionsleistungen sozialer Teilsysteme. Eine Folge dieser Funktionsfähigkeit wäre im Falle politischer Systeme die durchschnittlich zwanglose Abnahme der Stützung politischer Entscheidungen auf politische Macht[29]. Je mehr dies der Fall ist, um so mehr kann auf die Anwendung physischer Gewalt verzichtet werden[30].

Betrachtet man das Legitimitätsproblem in diesem allgemeinen Rahmen einer Theorie generalisierter Kommunikationsmedien, dann ergeben sich daraus Folgerungen, auf welche Weise unter den strukturellen Bedingungen komplexer Gesellschaften ein Legitimitätsglaube überhaupt noch entstehen kann. Legitimitätsglaube wird nicht mehr durch eine vorgängige Integration unterschiedlicher Rollen erreicht. Er muß vielmehr durch die Strukturen des politischen Systems selbst erzeugt werden[31]. Die Erhaltung eines Legitimitätsglaubens ist deshalb in modernen Gesellschaften im Vergleich zu weniger differenzierten Gesellschaften viel weniger selbstverständlich.

Dieses Problem wird noch wesentlich verschärft durch die schon dargestellte hohe Selektivität jeder Normselektion in modernen Gesellschaften. Im Hinblick auf das politische System als Systemreferenz bedeutet dies, daß es zu jeder seiner Normsetzungen und bindenden Entscheidungen eine überproportional zunehmende Menge möglicher Normsetzungen und bindender Entscheidungen gibt, die in der Umwelt den tatsächlichen Selektionen des politischen Systems vorgezogen werden können. Das politische System kann immer nur wenige von denjenigen Werten, Normen und bindenden Entscheidungen selegieren, die in seiner Umwelt von Gesichtspunkten der Teilsysteme, Institutionen, Organisationen, sozialen Gruppierungen und Personen potentiell oder tatsächlich artikuliert, vorgezogen oder erwartet werden. Die Erzeugung eines Legitimitätsglaubens wird unter diesen Umständen äußerst unwahrscheinlich.

Die Erzeugung eines Legitimitätsglaubens über die vorgängige Integration verschiedener Rollen, wie dies für einfache Gesellschaften noch möglich war, ist unter diesen Bedingungen nicht mehr realisierbar. Sie selbst könnte immer nur eine mögliche Integration verschiedener Rollen unter anderen möglichen Integrationen sein. Ob dies durch eine Integration von wissenschaftlichem und politischem System im Falle der Normbegründung durch Wissenschaft erfolgt oder durch eine Integration von ökonomischem und politischem System im Falle von ständestaatlichen oder rätedemokratischen Modellen[32], stets handelt es sich hierbei um eine Schließung der Normselektion gegenüber anderen möglichen Selektionen aufgrund der vorgängigen Selektion einer möglichen Integration unter anderen. Eine solche Integration ist deshalb eine einschneidende Vorselektion, die ein höheres Maß an Zwang zur Sicherstellung der Abnahme der weiteren Selektionen erfordert, als eine Normselektion, die nicht durch solche vorgängige Integrationen gebunden ist. Es müßte gerade der Spielraum der Normgeltung durch Legitimität eingeengt werden.

Die Umwelt des politischen Systems ist wesentlich komplexer und wandlungsreicher, als daß sie in solchen Modellen der Integration des politischen Systems mit seiner Umwelt ohne ein hohes Maß an Zwang eingefangen werden könnte. Ein auf die Integration von Ökonomie und Politik abzielendes Rätesystem hat nicht nur die Erstarrung einer Berufsstruktur zur Folge, es kann als solches vor allem noch nicht die Abnahme der entsprechenden Normselektionen in ganz anderen Teilsystemen und Rollen, wie Wissenschaft, Familie, Konsument, Verkehrsteilnehmer, Wohnungssuchender und -mieter, Patient usw. garantieren. Auch eine Kommunikationsgemeinschaft von Individuen, die von solchen System- und Rollenzugehörigkeiten abstrahiert, wie sie in Habermas' Konsensustheorie der Normbegründung aufscheint[33], müßte gerade die Vielfalt möglicher Wertgesichtspunkte, die sich aus den unterschiedlichen System- und Rollenzugehörigkeiten ergeben, auf eine Selektion des Vernünftigen zwanghaft reduzieren. Auch die Vernunft oder vielmehr dasjenige, was sich als Vernunft ausgibt, erscheint in modernen Gesellschaften im Verhältnis zur Komplexität der möglichen Wertgesichtspunkte nur noch als Selektion. Vernunft wird unter diesen Bedingungen zur Leerformel, ihre inhaltliche Bestimmung zur beliebigen Selektion.

Wenn also die vorgängige Integration mit anderen Teilsystemen der Gesellschaft als Legitimitätsbedingung ausscheidet und das politische System Legitimität durch

Eigenschaften seiner eigenen Struktur erreichen muß, welche Möglichkeiten zu dieser Legitimitätserzeugung bestehen dann überhaupt noch? Die fehlende Unterstützung durch vorgängige Integration und die hohe Selektivität der Normselektion machen die Gewinnung von Legitimität außerordentlich unwahrscheinlich. Dabei ist zu berücksichtigen, daß die Sicherstellung der Selektionsabnahme oder -übertragung durch ideologische Rechtfertigung als eine Form von Zwang gelten kann, der den tatsächlichen Möglichkeitshorizont der Normselektion einschneidend vereinfacht und dadurch die Selektivität der Normselektion verschleiert und eine größere Selbstverständlichkeit der Normsetzung vortäuscht[34]. Weltinterpretationen üben ideologischen Zwang dieser Art aus, sobald die Selbstverständlichkeit des Handelns durch die zunehmende Komplexität der Gesellschaft und die daraus folgende Selektivität der Normsetzung verloren geht. Ideologische Rechtfertigung ist deshalb keine zureichende Grundlage von Legitimität. Sie ist ohne eine offen zwanghafte Einschränkung der Komplexität der Gesellschaft gar nicht stabilisierbar; sie ist auf jeden Fall nur wirksam, wenn zumindest die Möglichkeiten der Wertkritik durch Wissenschaft und deren Öffentlichkeit erheblich eingeschränkt werden. Aber auch die Artikulation von Wertgesichtspunkten und Interessen aus anderen Teilsystemen der Gesellschaft muß begrenzt werden.

Wenn davon ausgegangen wird, daß nicht in allen modernen Gesellschaften diese Einschränkungen von Komplexität die Übertragung von Selektionsleistungen des politischen Systems ausreichend garantieren können, dann nimmt die Unwahrscheinlichkeit dieser Übertragung erneut zu. Dennoch geben moderne Gesellschaften nicht ständig ein Bild völliger Desintegration ab, wie es aufgrund dieser strukturellen Bedingungen erwartet werden könnte, obwohl natürlich solche Tendenzen zur Desorganisation, in unserem Falle Tendenzen zu Legitimitätskrisen, nie völlig vermieden werden und in allen Gesellschaften mehr oder weniger intensiv und häufig auftreten. Diese Tendenzen zu Legitimitätskrisen sind jedoch unmittelbar aus den herausgearbeiteten strukturellen Eigenschaften moderner Gesellschaften erklärbar. Überraschend ist insofern nicht die Instabilität moderner Gesellschaften, sondern der trotzdem noch erreichte Grad an Stabilität[35]. Auf die Legitimitätsfrage bezogen, ist dementsprechend die Abnahme der Selektionsleistungen des politischen Systems durch dessen Umwelt überraschend und deshalb um so erklärungsbedürftiger.

2.5. Das Verhältnis von Systemkomplexität und Umweltkomplexität

Um einer solchen Erklärung näher zu kommen, kann wiederum auf allgemeine Annahmen über die Bedingungen der Erhaltung eines Systems in einer komplexen Umwelt zurückgegriffen werden. Ein funktional differenziertes und spezifiziertes Teilsystem der Gesellschaft ist dadurch charakterisiert. daß sich seine Problemstellung als Anforderung aus der Umwelt darstellt. Das politische System erfüllt in diesem Sinne die Funktion, den Bedarf an Normen und bindenden Entscheidungen seiner Umwelt zu befriedigen[36]. Im Hinblick auf die Frage der Abnahme dieser Leistungen des politischen Systems durch dessen Umwelt besitzt das Verhältnis seiner eigenen Komplexität zur Komplexität seiner Umwelt besondere Bedeutung. Man kann den allgemeinen Satz formulieren, daß in einer komplexen Umwelt nur Systeme mit einer entsprechenden Eigenkomplexität überleben können[37]. Die Komplexität des Systems und der Umwelt bildet sich dabei aus der Menge tatsächlicher und möglicher Zustände[38], also bei sozialen Systemen aus der Menge tatsächlicher und möglicher Interaktionen, Erwartungen, Werte, Normen, Rollen, Interessen, Institutionen, sozialer Systeme, Gruppen, Organisationen, Klassen, Schichten usw. Die Komplexität der Umwelt eines Systems läßt sich dabei in für das System relevante und irrelevante Komplexität einteilen. Welche Umweltkomplexität für ein System relevant ist, hängt davon ab, ob sie die Erhaltung der Identität des Systems gefährdet oder nicht. Die Erhaltung der Identität sozialer Systeme ist abhängig von den Leistungen, die innerhalb und außerhalb des Systems von dem System erwartet werden. Von einem Krankenhaus wird z. B. nicht erwartet, daß es das Problem einer Neuordnung des § 218 oder des Familienrechts oder das Problem der Energieversorgung und dgl. löst. Vom politischen System wird möglicherweise nicht erwartet, daß es neue Arzneimittel, Gesellschaftstheorien, Kunst usw. herstellt. Diese Probleme bilden insofern irrelevante Umweltkomplexität für das entsprechende System, weil das Nichterbringen solcher Leistungen die Abnahme der spezifischen Leistungen eines Teilsystems und damit dessen Fortbestand nicht gefährdet. Dagegen mag von einem Krankenhaus die Heilung seiner Patienten und von einem politischen System die Setzung gesamtgesellschaftlich verbindlicher Normen erwartet werden. Krankheiten, Verletzungen und Unfälle sind deshalb für ein Krankenhaus relevante Umweltkomplexität, wie regulierungsbedürftige Interaktionen und Konflikte für ein politisches System relevante Umweltkomplexität bilden. Das Nichterbringen dieser Leistungen gefährdet ihren Fortbestand.

Ein System, z. B. ein politisches System, muß demgemäß Mechanismen zur Aufnahme und zur Verarbeitung relevanter Umweltkomplexität ausbilden. Zur Aufnahme von Umweltkomplexität muß ein soziales System spezifische Rollen institutionalisieren, welche beliebige Repräsentanten der Umwelt übernehmen müssen, um Ansprüche in das System übertragen zu können. Wer seine Wohnungsnot lindern möchte, muß die Rolle eines Antragstellers auf Wohngeld annehmen, um überhaupt für die zuständige Verwaltung existent zu sein. Dabei unterwirft er sich den Regeln, welche die Verwaltung für die Aufnahme von Fällen der Wohnungsnot entwickelt hat. Wer von einer Krankheit geheilt werden will, muß die Rolle des Patienten eines Krankenhauses annehmen und sich den Rechten und Pflichten dieser Rolle unterwerfen. Wer auf politische Entscheidungen einwirken will, muß in Rollen, wie diejenigen des Wählers, des Interessenvertreters, des Parteimitgliedes, schlüpfen und sich deren Rechten und Pflichten unterwerfen, um für das politische System zu existieren. Durch diese Eingangsregeln für Umweltkomplexität in Gestalt einer Rollenstruktur, die den Außenverkehr eines Systems regelt, reduziert das System die höhere Komplexität der Umwelt für sich selbst auf ein verarbeitbares Ausmaß[39].

Kein System kann ohne derartige Mechanismen der Reduktion von Umweltkomplexität fortbestehen, aber je mehr Umweltkomplexität es für sich selbst zuläßt und noch verarbeiten kann, um so mehr kann es auch die Abnahme seiner Leistungen in der Umwelt sicherstellen. Es kommt dabei darauf an, den optimalen Punkt der gerade noch verarbeitbaren Umweltkomplexität zu treffen. Das System muß zu diesem Zweck selbst komplexere Mechanismen der Aufnahme und der Verarbeitung von Umweltkomplexität entwickeln. Es läßt dadurch mehr Zustände auf sich einwirken, es kann selbst mehr Zustände annehmen und es ist variationsreicher in der Abgabe seiner spezifischen Leistungen. Das Komplexitätsgefälle zwischen System und Umwelt wird dadurch möglichst gering gehalten.

U. a. dieser Zusammenhang verleitet Luhmann zu der unnötig paradoxen Formulierung „Steigerung von Komplexität durch Reduktion von Komplexität"[40]. Der Zusammenhang ist einfach und keinesfalls paradox. Indem z. B. die Wissenschaft sich allein auf die Erstellung von Tatsachenerkenntnis beschränkt, reduziert sich die Komplexität ihrer eigenen Handlungsstruktur und die von ihr erfaßte Komplexität der Umwelt, da sie andere Probleme als irrelevant ausscheidet. Sie steigert aber gerade dadurch die in ihr mögliche Komplexität und die von ihr erfaßbare Komplexität *im Hinblick auf Tatsachenerkenntnis*. Der Wissenschaftler muß in der Ermittlung von Tatsachenwissen z. B. nicht wie der Politiker auf Gesichtspunkte der verwaltungsmäßigen Realisierbarkeit, der Vereinbarkeit mit geltendem Recht oder der Gewinnung politischer Unterstützung Rücksicht nehmen, wodurch die Entfaltung der Tatsachenerkenntnis notwendigerweise Beschränkungen unterworfen wäre. Sofern diese anderen Funktionen zwar von der Wissenschaft nicht übernommen werden, aber von anderen Institutionen der Gesellschaft, und sofern die Integration der Gesellschaft trotz dieser Trennung von Funktionen in unterschiedliche Teilsysteme und Institutionen erreicht wird, ist im Hinblick auf die Gesellschaft von einer Steigerung ihrer Komplexität zu sprechen. Funktionale Differenzierung der Gesellschaft in Teilsysteme und deren Spezifizierung auf bestimmte Leistungen bzw. Problemlösungen bedeuten für die Teilsysteme einerseits Reduktion von System- und Umweltkomplexität im Hinblick auf die Ausscheidung anderer Probleme der Umwelt und darauf bezogener Wahrnehmungen und Handlungen des Teilsystems und andererseits Steigerung von System- und Umweltkomplexität im Hinblick auf die größere Menge aufnahmefähiger bestimmter Probleme der Umwelt und darauf bezogner Wahrnehmungen und Handlungen des Teilsystems. Für die Gesellschaft bedeutet dies bei Erfüllung aller Funktionen in Teilsystemen und bei Erhaltung ihrer Integration eine Steigerung der Komplexität.

Ein funktional ausdifferenziertes Teilsystem der Gesellschaft verarbeitet Umweltkomplexität, z. B. Krankheiten, Wohnungsnöte, Konfliktregulierungsbedarf und dgl., um Leistungen wieder an die Umwelt abzugeben, z. B. durch Heilung von Krankheiten, Linderung von Wohnungsnöten oder Konfliktregulierung. Indem es dabei aus einer größeren Menge möglicher Leistungen immer nur eine kleinere Menge tatsächlicher Leistungen selegieren kann, reduziert es auch in diesem Verarbeitungsprozeß Umweltkomplexität[41]. In diesem Falle wird diese Umweltkomplexität nicht nur für das System auf ein ertragbares Ausmaß reduziert, sondern auch für die Umwelt. Auch die Umwelt besitzt nur eine beschränkte Aufnahmekapazität für die Leistungen eines Systems. Darüber hinaus ist zu berücksichtigen, daß die Umwelt eines Systems teilweise durch Systeme gebildet wird, die wiederum eigene Selektionsregeln für die Aufnahme der Selektionsleistungen des betreffenden Systems besitzen. Ein Ministererlaß wird z. B. in den Verwaltungen soweit möglich nach eigenem Ermessen gedeutet und durchgeführt.

In einem zweiten Sinne reduziert ein System für seine Umwelt Komplexität dadurch, daß bei Abnahme seiner Leistungen mögliches Erleben und Handeln auf ein ertragbares Ausmaß eingeschränkt wird. Dadurch, daß das politische System aus der Menge möglicher Werte, Normen und bindender Entscheidungen eine endliche Menge selegiert, reduziert es für die Umwelt deren eigene Komplexität auf ein mehr oder weniger mit den Erfordernissen der Erwartungssicherheit und der Wählbarkeit des Handelns vereinbares Ausmaß. Die Reduktion der Komplexität kann auch hier mehr oder minder einschneidend sein. Sie mag so weit gehen, daß die Abnahme dieser Selektionsleistung nur noch durch Androhung und Anwendung von Zwang und Gewalt erreicht werden kann. Umgekehrt würde zu geringe Reduktion der Komplexität für die Umwelt das Erfordernis der Erwartungssicherheit so weit verletzen, daß Paralysierung des Handelns und Chaos die Folge wären. Das System würde in diesem Fall gar keine Leistungen für seine Umwelt erbringen und insofern sich selbst auch nicht erhalten. Um sich als funktional ausdifferenziertes und spezifiziertes Teilsystem der Gesellschaft erhalten zu können, müssen die Selektionsleistungen eines Systems von der Umwelt relativ zwanglos abgenommen werden. Zu diesem Zweck muß ein System den optimalen Punkt zwischen den beiden Extremen der Offenheit für die Komplexität der Umwelt und der Reduktion der Komplexität für sich und für die Umwelt erreichen.

Eine allgemeine Annahme der Systemtheorie betrachtet die Steigerung der Eigenkomplexität des sozialen Systems als eine Voraussetzung für die Herstellung einer solchen Beziehung zwischen System und Umwelt. Im Hinblick auf den Sonderfall der Legitimität des politischen Systems und seiner Selektionsleistungen können wir deshalb die weiteren Überlegungen in zwei Schritte unterteilen. Für die zwanglose Abnahme der Selektionsleistungen des politischen Systems durch seine Umwelt kommt es darauf an, daß es genügend offen ist für die Komplexität der Umwelt. Es muß aber andererseits auch fähig sein, diese Komplexität noch zu verarbeiten und durch Selektionen für sich und für die Umwelt zu reduzieren. Im Spannungsverhältnis zwischen diesen beiden Erfordernissen muß jedes politische System seine Lösung dieses Problems finden[42]. Auf der Seite der Umwelt muß andererseits genügend Vertrauen in die Offenheit des Selektionsleistungen erbringenden Systems bestehen, damit die Übertragung der Selektionen durch generalisierte Kommunikationsmedien sichergestellt wird. Das System muß also einerseits Komplexität durch Selektionen reduzieren, aber andererseits Vertrauen in seine Offenheit gegenüber der Komplexität der Umwelt erzeugen. In einem ersten Schritt wird im folgenden die Leistung dieses Vertrauens in die Offenheit des Systems untersucht. Im Sonderfall der Normselektion durch das politische System ist Vertrauen in die Offenheit der Normselektion die moderne Form des Legitimitätsglaubens. In einem zweiten Schritt müssen im Anschluß daran die weiteren Bedingungen herausgearbeitet werden, durch deren Erfüllung das politische System seine Eigenkomplexität steigern und das notwendige Vertrauen in seine Offenheit erzeugen kann. Die Merkmale, welche dabei herausgearbeitet werden, bilden den Code, innerhalb dessen politische Macht als generalisiertes Kommunikationsmedium des politischen Systems die Integration des politischen Systems mit seiner Umwelt herstellt.

3. Bedingungen der Funktionsfähigkeit politischer Macht als symbolisches und generalisiertes Kommunikationsmedium

3.1. Vertrauen in die Offenheit des politischen Systems

Unter den Bedingungen hoher Selektivität jeder Normsetzung in modernen Gesellschaften ist es nur noch das Vertrauen in deren prinzipielle Offenheit, das als empirische Legitimitätsgrundlage dienen kann. Was heute zeitlich, sachlich und sozial ausgeschlossen wird, kann morgen neu thematisiert und eventuell eingeschlossen werden. Das Ausgeschlossene ist prinzipiell nur vertagt. Der Zwang, der in jeder Selektion von Normsetzungen gegeben ist, wird dadurch gemildert, daß das ausgeschlossene Mögliche prinzipiell immer noch das mögliche Selegierte werden kann. Durch diese Kombination von Selektion und Offenheit können die hohen Risiken des Widerspruchs gegen jede Normsetzung und jede Verwendung politischer Macht zu ihrer verbindlichen Durchsetzung in modernen Gesellschaften ertragbar gemacht werden. Es ist dadurch beides möglich: empirische Geltung von Normen und Widerspruch gegen diese Normen. *Eine wichtige Funktion besitzt hierbei die Institutionalisierung spezifischer Widerspruchsrollen. Dadurch wird Widerspruch ermöglicht und trotzdem relative Stabilität der Geltung von Normen erreicht. Widerspruch ist in diesem Fall nicht mehr mit Widerstand oder Abweichung identisch, sondern mit Konformität vereinbar.*

Durch das genannte Vertrauen in die Offenheit der Normsetzung wird die Legitimität der Verwendung politischer Macht zur Durchsetzung von Normsetzungen in einem hohen Grade generalisiert. Das bedeutet, daß sie unabhängig gemacht wird von konkreten Motiven des Akzeptierens und Ablehnens, die sich aus den unterschiedlichen Wert-, Norm- und Interessenperspektiven der Mitglieder der verschiedensten Institutionen und sozialen Gruppierungen herausbilden. Diese können sich auf den inhaltlichen Wahrheitsanspruch der Normen, aber auch auf andere Aspekte beziehen. Die Akzeptierung einer Norm kann also im Einzelfall durchaus aufgrund ihres inhaltlichen Wahrheitsanspruches zustandekommen. Dieser könnte aber niemals zur Stabilisierung der Norm oder des gesamten Normensystems ausreichen. Die relative Stabilität eines durch politische Macht abgestützten Normensystems wird durch das Vertrauen in die hohe Offenheit einer Norm für unterschiedliche Motive der Akzeptierung und in die hohe Offenheit des Normensystems und des Systems der Normsetzung im Hinblick auf mögliche Alternativen erlangt. Die empirische Geltung von Normen ist dann nicht mehr auf bestimmte Motive des Akzeptierens angewiesen; sie kann sich auf sehr viele unterschiedliche und widersprüchliche Motive stützen[43]. Es ist aber auch möglich, Normen trotz gewichtiger Motive des Widerspruchs zu institutionalisieren. Das Vertrauen in die prinzipielle Offenheit der Normsetzung im Hinblick auf die potentielle Selektion des heute Ausgeschlossenen ist ein so weitgehend generalisierter Geltungsgrund der Abstützung eines Normensystems durch politische Macht, daß die Geltung von Normen auch gegen Widerspruch stabilisiert werden kann. Es ist die Stabilisierung der Erwartung, daß die durch eine Normenselektion zeitlich, sachlich und sozial ausgeschlossenen Normen prinzipiell eine Chance haben, ebenfalls oder anstelle einer gerade selegierten Norm noch selegiert zu werden, die gewährleistet, daß die Gründung von Normen auf politische Macht in ausreichendem Ausmaß Geltung erlangt. Die Geltung besitzt immer noch den Charakter der Vorläufigkeit; nur in dieser Vorläufigkeit und durch diese Vorläufigkeit kann die Geltung einer Norm noch stabilisiert werden.[44]

Diese Erwartung der Offenheit der Normselektionen bezieht sich jedoch nicht nur auf die Möglichkeit der Institutionalisierung einer bevorzugten Alternative für eine gerade geltende Norm. Eine Norm kann auch gegen Widerspruch institutionalisiert werden, wenn eine hinreichende Erwartbarkeit der Erwartung besteht, daß in anderen Fällen die Chance der Selektion bevorzugter Normen besteht.

Diese Art relativ zwangloser Institutionalisierung von Normen auch gegen Widerspruch kann sich wiederum auf eine reflexive Erwartung auf einer sehr hohen Abstraktionsstufe stützen. Es ist eine Erwartung, die sich auf Voraussetzungen der Erhaltung der Offenheit der Normselektion selbst bezieht. Infolge der hohen Selektivität jeder Normselektion in komplexen Gesellschaften ist Widerspruch gegen Normen nie zu vermeiden. Die Erwartung der Offenheit der Normsetzung im Hinblick auf das bislang Ausgeschlossene muß deshalb die weitere Erwartung einschließen, daß die zukünftige Selektion des bislang Ausgeschlossenen selbst mit ausreichender Tolerierung der Widersprechenden rechnen kann. Nur in diesem Falle ist die Erwartung der Offenheit der Normsetzung nicht nur bloße Fiktion. Wenn zukünftige Tolerierung zukünftiger Selektionen durch Widersprechende nicht erwartet werden kann, wird das heute Ausgeschlossene niemals zum morgen Selegierten gehören. Es besteht dann keine Offenheit der Normsetzung im Hinblick auf das noch Ausgeschlossene.

Diese Erwartung zukünftiger Duldung von Normselektionen durch Widersprechende ist ihrerseits nur stabilisierbar, wenn sie in Vergangenheit und Gegenwart auch tatsächlich genügend bestätigt wurde und für die Zukunft in dieser Hinsicht keine einschneidenden Veränderungen erwartet werden. Es muß also eine realistische Erwartbarkeit jener Erwartung bestehen. Die zugestandene oder verweigerte Tolerierung durch den heute Widersprechenden wirkt insofern selbst auf die Stabilisierung jener Erwartung zukünftiger Tolerierung ein. Jede Verweigerung der Duldung durch einen Widersprechenden vermindert die Erwartbarkeit der Erwartung zukünftiger Tolerierung und damit die Chancen des Widersprechenden selbst, in Zukunft für die von ihm bevorzugten Normselektionen ausreichende empirische Geltung zu erlangen. Wenn diese Erwartung selbst das Handeln eines Widersprechenden beeinflußt, kann sie zusätzlich die Duldung der Stabilisierung abgelehnter Normen durch politische Macht stützen und über dessen Handeln das Vertrauen in die zukünftige Tolerierung des zukünftig Selegierten durch Widersprechende und dadurch in die Offenheit der Normsetzung stützen. Sie trägt in diesem Falle selbst zur Stabilisierung der Offenheit der Normsetzung bei.

Wenn allerdings im umgekehrten Fall einmal diese Vertrauensbasis durchbrochen ist, kann eine Gesellschaft leicht in einen Circulus Vitiosus der Gewalt geraten. Mißtrauen hinsichtlich der Offenheit der Normsetzung und der zukünftigen Tolerierung der angestrebten Normselektionen durch andere Widersprechende veranlassen einen heute Widersprechenden zur Verweigerung der Duldung abgelehnter

Normselektionen. Er muß sich diesen unmittelbar widersetzen und trägt dadurch selbst zur Zerstörung des generellen Vertrauens in die Offenheit der Normsetzung bei. Dieser Vertrauensschwund führt nun weiterhin zu einer höheren Rate der Widersetzung gegen abgelehnte Normselektionen. Die Chance der Tolerierung von Normselektionen trotz Widerspruchs nimmt dadurch tatsächlich ab und bestätigt nachträglich das ursprüngliche Mißtrauen des Widersprechenden. Mißtrauen hinsichtlich der Offenheit von Normsetzungen kann insofern ungeachtet seiner Berechtigung in der Art von selbstbestätigenden oder selbstverstärkenden Erwartungen[45] die Rate der Tolerierung von abgelehnten Normselektionen vermindern und so die eigentliche Basis für generelles Mißtrauen in die Offenheit der Normsetzung schaffen.

Je weiter dieser Vertrauensschwund geht, um so mehr muß sich jede faktische und angestrebte Normselektion auf die Androhung und Anwendung von Zwang und Gewalt stützen. Der Charakter dieses höheren Grades der Androhung und Anwendung von Gewalt hängt dann vom Zugang der im Konflikt befindlichen Gruppierungen zu Mitteln der Gewalt ab. Es kann sich eine relativ geschlossene Form der Normselektion herausbilden, wenn die Verfügung über die Mittel der Gewaltanwendung bei einer Gruppierung mit einem einheitlichen Wertsystem zentralisiert ist. Möglich sind hier allerdings gewaltsame Auseinandersetzungen zwischen Fraktionen innerhalb dieser Gruppierung. Je mehr es aber unterschiedlichen Gruppierungen gelingt, Zugang zu Mitteln der Gewaltanwendung zu finden, z. B. Einfluß zu gewinnen auf Teile des Militärs, um so mehr wird eine Gesellschaft zerrissen sein durch den Kampf unversöhnlicher Gruppierungen. Die Tatsache, daß kaum eine Gesellschaft nicht zumindest Spuren dieser Art der gewaltsamen und eventuell durch ideologischen Zwang gestützten Normselektion aufweist, zeigt die hohe evolutionäre Unwahrscheinlichkeit der Ausbildung eines vertrauensmäßig gestützten offenen Systems der Normsetzung. Gesellschaften, die sich diesem Typus der Normselektion angenähert haben, enthalten ständig die Risiken eines potentiellen Vertrauensschwundes und des Abgleitens in die einfacheren Lösungen der Normselektion[46].

Das Vertrauen in die Offenheit der Normsetzung für das bislang nicht Selegierte und das darin eingeschlossene Vertrauen in die Tolerierung zukünftiger Selektionen durch Widersprechende erweisen sich insofern als mögliche Mechanismen der Stabilisierung von Normen unter den Bedingungen sehr hoher Selektivität der Normselektion, ohne sich allein auf die Androhung und Anwendung von Zwang und Gewalt stützen zu müssen. Dieses Vertrauen ist die Form des Legitimitätsglaubens, die unter den strukturellen Gegebenheiten moderner Gesellschaften die Funktionsfähigkeit *politischer* Macht zur Stabilisierung von Normsetzungen erhält.

Die genannte Form des Legitimitätsglaubens unterscheidet sich von anderen möglichen Formen dadurch, daß sie nicht die Akzeptierung des Wahrheitsanspruchs von Normen voraussetzen muß. Es fehlt der Normselektion infolge ihrer hohen Selektivität grundsätzlich die Selbstverständlichkeit, wie sie für einfache Gesellschaften typisch war. Vertrauen in die Offenheit der Normsetzung als empirischer Geltungsgrund der Abstützung von Normen durch politische Macht ist auch unabhängig von einem wertrationalen Glauben in die Legitimität eines bestimmten Wahrheitsanspruchs der Normen, welche die Normsetzung selbst regulieren. Es genügt die Erwartung, daß das gegenwärtig ausgeschlossene Mögliche eine ausreichende Chance besitzt, morgen das mögliche Selegierte zu werden.

Die Offenheit der Normsetzung ist insofern eine faktische Legitimitätsgrundlage von Normen, die nicht auf eine besondere Begründung angewiesen ist, um überhaupt wirksam zu sein. Die Individuen als Persönlichkeiten und als Mitglieder sozialer Teilsysteme und sozialer Gruppierungen mit ihren widersprüchlichen Werten, Normen und Interessen müssen nicht den Wahrheitsanspruch eines Systems der Normsetzung akzeptieren, sondern die Offenheit des Systems gegenüber den eigenen Präferenzen erwarten. Es ist weniger ein wertrationaler Glaube an die Legitimität der Verfahrensnormen des Normsetzungssystems[47] als vielmehr eine Erwartung von Chancen und das Vertrauen in die Realisierbarkeit dieser Chancen. Natürlich kann die Erwartung der Offenheit der Normsetzung im Einzelfall durch einen solchen Legitimitätsglauben gestützt werden. Es soll nur gesagt werden, daß die allgemeine faktische Geltung der durch politische Macht abgestützten Normen unter der Bedingung hoher Selektivität der Normselektion nur noch durch die Erwartung der Offenheit der Normsetzung für beliebige Präferenzen erreicht wird, gleichgültig wodurch diese weiter gestützt wird.

Eine solche Legitimitätsgrundlage ist sehr weit generalisiert und unabhängig von den jeweiligen konkreten Präferenzen der einzelnen Individuen und sozialen Gruppierungen[48]. Vertrauen in die Offenheit der Normsetzung als Grundlage faktischer Legitimität geht insofern über die Unterteilung in die Legitimitätsbegründung von Normen durch formell korrekte Satzung und die immanente Legitimität der Satzungsnormen selbst hinaus. Diese Unterteilung legt sehr leicht nahe, daß sich im Falle der legal-rationalen Herrschaft die Legitimität von Normen auf ihre formell korrekte Satzung durch Verfahren gründet, aber die Verfahrensnormen selbst eines materialen wertrationalen Glaubens an ihre Legitimität bedürfen. Die Satzungsnormen benötigen hier eine weitere nicht verfahrensmäßige Legitimation von außen, sofern man sich nicht in einen unendlichen Regreß oder in einen logischen Zirkel begeben will. In diesem Sinne betont z. B. Winckelmann, daß die Legitimität der Verfahrensnormen in einem wertrationalen Glauben begründet sein müßte[49]. Diese Deutung ist jedoch zu sehr an dem Modell der Begründung des Wahrheitsanspruches von Normen orientiert, das tatsächlich nicht dem Trilemma zwischen unendlichem Regreß, logischem Zirkel oder dogmatischem Abbruch entgehen kann[50]. Die relevante Frage ist jedoch nicht, wie sich Normen gegenüber Adressaten als solche begründen lassen, sondern welche Bedingungen erfüllt sein müssen, damit Normadressaten, bei hoher Selektivität der Normselektion, beliebige Verwendungen politischer Macht zur Durchsetzung von Normen ausreichend akzeptieren, dulden oder diesen mit Indifferenz begegnen. Der Begründungsfrage wird hier eindeutig die Frage nach den *empirischen* Bedingungen der Geltung von Normen vorgezogen, während bei Winckelmann beides nicht präzise genug getrennt wird. Habermas nimmt dies zum Anlaß, um beide Fragen unauflöslich miteinander zu vermischen[51].

Vertrauen in die Offenheit der Normsetzung erweist sich im Hinblick auf die Frage nach den empirischen Geltungsbedingungen von Normen als eine so weitgehend generalisierte Legitimitätsgrundlage, daß sie die Trennung in die Legitimation von Normen durch formell korrekte Satzung und die Legitimität der Verfahrensnormen selbst übergreift. Es ist die empirische Legitimitätsgrundlage beider Arten von Normen, der Satzungsnormen und der nach den Satzungsnormen gesetzten Normen. Sie ergibt sich aus der *legitimierten Verwendung politischer Macht*. Wird die Frage nach den empirischen Geltungsbedingungen von Normen in der angemessenen Allgemeinheit gestellt, dann muß sich nicht der Bruch in den Legitimitätsgrundlagen ergeben, wie dies bei Winckelmann der Fall ist. Die empirische Legitimitätsgrundlage ist weder das formelle Verfahren noch der Glaube an die materiale Legitimität der Verfahrensnormen, sondern viel allgemeiner das Vertrauen in die Offenheit der Normsetzung.

Wir fragen also, wie Normen empirische Geltung unter den Bedingungen hoher Selektivität der Normselektion ohne bloßen Zwang erlangen und antworten: durch Vertrauen in die Offenheit der Normsetzung. Auch hinsichtlich der Verfahrensnormen der Normsetzung können wir fragen, wie sie empirische Geltung unter den Bedingungen hoher Selektivität der Normselektion ohne bloßen Zwang erreichen, und wir antworten: durch Vertrauen in die Offenheit der Normsetzung.

Im Hinblick auf die Verfahrensnormen der Normsetzung ist darüber hinaus nicht nur die Frage ihrer Legitimität zu stellen, sondern die Frage, ob sie selbst als Tatsachen die Erwartbarkeit der Offenheit der Normsetzung empirisch stabilisieren können. Sie interessieren insofern nicht nur als zu *legitimierende Normen*, sondern auch als *empirische Bedingungen* der Bildung von Vertrauen in die Offenheit der Normsetzung. Nicht ihre *Legitimität* interessiert in diesem Fall, sondern ihre *Überlebensfähigkeit* unter gleichzeitiger Erhaltung sehr hoher Komplexität der Umwelt, und die Tatsache, daß nur solche Verfahrensnormen der Normsetzung in einer solchen Umwelt ohne „Vernichtung" ihrer Komplexität durch Zwang und Gewalt überleben können, die Vertrauen in die Offenheit der Normsetzung erwecken können[52].

Die Offenheit der Normsetzung hat sich soweit als diejenige Form des Legitimitätsglaubens erwiesen, die unter den strukturellen Gegebenheiten der hohen zeitlichen, sachlichen und sozialen Selektivität jeder Normselektion moderner Gesellschaften allein noch realisierbar ist, ohne sich zur Durchsetzung von Normen extensiv auf die Androhung und Anwendung von Gewalt stützen zu müssen. Wenn man so will, könnte man diese Offenheit als die Form von Demokratie bezeichnen, die in modernen Gesellschaften, bei allen darin enthaltenen Risiken, institutionalisierbar ist. Nicht der „Consensus Omnium" und auch nicht die „Entscheidung durch das Volk" sind ihre Merkmale, sondern die prinzipielle Offenheit von Verfahren der Normsetzung und Entscheidung in zeitlicher, sachlicher und sozialer Hinsicht gegenüber dem hohen Möglichkeitshorizont von Entscheidungen. Dieses in modernen Gesellschaften mögliche Verständis von Demokratie setzt Luhmann dem der Realität gegenüber blinden Festhalten am klassischen Begriff der Demokratie entgegen:

„Alle Entscheidungsprozesse sind selektive Reduktionen und laufen der Komplexität zuwider, suchen sie, im Automationsjargon, ‚zu vernichten'. Demokratie heißt demgegenüber Erhaltung der Komplexität trotz laufender Entscheidungsarbeit, Erhaltung eines möglichst weiten Selektionsbereichs für immer wieder neue und andere Entscheidungen. Darin hat Demokratie ihre Rationalität und ihre Möglichkeit: ihre Vernunft. Denn genau dies zeichnet den sinnvermittelten menschlichen Weltbezug aus, daß er zwar auf Leben beruht und deshalb von

Augenblick zu Augenblick entscheidend und handelnd gewählt werden muß, daß er aber das Nichtgewählte nicht ausmerzt, nicht definitiv unzugänglich macht, sondern im Horizont bleibender Möglichkeiten nur neutralisiert, inaktuell macht, aber aufhebt. In der spezifisch menschlichen Möglichkeit der Negation liegt unverzichtbare Vorläufigkeit – nämlich die Möglichkeit, auch Negationen wieder zu negieren. Das Gespräch mit der alteuropäischen Tradition läßt sich in diesem Rahmen fortsetzen: auch wir können den Menschen durch seinen Unterschied vom Tier (oder auch zeitgemäßer: von der Maschine) definieren, und auch wir können den Sinn und die Humanität der Politik in der Ermöglichung eines dem Menschen gemäßen Lebens finden. Nur müssen wir darauf achten, dafür Begriffe zu verwenden, die der veränderten gesellschaftlichen Lage und ihren reicheren Möglichkeiten entsprechen, also auf jeden Fall abstrakter sind."[53]

3.2. Relative Autonomie und Offenheit des politischen Systems

Vertrauen in die Offenheit der Normsetzung für das bislang nicht Selegierte hat sich soweit als eine Voraussetzung der legitimierten Verwendung politischer Macht zur Stabilisierung von Normen gegen Widerstrebende unter Bedingungen hoher Selektivität der Normselektion erwiesen. Auf Dauer läßt sich ein solches Vertrauen sicherlich nur durch ein ausreichendes Maß faktischer Offenheit und Eigenkomplexität stabilisieren. Die Frage ist nun, durch welche strukturellen Eigenschaften diese Offenheit und Eigenkomplexität der Normsetzung erreicht werden kann. Als Antwort auf diese Frage lassen sich eine Reihe von Struktureigenschaften nennen, die eine spezifische Verbindung untereinander eingehen müssen[54].

Zunächst muß sich die Normsetzung und politische Entscheidung von anderen Institutionen differenzieren und relativ autonom werden[55]. Erst dadurch, daß sie nicht mehr ein unmittelbarer Ausfluß religiöser Weltdeutungen, ökonomischer Interessen, wissenschaftlicher Wahrheitsfindung und dgl. sind, also von der Religion, der Wirtschaft, der Wissenschaft getrennt werden, können sie auch offen sein für das hohe Ausmaß alternativer Selektionen unter Werten, Normen und Entscheidungen in modernen Gesellschaften.

Die *Generalisierung des identitätsbildenden Wertes* der Institutionen der Normsetzung und politischen Entscheidung im politischen System als Selektion gesamtgesellschaftlich verbindlicher Normsetzungen und Entscheidungen und die ausschließliche funktionale Spezifizierung im Hinblick auf diesen Wert ist wiederum eine Voraussetzung der Stabilisierung dieser Verbindung von relativer Autonomie und Offenheit[56]. Die Selektion verbindlicher Normen und Entscheidungen ohne weitere inhaltliche Qualifizierung als genereller Wert des politischen Systems erlaubt einerseits die Abgrenzung gegenüber den Wertorientierungen der Religion, der Wirtschaft oder Wissenschaft und sie ist andererseits so allgemein, daß dadurch prinzipiell keine möglichen Werte und Normen von vornherein ausgeschlossen werden.

Die Selektion verbindlicher Normen und Entscheidungen ist ein so weit generalisierter Wert, daß aus ihm keinesfalls deduziert werden kann, welche Selektionen von Normen und Entscheidungen getroffen werden sollen. Dies muß durch die Institutionalisierung von Verfahrensregeln der Norm- und Entscheidungsselektion geleistet werden[57]. Diese Verfahrensregeln können ihrerseits mehr oder weniger Offenheit der Selektion von Normen und Entscheidungen gewährleisten. Den Verfahrensregeln wird dabei die ganze Last der Kombination der beiden widersprüchlichen funktionalen Erfordernisse von Normsetzungen und Entscheidungen in modernen Gesellschaften aufgebürdet. Sie müssen einerseits zur verbindlichen Selektion von Normen und Entscheidungen führen, also sehr viele Alternativen ausschließen, aber trotzdem die prinzipielle Offenheit und Unabgeschlossenheit der Normselektion erhalten.

Auch die Lösung des zuletzt genannten Problems des Normsetzungsverfahrens ist durch eine eigenartige Verbindung von relativer Autonomie und Offenheit zu erreichen. Es handelt sich hierbei um eine spezifische Form von strukturellem Pluralismus, der die Normsetzung und politische Entscheidung charakterisiert. Ohne Anspruch auf Ausschließlichkeit mag man prinzipiell folgende Wertgesichtspunkte unterscheiden, an denen sich Normsetzung und politische Entscheidung orientieren können: Materiale Wertsysteme, Interessenartikulationen, verwaltungsmäßige Realisierbarkeit (Konsistenz zwischen Entscheidungsprogrammen, ihrer Rechtmäßigkeit, Wirtschaftlichkeit und Ausführbarkeit)[58], Tatsachenwissen. In dem Maße, in welchem die Normsetzung und politische Entscheidung ein unmittelbarer Ausfluß aus Wertsystemen, Interessenartikulationen, Tatsachenwissen oder Gesichtspunkten verwaltungsmäßiger Realisierbarkeit wäre, könnte sie nicht mehr offen sein gegenüber den jeweiligen Alternativen. Da die Umwelt des politischen Systems nicht einheitlich ist, würde die vollständige Offenheit gegenüber einem Umweltausschnitt gerade die Offenheit gegenüber den anderen Umweltausschnitten ausschließen. In komplexen Umwelten kann deshalb ein System nur dann gegenüber allen Umweltausschnitten offen sein, wenn es gegenüber jedem einzelnen Autonomie bewahrt.

Jeder der genannten Wertgesichtspunkte, die auf die Normsetzungen einwirken können, besitzt seine eigene institutionelle Basis in Gestalt spezifischer Rollen, die an ihrer Realisierung orientiert sind. Die Bestimmung der Normsetzung und politischen Entscheidung durch einen spezifischen Wertgesichtspunkt müßte demgemäß zu einer Herrschaft der entsprechenden Rollenträger führen. Die Dominanz materialer Wertsysteme hätte eine Art Priester- oder Intellektuellenherrschaft zur Folge[59], die Dominanz von Interessenartikulationen eine Herrschaft von Interessengruppen[60], die Dominanz verwaltungsmäßiger Realisierbarkeit eine Beamtenherrschaft[61], die Dominanz des Tatsachenwissens eine Herrschaft der Wissenschaftler bzw. Technokraten[62]. In jeder Gesellschaft sind tatsächliche Elemente all dieser Erscheinungsformen der Dominanz spezifischer Wertgesichtspunkte und Institutionen zu beobachten. Je größer das Ausmaß der Dominanz einer dieser Institutionen, um so geringer ist die Offenheit der Normsetzung und politischen Entscheidung für die Wertgesichtspunkte der anderen Institutionen.

Um diese Offenheit zu erreichen, muß die Normsetzung und politische Entscheidung genügend Autonomie besitzen, um sich prinzipiell den Ansprüchen jeder dieser Institutionen widersetzen zu können. Bewahrung der Autonomie gegenüber jeder dieser Institutionen ist die Voraussetzung für die Offenheit gegenüber den jeweils anderen Institutionen. Nur wenn die Normsetzung und politische Entscheidung nicht unmittelbarer Ausfluß materialer Wertsysteme ist, kann sie sich auch von anderen Wertsystemen, von Interessenartikulationen, von Gesichtspunkten verwaltungsmäßiger Realisierbarkeit oder von Tatsachenwissen beeinflussen lassen, die eine Umorientierung der Selektion von Normen und Entscheidungen zur Folge hätten. Dieselbe Unabhängigkeit muß jedoch auch gegenüber jenen anderen Institutionen bestehen, um prinzipielle Offenheit für die Wertgesichtspunkte aller Institutionen zu erhalten. Insofern darf die Normsetzung und politische Entscheidung auch nicht unmittelbar von Interessenartikulationen, Gesichtspunkten verwaltungsmäßiger Realisierbarkeit oder von Tatsachenwissen dominiert werden.

3.2.1. Ein Beispiel: Die Beziehung zwischen dem politischen und dem wissenschaftlichen System

Man kann die dargestellte Problematik beispielhaft vertiefen an der Beziehung zwischen den Wertgesichtspunkten der Begründung von Wertsystemen und der Erstellung von Tatsachenwissen, die an der Wahrheitssuche orientiert ist. Mit einer Systematisierung der Überlegungen von Max Weber zum Verhältnis von Tatsachenerkenntnis und Wert- bzw. Normbegründung ist es möglich, die prinzipielle Unvereinbarkeit dieser beiden Wertgesichtspunkte nachzuweisen[63]. Dadurch ergeben sich für unterschiedliche Institutionalisierungen der beiden Wertgesichtspunkte jeweils spezifische Folgeprobleme. Dies soll im einzelnen dargestellt werden.

3.2.1.1. Der Widerspruch zwischen dem Wert der Normbegründung und dem Wert der Wahrheitssuche

Um den Widerspruch zwischen Normbegründung und Wahrheitssuche zunächst auf der Ebene von Systemen normativer und kognitiver Sätze zu erläutern, gehe man von zwei normativen Sätzen aus, die beispielhaft als ein Normensystem oder als ein Teil eines Normensystems gelten können und eine Konjunktion bilden. Die Konjunktion der beiden normativen Sätze drückt folgendes aus:

(1) (a) Alle Gesellschaften sollen die Produktion an ihre Bedürfnisse nach einem gesellschaftlichen Plan anpassen, und
  (b) keine Gesellschaft soll über hohe Machtkonzentration verfügen.

Wenn nun das System aus diesen beiden normativen Sätzen Verbindlichkeit beanspruchen soll, dann muß es insoweit widerspruchsfrei sein, als die Realisierung der einen Norm die Realisierung der anderen Norm nicht ausschließt. Anderenfalls kann es als Ganzes nicht Verbindlichkeit beanspruchen, es könnte nur noch einer der beiden normativen Sätze verbindlich sein. Die Verbindlichkeit des einen würde gerade die Ausschließung der Verbindlichkeit des anderen Satzes implizieren.

Ein solcher Widerspruch entsteht nun, wenn dem normativen Satz (1) eine Tatsachenaussage folgenden Inhalts hinzugefügt wird:

(2) Für alle Gesellschaften gilt: Wenn sie die Produktion durch gesellschaftliche Planung an die Bedürfnisse anpassen, dann entwickeln sie eine hohe Machtkonzentration.

Dieser Satz kann auf folgende sogenannte konjunktive Normalform gebracht werden:

(2a) Für alle Gesellschaften gilt: Es ist nicht der Fall, daß sie die Produktion an die Bedürfnisse durch gesellschaftliche Planung anpassen und keine hohe Machtkonzentration besitzen.

Durch die Anwendung eines Brückenprinzips, das einen Schluß vom Nicht-Können auf das Nicht-Sollen zuläßt, ist daraus der Satz (2b) ableitbar[64]:

(2b) Es ist nicht der Fall, daß alle Gesellschaften ihre Produktion durch gesellschaftliche Planung an die Bedürfnisse anpassen sollen und über keine hohe Machtkonzentration verfügen sollen.

Dieser Satz (2b) steht nun im offenen Widerspruch zum Satz (1), da er zurücknimmt, was dieser fordert.

Symbolisiert lassen sich diese Schritte wie folgt wiedergeben:

(1)   ! $(p \cdot -q)$
(2) $p \rightarrow q$
(2a) $- (p \cdot -q)$
(2b) $-!(p \cdot -q)$

Werden die hierbei angewendeten Regeln der Logik sowie das Brückenprinzip akzeptiert, dann bestehen prinzipiell nur zwei Möglichkeiten der Auflösung des aufgezeigten Widerspruchs. Entweder wird mindestens eine der beiden Normen preisgegeben, also die eine der anderen untergeordnet, oder es wird die Wahrheit der Tatsachenaussage (2) geleugnet.

Es ist allerdings völlig unwahrscheinlich, daß ein System mehrerer normativer Sätze gebildet werden kann, dem sich nicht in beliebiger Zahl auf die geschilderte Art wahre Tatsachenaussagen hinzufügen lassen, aus denen solche Widersprüche entstehen. Dies gilt um so mehr, je vielfältiger die faktischen Folgen der Realisierung spezifischer Normen sind, was in ganz besonderem Ausmaß auf moderne Gesellschaften mit ihrer hohen Komplexität zutrifft. Die Realisierung einer Norm hat hier so viele Folgen, daß dadurch mit der größten Wahrscheinlichkeit Tatbestände mit realisiert werden, die von anderen Normen ausgeschlossen werden.

Sofern man die hierbei auftretenden Tatsachenaussagen über die Folgen von Normsetzungen akzeptiert, kann es überhaupt nicht mehr gelingen, ein Normensystem als verbindlich zu begründen, da es unweigerlich eine Vielzahl von Widersprüchen enthalten muß. Die Beseitigung der Widersprüche durch Preisgabe von Normen könnte überdies kaum mit dem Auftreten neuer Widersprüche schritthalten und müßte vor allem vielen eigentlich berechtigten Normen Zwang antun, indem sie ausgeschlossen werden.

Wird der andere Lösungsweg, die Leugnung der Wahrheit der entsprechenden Tatsachenaussagen über die Folgen von Normsetzungen, gewählt, dann impliziert dies notwendigerweise, daß sehr viele wahre Tatsachenaussagen abgelehnt werden müssen. Von den möglichen Tatsachenaussagen über die Folgen von Normsetzungen muß auf jeden Fall ein beträchtlicher Teil auch tatsächlich wahr sein.

In diesen beiden Lösungsstrategien des speziellen Widerspruchs in einem Wertsystem kommt nun exemplarisch ein genereller Widerspruch zwischen verbindlicher Normbegründung und wahrheitsorientierter Tatsachenerkenntnis zum Ausdruck. Wir stehen hier prinzipiell vor demselben Problem, wie bei dem vorangehenden Beispiel eines Normensystems, nur auf einer neuen Stufe der Problemstufenordnung. Verbindliche Normbegründung und wahrheitsgemäße Tatsachenerkenntnis bilden selbst zwei Normen eines Normensystems, die sich in folgender Konjunktion zweier normativer Sätze ausdrücken lassen, wenn die Wissenschaft als Adressat der Forderungen betrachtet wird.

(1) Die Wissenschaft soll Normsysteme als verbindlich begründen und die Wissenschaft soll unbeschränkt Tatsachenerkenntnis vermitteln.

Der Widerspruch entsteht auch hier durch eine Tatsachenaussage folgender Art:

(2) Wenn die Wissenschaft unbeschränkt Tatsachenerkenntnis vermittelt, dann unterbindet sie die Verbindlichkeit beliebiger Normensysteme, und wenn die Wissenschaft Normensysteme als verbindlich begründet, dann beschränkt sie die Tatsachenerkenntnis.

Ist eine einzige Institution, also z. B. die Wissenschaft, Adressat der Normen, dann gibt es auch in diesem Fall nur die beiden Lösungsmöglichkeiten der Preisgabe mindestens einer Norm oder der Leugnung der Wahrheit der entsprechenden Tatsachenaussage (2). Geht man jedoch von deren Wahrheit aus, was bedeutet, daß man die hier bislang vorgetragene Argumentation akzeptiert, dann muß mindestens eine Norm der anderen geopfert werden. Soll die Wissenschaft verbindliche Normbegründung geben, dann kann sie keine uneingeschränkte wahrheitsorientierte Tatsachenforschung leisten, soll sie auf uneingeschränkte wahrheitsorientierte Tatsachenforschung abzielen, dann kann sie nicht mehr verbindliche Normensysteme legitimieren.

Bis an diese Schwelle konnte allein durch logische Analyse der Eigenschaften von Systemen normativer Sätze gezeigt werden, daß ein Widerspruch zwischen Normbegründung und Wahrheitssuche besteht. Eine Betrachtung über die Struktureigenschaften moderner Gesellschaften ergänzt diese logische Analyse. Die Tatsache der sehr hohen Komplexität der Interaktions-, Kollektiv-, Wert- und Interessenstrukturen in modernen Gesellschaften läßt jenen generellen Widerspruch besonders wirksam werden. In diesen Gesellschaften sind die negativen Folgen von Normensetzungen unübersehbar vielfältig[65]. Wenn man nun die Analyse vollends auf die soziologische Ebene verlagert, dann ergibt sich daraus eine Reihe schwieriger Probleme.

3.2.1.2. Die Dominanz eines Wertes als institutionelle Lösung des Widerspruchs

Wird in der Gesellschaft die Funktion der Normbegründung und der Wahrheitssuche ungetrennt *einer* Institution, also z. B. der Wissenschaft, übertragen, dann läßt der aufgezeigte Widerspruch für die Gesellschaft nur die Wahl zwischen dogmatischer

Erstarrung oder völliger Orientierungslosigkeit und Entscheidungsunfähigkeit zu, je nachdem, welchem der beiden Werte tatsächlich die Dominanz zufällt. Im ersten Fall muß sie die Komplexität und Widersprüchlichkeit der Interaktionen, Kollektive, Werte und Interessen vereinfachen. Man kann sich leicht vorstellen, daß dies ohne ein außerordentliches Maß an Zwang für die Mitglieder einer Gesellschaft nicht möglich ist. Im zweiten Fall ist die Gesellschaft hilflos diesen Widersprüchlichkeiten ausgeliefert, ein höchst labiler Zustand, der zum Auseinanderbrechen unversöhnlicher Gruppierungen oder zur Vorherrschaft eines neuen Dogmatismus führen muß.

Der Wissenschaft in der geschilderten Form die Funktion der Normenbegründung und Tatsachenerkenntnis zu übertragen, impliziert außerdem noch die Einverleibung weiterer davon prinzipiell trennbarer Funktionen, zumindest derjenigen der politischen Entscheidung, der Gewinnung politischer Unterstützung, der Artikulation von Werten und Interessen durch gesellschaftliche Gruppierungen und der verwaltungsmäßigen Realisierbarkeit. Eine normbegründende Wissenschaft müßte sich ihrem Anspruch nach unmittelbar in politische Entscheidung umsetzen lassen.

Begründet die Wissenschaft Werte und Normen als verbindlich, dann erübrigt sich überhaupt eine davon getrennte Entscheidung über die Realisierung von Werten und Normen. Sobald ein Wert oder eine Norm als wissenschaftlich begründet gilt, ist nicht mehr einzusehen, warum sich politische Entscheidungen *nicht* daran orientieren sollten. Politische Entscheidungen sind bei einer solchen Institutionalisierung des Verhältnisses von Wissenschaft und Politik nur noch ein Ausfluß wissenschaftlicher Normbegründung. Politische Entscheidungen werden durchgängig durch die Wissenschaft *legitimiert*.

Eine weitere Folge davon betrifft die Möglichkeit der Artikulation von Werten und Interessen durch die verschiedensten Gruppierungen von Mitgliedern der Gesellschaft. Eine verbindliche Normbegründung muß natürlich auch Bestimmungen darüber enthalten, welche dieser Werte und Interessen im Lichte der Wissenschaft einen Anspruch auf Berücksichtigung besitzen und welche nicht. Sind politische Entscheidungen ein Ausfluß wissenschaftlicher Normbegründung, dann können sie sich nicht selbständig auch an Wert- und Interessenartikulationen verschiedener Gruppierungen von Mitgliedern der Gesellschaft orientieren. Dies müßte schon eine relative Autonomie politischer Entscheidungen gegenüber der wissenschaftlichen Normbegründung insofern voraussetzen, als sie sich nicht in jedem Falle nach den wissenschaftlichen Normbegründungen zu richten hätten.

Ergebnis einer Vereinigung von Wahrheitssuche und Normbegründung in der Wissenschaft ist also die zusätzliche Bestimmung über politische Entscheidungen sowie über Wert- und Interessenartikulationen gesellschaftlicher Gruppierungen durch die Wissenschaft. Mehrere unterschiedliche Funktionen werden hierbei in einer Institution vereinigt. Dadurch treten weitere Widersprüche auf.

Sofern politische Entscheidungen auf die Gewinnung politischer Unterstützung angewiesen sein sollen und Wert- bzw. Interessenartikulationen die Wünsche und Bedürfnisse gesellschaftlicher Gruppierungen zum Ausdruck bringen, dann können auch diese im Widerspruch zur wissenschaftlichen Normbegründung stehen. Eine wissenschaftlich als verbindlich legitimierte Norm muß nicht notwendigerweise politische Unterstützung gewinnen oder mit allen Wert- und Interessenartikulierungen gesellschaftlicher Gruppierungen übereinstimmen. Erhebt man den Anspruch, daß die Wissenschaft Normen als verbindlich begründen kann, ist die Lösung dieser Widersprüche nur noch durch die Unterordnung der politischen Entscheidung, der Gewinnung politischer Unterstützung und der Wert- bzw. Interessenartikulation gesellschaftlicher Gruppierungen unter die wissenschaftliche Wertbegründung möglich, ebenso wie auch die Wahrheitssuche dieser geopfert werden muß.

Daraus entsteht ein geschlossenes Modell der Normbegründung und Normimplementierung. In diesem kann weder Rücksicht genommen werden auf die Kritik durch Tatsachenerkenntnis über negative Folgen der Entscheidungen, noch auf die Chance der Gewinnung politischer Unterstützung, noch auf die Artikulation von Werten und Interessen gesellschaftlicher Gruppierungen. Es ist eine geschlossene Gesellschaft, in welcher die Widersprüchlichkeit dieser unterschiedlichen Funktionen dadurch gelöst wird, daß der Anspruch der Wissenschaft, Normen als verbindlich zu begründen, zu deren Dominanz über die anderen Funktionen führt.

Politisches Handeln ist in einer solchen Gesellschaft *gesinnungsethisch* orientiert[66]. Dessen verbindliche Legitimation durch die Wissenschaft macht es blind gegenüber negativen Folgen, zumal die hierzu notwendige Unabhängigkeit der Tatsachenerkenntnis von der Normbegründung fehlt. Das Verhältnis des wissenschaftlich legitimierten politischen Handelns zu dessen Adressaten ist dementsprechend typisch kein offenes, das die Werbung um Unterstützung voraussetzt, sowie die Kontrolle und unabhängige Wert- und Interessenartikulation durch die Adressaten zuläßt. Es ist vielmehr ein Verhältnis der Belehrung, Erziehung und Führung der Adressaten durch die wissenschaftlich legitimierte Politik.

Ein paradigmatischer Fall dieser Institutionalisierung der gesinnungsethischen Unterordnung von Tatsachenerkenntnis, Gewinnung politischer Unterstützung und Wert- bzw. Interessenartikulation unter die Normbegründung durch die Wissenschaft ist die Partei Leninschen Typs. Durch die Erkenntnis der Entwicklungsgesetze der Gesellschaft mit Hilfe der Wissenschaft des Marxismus-Leninismus begründet sie explizit ihren Anspruch, als Avantgarde das Proletariat und im Sozialismus alle Mitglieder der Gesellschaft zu *erziehen* und zu *führen*[67].

Alles, was bisher über die Konsequenzen der Vereinigung der genannten widersprüchlichen Funktionen in einer Institution ermittelt wurde, legt zumindest nahe, die Ursache dafür zu einem gewichtigen Anteil im Anspruch der marxistischen Theorie zu suchen, Wahrheitssuche und Normbegründung zu vereinigen[68]. Eine Bedeutungsvariante der Vereinigung von Theorie und Praxis ist die Fusion der genannten Funktionen von Normbegründung, Wahrheitssuche, Gewinnung politischer Unterstützung und Wert- bzw. Interessenartikulation durch gesellschaftliche Gruppierungen.

Das soweit dargestellte Modell der Wertbegründung durch Wissenschaft entspricht sehr präzise dem platonischen Modell einer Herrschaft der Philosophenkönige[69]. Man könnte sich dieser Konsequenz nur durch die vollkommene Laisierung der Wissenschaft entziehen. Angesichts der hochkomplexen Realität und der ebenso komplexen wissenschaftlichen Instrumentarien ist dies allerdings nicht einmal mehr als eine Utopie ernstzunehmen.

Gegenüber der Komplexität der Realität sind gerade auch die Erkenntnismöglichkeiten der Sozialwissenschaft äußerst begrenzt, immer nur Fachwissen. Vor allem aber kann sie mit dem Anspruch auf verbindliche Normbegründung zugleich die ebenso berechtigten Funktionen der Tatsachenerkenntnis, der politischen Entscheidung, der Gewinnung politischer Unterstützung und der unabhängigen Artikulation von Werten und Interessen durch gesellschaftliche Gruppierungen nicht erfüllen. Bevorzugt sie andererseits die Tatsachenerkenntnis, dann kann sie ebenso nicht zugleich die anderen Funktionen erfüllen. Dies bedeutet jedoch, daß der gesellschaftliche Führungsanspruch der Sozialwissenschaft oder der Gesellschaftstheorie in Wirklichkeit nicht eine Herrschaft von Philosophenkönigen, sondern im Verhältnis zur gesellschaftlichen Komplexität eine Herrschaft von Dilettanten hervorbringen müßte.

Nach diesen Überlegungen ist auf die Frage, welche Folgen sich in einer hochkomplexen Gesellschaft aus der Übertragung von Normbegründung und Wahrheitssuche auf *eine* Institution, nämlich die Wissenschaft, ergeben, folgende zusammenfassende Antwort zu geben: Der Widerspruch der Normbegründung zur Wahrheitssuche und weiterhin zur politischen Entscheidung, zur Gewinnung politischer Unterstützung sowie zur Wert- und Interessenartikulation durch gesellschaftliche Gruppierungen kann nur noch durch die Unterordnung aller dieser Werte unter einen Wert gelöst werden.

Erhält die Normbegründung Dominanz, dann führt dies zur dogmatischen Erstarrung in einer geschlossenen Gesellschaft, die ein hohes Maß an Zwang benötigt, um überhaupt integrationsfähig und stabil zu bleiben. Die Dominanz der Wahrheitssuche bedeutet demgegenüber Entscheidungsunfähigkeit und damit äußerst hohe Instabilität. Die Gewinnung politischer Unterstützung als vorherrschender Wert treibt die darin enthaltene Offenheit zum steuerungslosen reinen Opportunismus und unterminiert ebenfalls die Entscheidungsfähigkeit. Die Vorherrschaft der Wert- und Interessenartikulation gesellschaftlicher Gruppierungen läßt die Gesellschaft schließlich auseinanderbrechen, da sie diese nicht mehr zur Integration bringen könnte. Ist die politische Entscheidung völlig unabhängig von den anderen Werten, dann ist reiner Dezisionismus die Folge. Verwaltungsmäßige Realisierbarkeit als dominanter Wertgesichtspunkt führt zur Herrschaft der Bürokratie.

3.2.1.3. Die Institutionalisierung widersprüchlicher Werte durch ihre institutionelle Trennung und Verflechtung

Die Frage, die sich angesichts dieser Problemlage aufdrängt, ist nun, ob es überhaupt eine Lösung der aufgezeigten Widersprüche geben kann, welche diesen Konsequenzen entgeht. Offensichtlich müssen in komplexen Gesellschaften alle genannten Funktionen zugleich erfüllt werden, ohne daß eine davon dauerhaft über die andere dominiert, sofern sie sowohl Offenheit als auch Entscheidungs- und Integrationsfähigkeit erhalten wollen. Die Frage ist also, wie es gelingen kann, widersprüchliche Werte bzw. Funktionen in einer Gesellschaft so zu institutionalisieren, daß sie alle zugleich erfüllt werden können und die Gesellschaft dadurch Offenheit, Entscheidungs- und Integrationsfähigkeit erreicht.

Grundsätzlicher ist zu fragen, ob dies überhaupt möglich ist. Die bislang aufgezeigten Lösungswege sind auf jeden Fall wesentlich wahrscheinlicher und dementsprechend häufiger realisiert worden. Ob ein solcher Balanceakt zwischen widersprüchlichen Werten in einer Gesellschaft gelingt, ist sicherlich äußerst unwahrscheinlich und dort, wo Annäherungen vorhanden sind, ständig von Abweichungen begleitet und durch den Absturz in die einfacheren Lösungen bedroht.

Eine komplexe Gesellschaft, welche solche widersprüchlichen Werte institutionalisieren will, muß diese institutionell trennen, aber auch wieder zueinander in Beziehung setzen, da sie andernfalls entsprechend der institutionellen Trennung auseinanderfallen würde. Zunächst bedeutet dies, daß Normbegründung, Wahrheitssuche, politische Entscheidung, Gewinnung politischer Unterstützung und Wert- bzw. Interessenartikulation auseinandergezogen und voneinander unabhänig gemacht werden. Für die Wissenschaft heißt dies, sich auf wahrheitsorientierte Tatsachenerkenntnis zu beschränken, daraus aber auch an Stärke zu gewinnen, da sie die Tatsachenerkenntnis weder der Normbegründung, noch den Erfordernissen politischer Entscheidung, noch der Gewinnung politischer Unterstützung, noch den Wert- und Interessenartikulationen gesellschaftlicher Gruppierungen, noch der verwaltungsmäßigen Realisierbarkeit opfern muß.

Die Wissenschaft gewinnt in dieser Hinsicht gegenüber den anderen Institutionen relative Autonomie. Das gleiche muß aber auch für die Institutionen der Wertbegründung, politischen Entscheidung, Gewinnung politischer Unterstützung und Wert- bzw. Interessenartikulation gelten.

Andererseits steht die Wissenschaft zu den anderen Institutionen gerade dadurch in einem kritischen Verhältnis, aber eben auch nur in einem kritischen Verhältnis und nicht in einem solchen der Überordnung oder der Begründung.

Normbegründungen, Wert- und Interessenartikulationen gesellschaftlicher Gruppierungen, Gewinnung politischer Unterstützung und vor allem politische Entscheidungen müssen zu diesem Zweck ihrerseits soweit offen sein, daß sie dieser Kritik durch Tatsachenerkenntnis ihrer Folgen zugänglich sind, ohne aber ihr völlig unterworfen zu sein[70].

Politische Entscheidungen sind in diesem Falle durch wissenschaftliche Tatsachenaussagen kritisierbar, besitzen aber insofern relative Autonomie, als sie diese nicht notwendigerweise übernehmen müssen. Politische Entscheidungen können sich dadurch auch an der Möglichkeit, durch bestimmte Maßnahmen politische Unterstützung zu gewinnen bzw. zu verlieren, an konkurrierenden Wertsystemen sowie an Wert- und Interessenartikulationen gesellschaftlicher Gruppierungen orientieren. Auf alle diese Werte muß der Wissenschaftler in seiner allein der Tatsachenerkenntnis verpflichteten Arbeit keine Rücksicht nehmen.

Politische Entscheidungen müssen hingegen unter bestimmten Umständen entgegen den Aussagen der Wissenschaft getroffen werden können, wenn sie gegenüber den anderen Institutionen offen bleiben wollen. Dasselbe gilt aber auch in anderer Richtung; die Kritik durch Tatsachenerkenntnis der Wissenschaft kann zum Anlaß genommen werden, um Wertorientierungen umzustoßen, die Berücksichtigung gesellschaftlicher Wert- und Interessenartikulationen neu zu verteilen sowie die Gewinnung politischer Unterstützung mit neuen Programmen zu versuchen. Die Institution der politischen Entscheidung ist dadurch offen gegenüber den Institutionen der Wahrheitssuche, Wertbegründung, Wert- und Interessenartikulation, politischen Unterstützung und verwaltungsmäßigen Realisierbarkeit, daß sie von keiner dieser Institutionen beherrscht wird, also relative Autonomie ihnen gegenüber besitzt[71].

Das politische System besitzt in diesem Falle eigene Regeln dafür, wie es Umweltkomplexität aufnimmt und verarbeitet. Es reduziert dadurch die Umweltkomplexität auf ein ertragbares Ausmaß. Regeln der Aufnahme von Umweltkomplexität werden durch Rollen des politischen Systems institutionalisiert, die von Repräsentanten der Umwelt übernommen werden müssen, um die Wert- und Interessengesichtspunkte von Teilen der Umwelt in das politische System übertragen zu können[72]. Der Wissenschaftler muß die Rolle des Beraters oder des angehörten Experten oder des Kritikers in der Öffentlichkeit übernehmen. Er kann in diesen Rollen zwar die Folgen und Nebenfolgen von politischen Entscheidungen, wie etwa die Folgen und Nebenfolgen der Institutionalisierung eines neuen Familienrechts, beliebig aufzeigen, darf aber nicht erwarten, daß sich z. B. die planende Ministerialbürokratie an seine Analyse hält. Auch dann, wenn sie sich auf diese stützt, kann sie dies in freiem Ermessen tun, solange sie nicht dadurch die Durchsetzung von Gesetzen gefährden würde. Sie kann die Aussagen des Wissenschaftlers so deuten, daß sie sich in ihren eigenen Bezugsrahmen einfügen.

Ähnliches gilt auch für andere Rollen, welche die Aufnahme von Umweltkomplexität in das politische System regeln, z. B. für die Rollen des Wählers, des Interessenvertreters, des Antragstellers usw. Das politische System nimmt nur soviel Umweltkomplexität auf, wie sich über diese Rollen in das System übertragen läßt. Was nicht über diese Rollen vermittelt werden kann, wird nicht wahrgenommen. Umweltkomplexität wird dadurch von dem System immer in einem gewissen Ausmaß für sich selbst in der Wahrnehmung reduziert. Je mehr dies allerdings der Fall ist, um so größer ist die Gefahr, daß das politische System gewaltsam durch die von ihm nicht wahrgenommene Umweltkomplexität übermächtigt wird, sofern es sich nicht selbst durch erhöhte Gewaltandrohung behaupten kann. Es häufen sich dann Formen der Einwirkung auf politische Entscheidungen, die außerhalb der institutionalisierten Rollenstruktur liegen; diese Formen der Einwirkung auf politische Entscheidungen reichen vom wilden Streik bis zum Militärputsch[73]. Eine alternative Folge der unzureichenden Aufnahme von Umweltkomplexität wäre die Entdifferenzierung der Gesellschaft. Politische Entscheidungen, Güter, Wissen oder Rechtsfindung verlagern sich in diesem Fall teilweise aus einem funktional ausdifferenzierten Teilsystem in dessen Umwelt und sind dann diffus über die gesamte Gesellschaft verstreut[74].

Ein relativ autonomes und offenes politisches System verfügt demgemäß über spezifische Publikumsrollen, die dessen Außenverkehr mit der Umwelt regeln. Nachdem über diese Rollen Umweltkomplexität in das System Eingang gefunden hat, wird diese wiederum nach eigenen Kriterien verarbeitet. Ein solches Kriterium kann z. B. für die Parteipolitik die Gewinnung politischer Unterstützung und die Orientierung an Programmen sein; für die Verwaltung mag die verwaltungsmäßige Realisierbarkeit und die Vereinbarkeit mit geltendem Recht als Kriterium dienen. Die

Regierungspolitik kann beides wiederum intern nach dem Kriterium der Erhaltung politischer Unterstützung und unter dem Gesichtspunkt verarbeiten, daß die Verantwortung ihr zugerechnet wird. Innerhalb des politischen Systems ist demgemäß neben der Ausdifferenzierung spezifischer Publikumsrollen die weitere funktionale Differenzierung in Parteipolitik, Verwaltungshandeln, Regierungspolitik und Öffentlichkeit im Hinblick auf unterschiedliche Wertgesichtspunkte ein tragendes Konstruktionsprinzip, das die Offenheit des Systems für Komplexität erhöht[75]. Zu betonen ist in diesem Zusammenhang, daß auch Öffentlichkeit zu einem speziellen Teilsystem wird, in dem unabhängig von zeitlichen, sachlichen und sozialen Rücksichten auf die Wertgesichtspunkte der Regierungspolitik, der Parteipolitik und der Verwaltung Themen artikuliert und variiert werden können. Nicht alle Themen der Öffentlichkeit müssen auch politische Unterstützung gewinnen oder verwaltungsmäßig realisierbar sein. Durch die Trennung von Öffentlichkeit, Regierungspolitik, Parteipolitik und Verwaltung ist es für das politische System möglich, mehr Komplexität intern zuzulassen und zu verarbeiten, als dies der Fall wäre, wenn z. B. politische Entscheidungen unmittelbar an die Themen der Öffentlichkeit angebunden wären. Im Teilsystem der Öffentlichkeit können deshalb mehr Themen artikuliert werden, als die Regierungspolitik schließlich in Entscheidungen umwandeln kann. Dieses Spannungsverhältnis ist eine notwendige Begleiterscheinung der Komplexitätssteigerung eines Systems durch interne Differenzierung, wobei sich hier das Problem der Übertragung der Selektionsleistungen von Subsystemen innerhalb des politischen Systems wiederholt[76].

In einer dergestalt offenen und zugleich aber auch relativ autonomen Institution politischer Entscheidung kann in Max Webers Worten von einer Institutionalisierung der Verantwortungsethik gesprochen werden. Es ist ein politisches Handeln, das in der geschilderten Art offen ist gegenüber der Kritik durch Tatsachenerkenntnis seiner Folgen und Nebenfolgen, aber auch offen gegenüber der Kontrolle durch politische Unterstützung, gegenüber der Artikulation von Werten und Interessen durch gesellschaftliche Gruppierungen, gegenüber freilich nur noch mit begrenzter Geltung ausgestatteten konkurrierenden Wertsystemen sowie gegenüber Gesichtspunkten verwaltungsmäßiger Realisierbarkeit[77].

Wie sich gezeigt hat, ist eine Voraussetzung dieses verantwortungsethischen politischen Handelns die relativ autonome Institutionalisierung der genannten widersprüchlichen Werte und deren gleichzeitige wechselseitige Offenheit. Darin enthalten ist die Bescheidung der Wissenschaft zur Tatsachenerkenntnis und der Verzicht auf verbindliche Normbegründung, die Institutionalisierung der Werturteilsfreiheit der Wissenschaft.

Keine Normsetzung und keine politische Entscheidung hat nur Folgen, die im Lichte anderer Werte und Normen positiv zu bewerten sind. Dies gilt für die modernen komplexen Gesellschaften in besonderem Maße. Für jede Normsetzung und politische Entscheidung gibt es demgemäß unbequeme Tatsachen, die zu verdrängen sowohl notwendig ist zur Wertbegründung als auch zur Gewinnung politischer Unterstützung für politische Entscheidungen. Indem die Wissenschaft von diesen institutionell getrennt und auf die wahrheitsorientierte Tatsachenerkenntnis eingeschränkt wird, erhält sie die relative Autonomie, die es ihr ermöglicht, eine kontrollierende Gegeninstanz zum politischen Handeln zu bilden.

Politisches Handeln kann wiederum nur dann verantwortungsethisch an der Kontrolle durch faktisch zu erwartende Folgen und Nebenfolgen orientiert werden, wenn eine allein darauf verpflichtete Wissenschaft das hierzu notwendige Wissen über Bedingungszusammenhänge des sozialen Handelns entwickelt. Normensysteme sind nur kritisierbar, wenn Kenntnisse über die daraus sich ergebenden faktischen Folgen vorhanden sind.

Das Verhältnis der werturteilsfreien Tatsachenerkenntnis zur Normsetzung und zur politischen Entscheidung ist in diesem Fall kein dienendes, sondern ein kritisches. Da es keine Normsetzung und politische Entscheidung ohne negative Folgen geben kann, ist eine Tatsachenerkenntnis, die darauf keine Rücksicht zu nehmen hat und über solche Folgen informiert, ohne Zweifel eine kritische Instanz für Normsetzungen und politische Entscheidungen.

3.2.1.4. Drei Modelle der institutionellen Lösung von Wertwidersprüchen

Man könnte die beiden hier dargestellten Lösungsstrategien von Wertwidersprüchen in zwei Extremtypen zusammenfassen, die für komplexe Gesellschaften als funktionale Alternativen mit sehr unterschiedlichen Folgeproblemen gelten können. Es handelt sich um ein Modell der ungleichgewichtigen Dominanz eines Wertes über andere und um ein Modell des Gleichgewichts durch institutionelle Trennung und Verflechtung der Werte bzw. relative Autonomie und Offenheit der Institutionen. Es versteht sich von selbst, daß in der Realität tatsächlich die verschiedensten Mischformen bzw. Zwischenformen aus beiden Extremtypen zu finden sind.

(1) Ungleichgewichtsmodell

Das Ungleichgewichtsmodell ist charakterisiert durch die Dominanz eines Wertes über die anderen:

Ungleichgewichtige Dominanz eines Wertes unter
widersprüchlichen Werten

WE = Wertbegründung

WA = Wahrheitssuche

WI = Wert- und Interessenartikulation

PU = Gewinnung politischer Unterstützung

PE = Politische Entscheidung

VR = Verwaltungsmäßige Realisierbarkeit

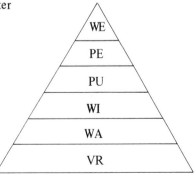

Folgen bei unterschiedlicher Dominanz:

WE → Dogmatische Erstarrung

PE → Dezisionismus

PU → Opportunismus

WI → Entscheidungs- und Integrationsunfähigkeit oder Dominanz *einer* Wert- oder Interessengruppierung

WA → Entscheidungsunfähigkeit

VR → Herrschaft der Bürokratie

(2) Gleichgewichtsmodell

(a) Differenzierung und Verflechtung von Institutionen

(b) Relative Autonomie und Offenheit der Einzelinstitutionen

(c) Folge: Offenheit
Integrationsfähigkeit
Entscheidungsfähigkeit

(d) Ständige Gefahr des Ungleichgewichts, d. h. der Überordnung einer Institution.

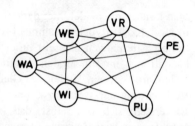

(3) Ein Gleichgewichtsmodell für einfache Sozialsysteme und für Individuen: Situationsspezifische Handlungsorientierung

Die beiden genannten Extremtypen geben vor allem den Spielraum der Lösungsmöglichkeiten von Wertwidersprüchen in komplexen Gesellschaften an. In relativ einfachen sozialen Systemen, also z. B. in den vorhochkulturellen Gesellschaften, aber auch für Kleingruppen und für die Individuen selbst in modernen Gesellschaften bietet sich eine weitere Lösungsmöglichkeit an, die sich für komplexe Gesellschaften nicht realisieren läßt. Es handelt sich um den situationsspezifischen Wechsel der Handlungsorientierung zwischen widersprüchlichen Werten.

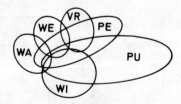

3.2.2. Funktionale Differenzierung des politischen Systems

Als Ergebnis der bisherigen Überlegungen könnte man ein beispielhaftes Modell eines politischen Systems bilden, das die Merkmale der Ausdifferenzierung als Teilsystem der Gesellschaft, der funktionalen Spezifizierung und der relativen Autonomie gegenüber seiner Umwelt erfüllt. Es ist selbst wieder intern funktional differenziert in Subsysteme, die spezifische Funktionen erfüllen, ausdifferenziert sind und über relative Autonomie gegenüber ihrer Umwelt verfügen. Ihre Umwelt teilt sich in die politische Umwelt, die aus den jeweils anderen politischen Subsystemen besteht, und in die nicht-politische Umwelt. Ein politisches System mit diesen Merkmalen besitzt, wie dargelegt, Offenheit gegenüber *beliebigen* Umwelten, weil es in der Erfüllung seiner Funktion nicht durch *bestimmte* Umwelten schon festgelegt ist. Die identitätsbildenden Werte, Normen und Rollen und das Handeln im System sind nicht durch einen bestimmten Ausschnitt der Umwelt oktroyiert.

Ein funktional differenziertes politisches System könnte dementsprechend aus sechs Subsystemen bestehen, die den Kern des Systems bilden und aus fünf weiteren Subsystemen, die den Außenverkehr des politischen Systems mit verschiedenen Aspekten der nicht-politischen Umwelt regulieren. Den Kern könnten Regierung Parlament, Verwaltung, Justiz, Polizei und Militär darstellen, den Außenverkehr könnten politische Wahl, politische Parteien, Interessengruppen, politische Öffentlichkeit und wissenschaftliche Beratung regulieren. Mit einem solchen Modell wird jedoch kein Anspruch auf Ausschließlichkeit erhoben. Die Differenzierung kann auch auf andere Weise erfolgen und es können weitere Subsysteme hinzutreten.

Nach dem beispielhaften Modell würden alle Subsysteme spezifische Funktionen erfüllen, d. h. für ihre politische und nicht-politische Umwelt spezifische Leistungen erbringen. Sie befriedigen Bedürfnisse der Umwelt und es werden in der Umwelt Erwartungen darüber entwickelt. Ihre *Ausdifferenzierung* besteht darin, daß sie Handlungssysteme bilden, in denen das Handeln an spezifischen Werten, Normen und Rollen orientiert ist, die nicht in gleicher Weise in der relevanten Umwelt außerhalb des Systems gelten. Das Handeln im Wahlkampf, im Wahlgang, in Interessengruppen, in Parteien, in Systemen wissenschaftlicher Beratung, in der politischen Öffentlichkeit, in der Regierung, im Parlament, in der Verwaltung, in der Justiz ist nicht an denselben Werten, Normen und Rollen orientiert, die das Handeln in ihrer jeweils relevanten politischen und nicht-politischen Umwelt leiten. Diese Werte, Normen und Rollen können als Organisationsformen des Handelns im Hinblick auf die systemspezifischen Funktionen betrachtet werden.

Funktionale Differenzierung bedeutet, daß die Erfüllung bestimmter Funktionen zur ausschließlichen Leistung eines spezifischen Systems wird und keine diffuse Verteilung gleicher Funktionen auf mehrere Systeme erfolgt. *Funktionale Spezifizierung* bedeutet, daß ein System nicht mehrere Funktionen zugleich erfüllt, sondern auf die Erfüllung einer spezifischen Funktion oder zumindest weniger Funktionen aus einer Menge mehrerer möglicher Funktionen beschränkt bleibt. *Autonomie* bedeutet, daß die Art und Weise, in der ein System seine spezifische Funktion erfüllt, nicht durch andere Systeme in seiner Umwelt bestimmt wird. *Relative Autonomie* heißt, daß die Art und Weise, in der ein System seine spezifische Funktion erfüllt, durch keinen *bestimmten* Teil seiner Umwelt festgelegt wird und das System die Freiheit besitzt, sich von beliebigen Teilen der Umwelt *beeinflussen* zu lassen. *Offenheit* meint, daß die Art und Weise, in der ein System seine Funktion erfüllt, durch beliebige Teile seiner Umwelt *beeinflußt* werden kann. Da Einfluß auf ein System aus *beliebigen* Teilen der Umwelt nur möglich ist, wenn das System in der Art und Weise der Erfüllung seiner Funktion nicht durch einen *bestimmten* Teil der Umwelt festgelegt wird, ist relative Autonomie eine notwendige Voraussetzung für die Offenheit des Systems für *beliebige* Teile der Umwelt.

Ein politisches System kann sich intern nach spezifischen Funktionen differenzieren und Subsysteme bilden, welche die spezifischen Funktionen erfüllen und jeweils aus ihrer Umwelt ausdifferenziert sind sowie über relative Autonomie gegenüber ihrer politischen und nicht-politischen Umwelt verfügen. Durch die Entwicklung dieser Eigenschaften nimmt die Eigenkomplexität zu. Das politische System kann unter dieser Bedingung mehr Funktionen erfüllen, deren Erfüllung nicht unbedingt zeitlich, sachlich und sozial vereinbar ist. Dadurch kann es mehr Inputs aus der Umwelt aufnehmen und verarbeiten und mehr Outputs als Leistungen an seine Umwelt abgeben, und es ist insgesamt offener gegenüber *beliebigen* Teilen seiner Umwelt.

In der geschilderten Weise müßte man sich ein beispielhaftes Modell eines politischen Systems vorstellen, das sich aus den Subsystemen Regierung, Parlament, Verwaltung, Justiz, Militär, Polizei, politische Wahl, politische Parteien, Interessengruppen, politische Öffentlichkeit und wissenschaftliche Beratung zusammensetzt. Es ist funktional differenziert in Subsysteme, und die Subsysteme sind ausdifferenziert, relativ autonom und funktional spezifiziert. Dabei ist zu berücksichtigen, daß vor allem die Subsysteme, die auf die Regulierung des Außenverkehrs spezialisiert sind, in der Erfüllung ihrer Funktionen mit spezifischen Erwartungen aus ihrer nicht-politischen Umwelt und spezifischen Erwartungen aus ihrer politischen Umwelt konfrontiert sind. Da die Abnahme ihrer Leistungen durch die jeweiligen Umwelten eine Vorbedingung ihrer Erhaltung ist, müssen sie sowohl gegenüber der nicht-politischen Umwelt als auch gegenüber der politischen Umwelt die relativ zwanglose Abnahme ihrer Leistungen sicherstellen. Sofern Offenheit dafür eine Voraussetzung ist, müssen sie gegenüber beiden Umwelten relativ autonom bleiben. Gegenüber ihrer nicht-politischen Umwelt müssen die Parteien eine hohe Fähigkeit für die Aufnahme von Bedürfnissen, Werten, Zielen und Problemen und für deren Durchsetzung in politischen Entscheidungen in den anderen Subsystemen zeigen[78]. Für die politische Umwelt müssen die Parteien eine hohe Fähigkeit zur Reduktion von Bedürfnissen, Werten, Zielen und Problemen in politischen Programmen auf ein in diesen Subsystemen noch verarbeitbares Ausmaß beweisen. Die politische Wahl muß hohe Aufnahmefähigkeit und Sensibilität für unterschiedliche Motive politischer Unterstützung gegenüber ihrer nicht-politischen Umwelt auszeichnen. Für ihre politische Umwelt muß sie vor allem die Fähigkeit besitzen, vielfältige Motive politischer Unterstützung zu generalisieren und auf diese Weise die Bildung relativ stabiler Mehrheiten zu ermöglichen.

Die Interessengruppen müssen gegenüber ihrer nicht-politischen Umwelt der Interessen über eine hohe Fähigkeit für die Aufnahme von Interessen und ihre Durchsetzung in politischen Entscheidungen verfügen. Ihrer politischen Umwelt gegenüber müssen sie sich als fähig erweisen, die Komplexität der Interessen auf ein in diesen Subsystemen noch verarbeitbares Ausmaß reduzieren zu können. Die politische Öffentlichkeit muß gegenüber ihrer nicht-politischen Umwelt der Themen von Individuen und Gruppierungen die Fähigkeit zur Aufnahme von Themen und zu ihrer Durchsetzung in politischen Entscheidungen besitzen. Ihrer politischen Umwelt gegenüber muß sie dagegen die Komplexität möglicher Themen auf ein in den anderen Subsystemen verarbeitbares Ausmaß reduzieren. Wissenschaftliche Beratung muß sich gegenüber der Wissenschaft als aufnahmefähig für wissenschaftliche Erkenntnisse zeigen und für ihr Eingehen in politische Entscheidungen sorgen. Gegenüber ihrer politischen Umwelt muß sie die Komplexität wissenschaftlicher Erkenntnisse auf ein in diesen Subsystemen verarbeitbares Ausmaß reduzieren.

In einem beispielhaften Modell eines solchen politischen Systems könnten nun den jeweiligen Subsystemen spezifische Funktionen zugeordnet werden. Unter Funktionen sind hier im Hinblick auf die Systemreferenz der Gesellschaft spezifische Folgen zu verstehen, die sich aus den gesellschaftlichen Interaktionen ergeben müssen, wenn die Gesellschaft in einer komplexen Umwelt unter hoher sozialer Mobilisierung in dem Identitätsmerkmal hoher Komplexität und relativer Erwartungssicherheit überleben soll. Die Funktionen lassen sich dann bei interner Differenzierung der Gesellschaft als Leistungen eines Teilsystems, z. B. des politischen Systems, für ihre gesellschaftliche Umwelt betrachten. Eine Überlebensbedingung des gesellschaftlichen Teilsystems (politischen Systems) ist dann, daß die Leistungen des Systems in der Umwelt auch abgenommen werden. Die tatsächliche Bereitstellung der Leistungen ist ihrerseits eine Überlebensbedingung für Teile der Umwelt des politischen Systems. Systeme in der Umwelt des politischen Systems, wie z. B. die Wirtschaft, das Gesundheitssystem, die Schule, die Familie usw. sind in ihrem Überleben in einer spezifischen Identität auf Leistungen des politischen Systems angewiesen. Das gilt dann auch für das Verhältnis der Subsysteme des politischen Systems untereinander. Die Selektion von Interessen ist eine Leistung von Interessengruppen für die nicht-politische Umwelt der Interessen von Individuen und Gruppierungen und zugleich eine Leistung für die Subsysteme, welche die politische Umwelt bilden. In beiden Richtungen besteht die spezifische Beziehung darin, daß die jeweiligen Umwelten in bestimmten Aspekten ihres Überlebens auf die Leistungen von Interessengruppen angewiesen sind und bestimmte Leistungen erwarten, und daß die Abnahme der Leistungen durch die jeweilige Umwelt eine Überlebensbedingung der Interessengruppen in ihrer jeweiligen Identität darstellt. Die Identitätsbildung von Interessengruppen ergibt sich dann schrittweise aus den Interaktionen mit ihrer relevanten politischen und nicht-politischen Umwelt. In derselben Beziehung stehen auch die anderen politischen Subsysteme über die Erfüllung ihrer spezifischen Funktionen zu ihrer Umwelt. In dem beschriebenen Sinne könnte man folgende Teilsysteme des politischen Systems unterscheiden und ihnen spezifische Funktionen zuordnen:

Subsystem	Funktion
Wissenschaftliche Beratung	Selektion wissenschaftlicher Erkenntnis
Interessengruppen	Selektion von Interessen
Politische Öffentlichkeit	Selektion von Themen als politische Themen
Politische Parteien	Selektion von Werten, Bedürfnissen, Zielen und Problemen, ihre Verarbeitung zu politischen Programmen und die Beschaffung politischer Unterstützung für politische Programme
Politische Wahl	Beschaffung generalisierter politischer Unterstützung für politische Entscheidungsträger
Parlament	Beschaffung politischer Unterstützung für politische Entscheidungen durch Mehrheitsbildung
Verwaltung	Vorbereitung und Durchführung politischer Entscheidungen
Justiz	Erhaltung der Geltung von Normen und Prüfung der Konsistenz gesatzter Normen
Regierung	Politische Entscheidung und politische Verantwortung

Die Teilsysteme bilden die funktionale Differenzierung des politischen Systems. Sie sind auf die Erfüllung bestimmter Funktionen spezialisiert und aus ihrer nicht-politischen und politischen Umwelt ausdifferenziert. Ihre Beziehung untereinander und zu ihrer nicht-politischen Umwelt ist durch relative Autonomie und Offenheit gekennzeichnet. Man könnte das beispielhafte Modell in folgendem Schaubild darstellen.

Teilsysteme des politischen Systems

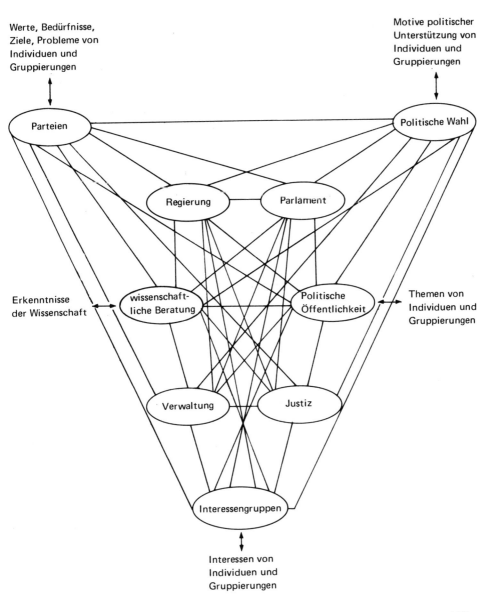

Werte, Bedürfnisse, Ziele, Probleme von Individuen und Gruppierungen

Motive politischer Unterstützung von Individuen und Gruppierungen

Parteien

Politische Wahl

Regierung

Parlament

Erkenntnisse der Wissenschaft

wissenschaftliche Beratung

Politische Öffentlichkeit

Themen von Individuen und Gruppierungen

Verwaltung

Justiz

Interessengruppen

Interessen von Individuen und Gruppierungen

3.2.3. Generalisierung politischer Unterstützung

Die entscheidende Frage ist nun, wie die Verfahrensregeln der Normsetzung und politischen Entscheidung in einer komplexen Gesellschaft eine Verbindung von relativer Autonomie und Offenheit gewährleisten können. Beide Eigenschaften zusammen sollen garantieren, daß das politische System sowohl das funktionale Erfordernis der Entscheidungsfähigkeit als auch das funktionale Erfordernis der Integrationsfähigkeit erfüllen kann. Entscheidungsfähig könnte auch ein politisches System sein, das von einer der genannten Teilinstitutionen dominiert wird, mit Ausnahme der Dominanz der Tatsachenerkenntnis oder der Wert- und Interessenartikulation. Infolge der hohen Selektivität von Normen und Entscheidungen könnte aber die Integration der gesellschaftlichen Teilsysteme, Institutionen, Organisationen und Gruppierungen allenfalls durch ein sehr hohes Maß an Zwang und Gewalt erreicht werden. Tatsächlich wäre eine solche Gesellschaft ständig vom Auseinanderbrechen und von gewaltsamen Konflikten zwischen den gesellschaftlichen Teilsystemen, Institutionen, Organisationen und Gruppierungen bedroht. Diese Gefahr kann nur durch die ausreichende Offenheit der Normsetzung und politischen Entscheidung in Grenzen gehalten werden.

Da die Selektion von Normen und Entscheidungen das Ausschließen sehr vieler Alternativen bedeutet, muß das politische System in einer komplexen Gesellschaft durch Strukturen stabilisiert werden, die erlauben, zu vielen Ansprüchen nein zu sagen, aber trotzdem Offenheit gegenüber dem Ausgeschlossenen zu erhalten[79]. Es muß das Neinsagen abgestützt werden durch die prinzipielle Möglichkeit, bisher Ausgeschlossenes zu selegieren. Diese Voraussetzung ist zunächst durch die Orientierung der Normsetzung an der *Gewinnung politischer Unterstützung* und durch eine hinreichende *Generalisierung politischer Unterstützung* sowie durch die Einrichtung davon relativ getrennter Einflußkanäle für spezifizierte Wertgesichtspunkte und Interessen unterschiedlicher Teilsysteme, Institutionen, Organisationen und Gruppierungen zu erfüllen[80].

Politische Unterstützung ist eine so allgemeine Basis der Selektion von Normen und Entscheidungen, daß dadurch von vornherein noch nicht der Inhalt jeweiliger Selektionen bestimmt wird. Sie ist unbestimmt genug, um der Normsetzung und politischen Entscheidung den Charakter der Offenheit zu verleihen. Gerade dieser hohe Grad der Offenheit ist es, durch den die politische Unterstützung konkrete Normsetzungen und politische Entscheidungen unter den Bedingungen hoher Selektivität stabilisieren und insofern deren Selektionskriterium bilden kann.

Politische Unterstützung ist eine generalisierte Geltungsgrundlage von Normen und Entscheidungen, die sehr unterschiedliche Motive der Gewährung von Unterstützung zuläßt. Dieser generelle, inhaltlich unbestimmte Charakter der politischen Unterstützung ermöglicht es, daß überhaupt ausreichende Unterstützung zur Stabilisierung der Selektionen gefunden wird und daß jedes Motiv prinzipiell die Chance hat, Grundlage von Selektionen zu werden. Es wird dadurch die Erfüllung der beiden gegensätzlichen Erfordernisse des Neinsagens und der prinzipiellen Offenheit für die Normsetzung und politische Entscheidung möglich.

Der Grad, in dem politische Unterstützung generalisiert ist, kann natürlich in politischen Systemen stark variieren. Es kommt dabei darauf an, daß die Gewährung politischer Unterstützung von dem Anspruch auf Erfüllung konkreter Wertvorstellungen und Interessen hinreichend getrennt wird. Ein solches Mittel der Generalisierung politischer Unterstützung ist die politische Wahl[81].

Eine Voraussetzung dieser Generalisierung politischer Unterstützung durch die politische Wahl ist zunächst die sachliche Trennung der Rolle des Wählers von anderen Rollen durch die drei grundlegenden Eigenschaften der Allgemeinheit, Gleichheit und Geheimhaltung der Stimmabgabe [82]. Allgemeiner Zugang zur Rolle des Wählers verhindert die vorgängige Integration des politischen Systems mit bestimmten Rollen als Mitglied spezifischer sozialer Gruppierungen. Die Gleichheit des Stimmgewichts wirkt der vorbestimmten Bindung des politischen Systems an unterschiedlich mächtige soziale Gruppierungen entgegen. Die Geheimhaltung der Stimmabgabe befreit den Wähler von der Rücksichtnahme auf die Wertvorstellungen und Interessen von Rollenträgern und Gruppierungen, in deren Abhängigkeit er in anderen Rollen steht. Insgesamt sind diese Eigenschaften Mindestvoraussetzung der Trennung des politischen Systems von der direkten Bestimmung durch einzelne Teilsysteme, Institutionen, Organisationen und soziale Gruppierungen. Sie sind in diesem Sinne auch die Minimalbedingungen einer Generalisierung politischer Unterstützung, da sie den politischen Entscheidungsträger von einer vorgängigen und direkten Bestimmung seiner Entscheidungen durch bestimmte Umwelten befreien. Er kann dadurch politische Unterstützung wesentlich beliebiger sammeln.

Eine weitere Voraussetzung dieser Generalisierung politischer Unterstützung ist die Begrenzung der politischen Wahl auf die Besetzung politischer Entscheidungsrollen und ihre Trennung von konkreter Einflußnahme von Werten und Interessen. Es ist der Ausschluß eines imperativen Mandats der politischen Entscheidungsrollen. Die Übertragung einer politischen Entscheidungsrolle ist dadurch nicht an die Erfüllung spezifischer Wertvorstellungen und Interessen gebunden[83]. Dem Gewählten wird in diesem Sinne politische Macht als ein generalisiertes Kommunikationsmedium übertragen, das er in sehr unterschiedliche konkrete Entscheidungen umwandeln kann. Selbstverständlich handelt es sich bei Allgemeinheit, Gleichheit und Geheimhaltung der Stimmabgabe sowie bei der Institutionalisierung des freien Mandats um Mindestvoraussetzungen der genannten Generalisierung politischer Unterstützung, die durch nachträgliche Bindungen der politischen Entscheidungstätigkeit an konkrete Werte und Interessen in verschiedener Weise wieder reduziert werden kann. Politische Macht muß sich als generalisiertes Kommunikationsmedium auch im weiteren politischen Entscheidungsprozeß erhalten können.

Diese Generalisierung der politischen Macht der politischen Entscheidungsträger durch die Trennung der politischen Unterstützung von konkreten Werten und Interessen in der politischen Wahl ermöglicht die eigentümliche Kombination von relativer Autonomie und Offenheit der Normsetzung und politischen Entscheidung, die in modernen Gesellschaften von diesen erreicht werden muß, um ohne bloße Gewalt und Zwang überhaupt überleben zu können. Je mehr umgekehrt mit politischer Unterstützung eine unmittelbare Bindung an konkrete Wertvorstellungen und Interessen verknüpft ist, um so geringer ist die relative Autonomie der Normsetzung und politischen Entscheidung. Durch die Bindung an konkrete Werte und Interessen nimmt aber auch zugleich die Offenheit gegenüber anderen Werten und Interessen ab. Relative Autonomie durch Generalisierung von politischer Macht als Kommunikationsmedium in der Trennung von politischer Unterstützung und konkreten Wert- und Interessenartikulationen ist insofern gerade eine Voraussetzung der Offenheit. Nur wenn politische Entscheidungsträger über hinreichend generalisierte Macht verfügen und nicht nur Ausführende konkreter Wertvorstellungen und Interessen sind, können sie sich auch von alternativen Wertsystemen und Interessen, von Tatsachenwissen der Wissenschaft und von Gesichtspunkten verwaltungsmäßiger Realisierbarkeit beeinflussen lassen.

Hinreichend generalisierte Macht durch generalisierte Unterstützung in der politischen Wahl sichert aber auch die Entscheidungsfähigkeit im politischen System, da die Gewinnung von Unterstützung das in jeder Selektion von Normen und Entscheidungen enthaltene Neinsagen abstützen kann; sie ist eine Grundlage der Selektion, die selbst den Charakter der Offenheit besitzt und Vertrauen in die Offenheit der Selektion erzeugen kann.

Politische Systeme, in denen diese Generalisierung der politischen Unterstützung nicht gelingt, können Entscheidungsfähigkeit ohne ein erhebliches Ausmaß an Zwang und Gewalt nicht mehr erhalten[84]. Entweder gelingt es einem Teilsystem, einer Institution, Organisation oder Gruppierung, ihre konkreten Wertvorstellungen und Interessen durch Gewalt und Zwang durchzusetzen, oder das politische System zerfällt in unversöhnliche Gruppierungen, welche die Werte und Interessen von Institutionen, Organisationen und Gruppierungen in der Gesellschaft präzise repräsentieren[85]. Beide Erscheinungsformen mangelnder Generalisierung politischer Unterstützung können sich in historischer Abfolge abwechseln. Das politische System ist in diesem Fall durch einen hohen Grad der Entscheidungsunfähigkeit charakterisiert, der durch die chronische Schwierigkeit bedingt wird, in einem solchen System ausreichende, d. h. mehrheitliche, politische Unterstützung für konkrete Selektionen von Normen und Entscheidungen zu finden. Das politische System ist hier zwar auf politischer Unterstützung als Selektionskriterium von Normensetzungen und politischen Entscheidungen aufgebaut, es fehlen aber die Voraussetzungen, um überhaupt ausreichende Unterstützung in dem System zu gewinnen. Die Dauerkrise in Gestalt von Regierungskrisen, Koalitionskrisen, Zusammenbruch von Regierungen oder ständigem Regierungswechsel ist in solchen Systemen eine unvermeidliche Erscheinung[86].

In einem System, in welchem politische Unterstützung die Geltungsgrundlage von Normsetzungen und Entscheidungen ist, wird angesichts der hohen Komplexität möglicher Wertvorstellungen und Interessenartikulationen die Suche und die Gewinnung politischer Unterstützung zum entscheidenden Problem für politische Entscheidungsträger. Weder einzelne Honoratioren noch spezifische Wert- und Interessengruppen noch Weltanschauungs- noch Klassenparteien sind diesen Anforderungen gewachsen. Sie sind prinzipiell nicht fähig, ausreichende politische Unterstützung zu gewinnen. Diese Anforderung kann nur von Organisationen erfüllt werden, die sich die Gewinnung politischer Unterstützung als solche mehr oder weniger eingestanden oder uneingestanden zum vorherrschenden Ziel machen und die Erstellung von Themen und Programmen an diesem Ziel mehr oder weniger explizit und ausschließlich orientieren. Dies sind die modernen Massenparteien, wie sie sich zuerst im amerikanischen und dann im englischen parlamentarisch-demokratischen System und danach auch in anderen Systemen entwickelt haben[87].

Die Offenheit dieser politischen Systeme wird nicht dadurch erreicht, daß die politischen Entscheidungsträger präzise Repräsentanten der in der Gesellschaft artikulierten Werte und Interessen sind; dies ist eine Vorstellung, die ohnehin an der hohen Selektivität jeder Norm- und Entscheidungsselektion vorbeigeht. Im Gegensatz zu dieser Vorstellung gründet sich die Offenheit dieser Systeme auf die Intensität der *Konkurrenz* unterschiedlicher Parteien um politische Unterstützung[88]. Diese Konkurrenz kann überdies nur dort voll entfaltet werden, wo die Parteien tatsächlich an der Gewinnung tragfähiger politischer Unterstützung orientiert sind und sich nicht ausschließlich als Repräsentanten spezifischer gesellschaftlicher Institutionen, Organisationen und Gruppierungen verstehen. Selbstverständlich kann dies in der Realität in sehr unterschiedlichem Ausmaß und in sehr unterschiedlicher Form geschehen. Die Geschichte der amerikanischen, englischen und kontinentaleuropäischen Parteien zeigt die Vielfalt der Prozesse, die hier ablaufen können.

Die tatsächliche Orientierung der Parteien an der Gewinnung politischer Unterstützung als Kriterium der Formulierung von Themen und Programmen ist eine Voraussetzung dafür, daß überhaupt relativ stabile politische Unterstützung als Legitimationsgrundlage der Normsetzung und politischen Entscheidung erreicht werden kann. Die Zielsetzung der Parteien ist dann so weit generalisiert, daß der Erfolg einer Partei unabhängig wird von ganz spezifischen Motiven der Unterstützung. Daraus folgt wiederum ein höheres Ausmaß der Trennung der Parteien von den konkreten Werten und Interessen spezifischer gesellschaftlicher Institutionen, Organisationen und Gruppierungen. Die Orientierung der politischen Parteien an der Gewinnung politischer Unterstützung als vorherrschender Zielsetzung führt insofern zu einem doppelten Generalisierungsprozeß. Die Programme der Parteien verlieren den Charakter der Formulierung spezifischer Werte und Interessen; sie werden selbst allgemeiner, um möglichst wenig konkrete Werte und Interessen auszuschließen. Dieser Generalisierungsprozeß hat zur Folge, daß auch der Wähler faktisch nur noch relativ generalisierte politische Unterstützung im Wahlakt geben kann, da er nicht mehr unmittelbare Repräsentanten seiner spezifischen Wertvorstellungen und Interessen wählen kann. Völlige Übereinstimmung zwischen seinen Werten und Interessen und den Themen und Programmen von Parteien wird immer unwahrscheinlicher.

Im Einzelfall mag politische Unterstützung immer aus konkreten Motiven heraus gewährt werden; diese konkreten Motive werden jedoch durch die vorzugsweise Orientierung der Parteien an der Gewinnung politischer Unterstützung und weniger an spezifischen Programmen generalisiert. Durch diesen Generalisierungseffekt können Parteien bzw. Regierungen mehrheitliche politische Unterstützung relativ dauerhaft mobilisieren, obwohl die konkreten Motive der Unterstützung sehr stark über die Zeit hinweg variieren mögen.

Nur wenn diese Voraussetzungen erfüllt sind, kann politische Macht die Eigenschaft eines generalisierten Kommunikationsmediums annehmen, das sich in beliebige Normsetzungen und politische Entscheidungen umwandeln läßt[89]. Die übertragene Macht wird durch den Generalisierungseffekt der Orientierung von Regierung und Parteien an der Erhaltung allgemeiner, beliebiger politischer Unterstützung relativ indifferent gegenüber den Motiven ihrer Übertragung. Je weniger sich allerdings tatsächlich Parteien und Regierungen vorwiegend an der Gewinnung politischer Unterstützung orientieren, um so weniger wird dieser Generalisierungseffekt erzielt und um so mehr nimmt die Übertragung von Macht die Form eines unmittelbaren Äquivalententauschs an. Generalisierte Macht wird in einem solchen System chronisch knapp. Die Gewinnung und Erhaltung politischer Unterstützung wird äußerst schwierig. Je größer die Knappheit an generalisierter politischer Unterstützung ist, um so mehr nimmt die Fähigkeit zu verbindlicher Normsetzung und politischer Entscheidung ab, da politische Unterstützung bei hoher Selektivität der Normsetzung und politischen Entscheidung immer mehr als Selektionskriterium benötigt wird.

Durch die beschriebene Generalisierung politischer Unterstützung gelingt es in einem politischen System, die genannte eigentümliche Kombination von relativer Autonomie und Offenheit zu realisieren, die wiederum Voraussetzungen der Entscheidungs- und Integrationsfähigkeit sind. Generalisierte politische Unterstützung, die relativ indifferent gegenüber wechselnden Motiven ihrer Gewährung erhalten werden kann, verleiht der Normsetzung und politischen Entscheidung relative Autonomie gegenüber konkreten Wertgesichtspunkten und Interessen sozialer Teilsysteme, Institutionen, Organisationen und Gruppierungen. Die Normsetzung und politische Entscheidung besitzt die Freiheit, sich selbst aus den verschiedensten und wechselnden Motiven heraus politische Unterstützung zu verschaffen, und sie kann auf der Grundlage der prinzipiellen Offenheit dieses Unterstützungsprozesses genügend politische Unterstützung für die Selektion von Normen und Entscheidungen und die damit verbundene hohe Negationsrate von Ansprüchen sammeln. Die relative Autonomie der Normsetzung und politischen Entscheidung stützt sich in diesem Fall neben dem beschriebenen Generalisierungsprozeß darauf, daß die Selektion von Normen und Entscheidungen im Hinblick auf die Erhaltung politischer Unterstützung und die Institutionalisierung von Konkurrenz um politische Unterstützung durch ihre tatsächliche Offenheit das Vertrauen in die Offenheit der Normsetzung und politischen Entscheidung erwecken kann. In diesem Sinne wird die relative Autonomie des politischen Systems durch Generalisierung der politischen Unterstützung erzeugt und durch die Offenheit der politischen Unterstützung und der Konkurrenz um politische Unterstützung stabilisiert.

Die hiermit gewonnene relative Autonomie ist jedoch selbst eine Voraussetzung für die Offenheit der Normsetzung und politischen Entscheidung. Wie schon allgemein gesagt wurde, ist die Unabhängigkeit von konkreten Werten und Interessen sozialer Teilsysteme, Institutionen, Organisationen und Gruppierungen die Bedingung für die Möglichkeit, sich von wechselnden Werten und Interessen beeinflussen zu lassen, ohne allerdings zwischen diesen zerrieben und entscheidungsunfähig zu werden. Dies ist möglich, wenn durch die Gewinnung politischer Unterstützung genügend Abstützungspotential für Negationen gesammelt werden kann[90]. Ein politisches System, das auf politischer Unterstützung, auf der Konkurrenz um politische Unterstützung und auf der Generalisierung spezifischer Motive der Unterstützung beruht, besitzt insofern sowohl Offenheit, nämlich im Prozeß der Suche von Unterstützung, als auch Entscheidungsfähigkeit, nämlich in der Stabilisierung von Entscheidungen und Negationen durch politische Unterstützung.

Politische Unterstützung besitzt in offenen politischen Systemen der charakterisierten Art Eigenschaften, die sie in Analogie zum Profit in marktwirtschaftlichen Systemen bringt. In beiden Fällen handelt es sich um rein formale Kriterien des Erfolgs, die einen hohen Grad der Anpassungsfähigkeit an wechselnde Artikulationen von Werten, Interessen und Bedürfnissen erlauben, da sie inhaltlich keinerlei Festlegungen unterworfen sind.

Sowohl im marktwirtschaftlichen System wie im politischen System ist die *Konkurrenz* das ergänzende Prinzip, welches die Offenheit gegenüber wechselnden Werten, Interessen und Bedürfnissen gewährleistet. Im Wirtschaftssystem ist es die Konkurrenz um Konsumenten zur Erzielung von Profiten, im politischen System ist es die Konkurrenz um Wählerstimmen zur Erlangung mehrheitlicher politischer Unterstützung. Je weniger diese Konkurrenz in beiden Systemen wirksam ist, um so geringer ist auch die tatsächliche Offenheit für alternative Werte, Interessen und Bedürfnisse. Machtkartelle schränken die Konkurrenz im politischen System ebenso ein wie Wirtschaftskartelle im wirtschaftlichen System und bewirken dadurch eine geringere Offenheit des Systems.

Wenn politische Unterstützung in einem politischen System tatsächlich die Eigenschaft eines formalen Erfolgskriteriums konkurrierender Parteien angenommen hat, und Parteien sich nun vorwiegend an diesem formalen Kriterium orientieren, wird *opportunistische Wertverfolgung* institutionalisiert [91]. Die Inhalte und Themen der Politik werden mehr oder weniger offensichtlich in verstärktem Maße an der Gewinnung politischer Unterstützung orientiert, wie die Unternehmen ihr Warenangebot an der Erzielung von Profiten orientieren. Dies mag zwar von inhaltlichen Wertstandpunkten aus beklagt werden, ist aber gerade eine Voraussetzung der Offenheit der Normsetzung und politischen Entscheidung unter den Bedingungen hoher Selektivität.

Dem beschriebenen Prozeß der Generalisierung politischer Unterstützung in der politischen Wahl bei Konkurrenz von Parteien um politische Unterstützung in parlamentarisch-demokratischen Systemen läuft auf der Ebene des Regierungshandelns und der Gesetzgebungstätigkeit ein Prozeß der Spezifizierung von Einflüssen entgegen[92]. In verschiedenen Formen, wie Mobilisierung der Öffentlichkeit für bestimmte Themen, Lobbyismus in Parteien, Parlamenten und Bürokratien, Anhörungsverfahren, Anwendung von Konfliktpotential usw., kann hier auf die konkreten Inhalte der Normsetzung und politischen Entscheidung Einfluß genommen werden. Diese Arten der spezifizierten Einflußnahme sind ohne Gefährdung der Entscheidungs- und Negationsfähigkeit um so eher möglich, je mehr für politische Entscheidungsträger generalisierte politische Unterstützung gewonnen werden kann. Sind die politischen Entscheidungsträger durch generalisierte politische Macht abgestützt, können sie sich von spezifischen Werten und Interessen im Normsetzungs- und Entscheidungsprozeß beeinflussen lassen, ohne dadurch an spezifische Werte und Interessen ausgeliefert zu sein, da sie über genügend Negationspotential verfügen.

Umgekehrt müßten politische Entscheidungsträger um so mehr die Fähigkeit verlieren, auf Dauer mehrheitliche politische Unterstützung zu gewinnen, je mehr sie tatsächlich im Normsetzungs- und Entscheidungsprozeß durch spezifische Einflußnahmen von Werten und Interessen gebunden werden. Dies macht darauf aufmerksam, daß auch auf der Ebene der konkreten Normsetzungs- und Entscheidungsprozesse eine Generalisierung der politischen Unterstützung stattfinden muß. Politische Entscheidungsträger müssen auch im konkreten Normsetzungs- und Entscheidungsprozeß relativ offen bleiben für wechselnde Motive der Unterstützung, um auf Dauer mehrheitliche politische Unterstützung mobilisieren zu können. Dadurch wird auch hier die Gewinnung politischer Unterstützung sowohl zur Erzielung von Abstimmungsmehrheiten als auch zur langfristigen Sicherung übertragener generalisierter politischer Macht, zum vorherrschenden Leitmotiv und weniger die Orientierung an detaillierten Programmen oder an ganz spezifischen Einflußnahmen von Werten und Interessen.

Je weniger dieser Generalisierungsprozeß gelingt, um so geringer wird die Fähigkeit politischer Entscheidungsträger, trotz variierender Motive der Gewährung von Unterstützung, auf Dauer politische Unterstützung zu erhalten. Sie verlieren dadurch die Basis ihres Negationspotentials. Die Folge ist dann eine wachsende Abhängigkeit von der Unterstützung spezifischer Gruppierungen, an deren Werte und Interessen eine um so stärkere Bindung erfolgen muß. In politischen Systemen, die durch chronische Schwierigkeiten der Bildung stabiler Mehrheiten gekennzeichnet sind, also durch einen geringen Grad der Generalisierung von politischer Unterstützung, sind demgemäß politische Entscheidungsträger in einem um so höheren Ausmaß den einflußstärksten, konfliktfähigsten Wert- und Interessengruppen ausgeliefert[93].

Daran ist zu erkennen, daß die vorzugsweise Orientierung politischer Entscheidungsträger, wie Regierungen und Parteien, an der Gewinnung politischer Unterstützung nicht notwendigerweise zur Auslieferung an die mächtigsten, d. h. konfliktfähigsten, Gruppierungen führen muß. Diese Tendenz wird hervorgerufen, wenn zu wenig generalisierte politische Macht als Negationspotential mobilisiert werden kann. Dabei kann es zu einem Prozeß der wechselseitigen Verstärkung kommen. Geringes Vertrauen in die Offenheit des Systems hat eine starke Fragmentierung politischer Unterstützung und infolgedessen eine Vielzahl von Parteien zur Folge, die konkrete Werte und Interessen repräsentieren. Es kann in diesem Falle politische Unterstützung durch Parteien kaum generalisiert werden. Die genannte Trennung von politischer Unterstützung und konkreter Einflußnahme von Wertvorstellungen und Interessen läßt sich unter dem Gesichtspunkt der Ausdifferenzierung eines speziellen politischen Gütermarktes betrachten. Dieser Gesichtspunkt soll im nächsten Abschnitt im einzelnen ausgearbeitet werden.

3.2.4. Politischer Kapitalmarkt und politischer Gütermarkt: Machtdeflation und Machtinflation als politische Krisen

Geht man davon aus, daß die Durchsetzung der gesamtgesellschaftlichen Verbindlichkeit von Entscheidungen auf politische Macht gestützt werden muß, dann gilt auch die Annahme, daß ein Wachstum gesamtgesellschaftlich verbindlicher Entscheidungen eine Zunahme der verfügbaren Menge politischer Macht im politischen System voraussetzt. Dabei ist zu berücksichtigen, daß die politische Machtmenge auf jeden Fall die Menge verfügbarer Gewalt und anderer primärer Machtmittel weit übersteigen muß, wie die Geldmenge in modernen Währungssystemen nicht mehr vollständig durch materielle Ressourcen gedeckt werden kann[94]. Politische Machtzunahme läßt sich unter diesen Umständen in Analogie zum Geldschöpfungsprozeß durch Kreditnahme und Kreditvergabe der Banken betrachten. Die Beschaffung politischer Unterstützung im politischen System kann in dieser Weise als politischer Machtschöpfungsprozeß beschrieben werden[95].

Politische Macht beruht zwar im Grenzfall auf der Androhung oder Anwendung physischer Gewalt, die Machtform, die durch Machtschöpfung vermehrt wird, ist jedoch die Wahlmöglichkeit, politische Unterstützung einer Partei, dem Parlament, der Regierung, der Verwaltung, der Justiz, der Polizei, dem Militär, einem konkreten Entscheidungsverwender oder schließlich einer grundlegenden oder konkreten politischen Entscheidung zu gewähren oder zu entziehen. Gewährung politischer Unterstützung bedeutet zunächst, daß der Unterstützung Gewährende keine anderen Machtmittel *gegen* das Unterstützte einsetzt, im Bedarfsfall jedoch solche Machtmittel *für* das Unterstützte beisteuert. Entzug politischer Unterstützung bedeutet entweder Gewährung politischer Unterstützung für andere Einheiten des politischen Systems, z. B. für andere Parteien oder andere politische Entscheidungen, oder aber prinzipieller Entzug gegenüber dem institutionalisierten politischen System insgesamt und die Bereitschaft, andere Machtmittel, wie z. B. die Anwendung physischer Gewalt, zu verwenden. Je mehr ein allgemeines Vertrauen in die Chancengleichheit eines Wettbewerbs um politische Unterstützung besteht, um so mehr ist die Verfügung über politische Macht in Gestalt politischer Unterstützung legitimiert. Politische Unterstützung ist dann nur noch die allgemeine Akzeptierung politischer Kollektive als Inhaber politischer Entscheidungsrollen. In diesem Fall wird von den Systemmitgliedern allgemein anerkannt, daß derjenige, der über politische Unterstützung verfügt, die Chance hat, Widerstrebende vor die Alternative zu stellen, eine politische Entscheidung abzunehmen oder einen anderen Verlust hinnehmen zu müssen. Die aus politischer Unterstützung erwachsende Sanktionsfähigkeit wird dann unabhängig von den kollektivspezifischen Machtmitteln derjenigen sozialen Kollektive, die gerade politische Unterstützung gewähren.

Politische Unterstützung kann von einer Einheit auf eine andere zur weiteren Verwendung übertragen werden. So können Parteisympathisanten einer politischen Partei politische Unterstützung gewähren bzw. entziehen; die politische Partei kann diese wiederum einem Parlament und einer Regierung sowie der Verwaltung, Justiz, Polizei und dem Militär gewähren bzw. entziehen. Das Parlament, die Regierung, die Verwaltung, die Justiz, die Polizei und das Militär können mit dieser politischen Unterstützung politische Entscheidungen als verbindlich durchsetzen.

Der konkrete Entscheidungsverwender als Konsument kann z. B. an die politische Unterstützung durch die Justiz anknüpfen, wenn er die Unterstützung des Gerichts für die Durchsetzung konkreter Entscheidungen abruft. In dieser Weise ist politische Unterstützung, die gewährt bzw. entzogen werden kann, die Form politischer Macht, die innerhalb des politischen Systems und über dessen Grenzen hinweg zirkuliert, eine Integrationsfunktion ausübt und durch einen Machtschöpfungsprozeß vermehrt werden kann.

Wollen Wirtschaftsbetriebe die Güterproduktion erweitern, dann müssen Kredite aufgenommen werden, um die notwendigen Investitionen vornehmen zu können. Die Ausweitung der Güterproduktion im Wirtschaftssystem insgesamt macht die Geldschöpfung über die Banken erforderlich. Die Banken nehmen Kredite gegen Zinsen und vergeben selbst Kredite gegen Zinsen an Wirtschaftsbetriebe, die damit Investitionen tätigen können. Solange die Kreditgeber genügend Vertrauen in den ökonomischen Nutzen ihrer Geldanlage in der Bank haben, d. h. genügend Vertrauen, daß die Bank mit ihrer Kreditvergabe Gewinne erwirtschaften kann, ist es für die Bank möglich, mehr Geld als Kredit an Wirtschaftsbetriebe zu verleihen, als sie verleihen könnte, wenn sie ständig zur unmittelbaren Zurückzahlung aller Geldeinlagen fähig sein müßte. Die tatsächliche Zurückforderung aller Geldeinlagen würde die Insolvenz einer Bank oder sogar den Zusammenbruch des gesamten Kapitalmarktes herbeiführen. Die Banken könnten die eingegangenen Verpflichtungen nicht erfüllen.

Soll im politischen System die Menge gesamtgesellschaftlich verbindlicher Entscheidungen zunehmen, ist in Analogie dazu Machtschöpfung über die Gewinnung politischer Unterstützung erforderlich. Im politischen System insgesamt ist Machtschöpfung durch erhöhte institutionalisierte Partizipation möglich. Je mehr sich das politische System intern differenziert, um so mehr stehen dafür spezielle Institutionen in Analogie zu den Banken in modernen Wirtschaftssystemen zur Verfügung und um so mehr findet in Analogie zur Trennung von Kapitalmarkt und Gütermarkt eine Trennung von Partizipationssystemen zur Beschaffung politischer Unterstützung und Systemen der Entscheidungsselektion und der Entscheidungsverwendung statt. Die Funktion der Banken übernehmen politische Parteien. Die Unternehmen sind Regierung, Parlament und Ministerialverwaltung, die grundlegende Entscheidungen treffen und die weitere Verwaltung, Justiz, Polizei und Militär, die auf dieser Grundlage konkrete Entscheidungen treffen, an die Entscheidungsverwender als Konsumenten anknüpfen. In undifferenzierten politischen Systemen kann Machtschöpfung auch direkt über politische Kernsysteme erfolgen. In einem patrimonialen Herrschaftssystem kann z. B. politische Macht dadurch vermehrt werden, daß alle Regionen des Landes von einer größeren Zahl loyaler Beamter verwaltet werden.

Soziale Gruppierungen verfügen über das Machtmittel, durch geringe *institutionalisierte* Partizipation den Partizipationssystemen zur Beschaffung politischer Unterstützung insgesamt, d. h. nicht nur konkreten Parteien, politische Unterstützung entziehen zu können. Je mehr es gelingt, politische Unterstützung für die Partizipationssysteme insgesamt zu gewinnen, um so mehr Macht wird auf die Partizipationssysteme übertragen. Solange die Machtkreditgeber genügend Vertrauen in die politische Effektivität ihrer Gewährung politischer Unterstützung durch institutionalisierte politische Partizipation haben, ist es für die Parteien möglich, mehr politische Unterstützung als generelles Machtmittel an Parlament, Regierung und Ministerialverwaltung zu übertragen als sie übertragen könnten, wenn sie zu jeder Zeit und in vollem Umfang zur Rückgabe des Machtkredits einschließlich der Einhaltung der eingegangenen Verpflichtungen an die Partizipierenden fähig sein müßten. Die tatsächliche Zurückforderung aller Machteinlagen würde zur Insolvenz einzelner Parteien oder sogar zum Zusammenbruch des gesamten Partizipationssystems führen. Die Parteien wären nicht in der Lage, den eingegangenen Verpflichtungen nachzukommen. Es könnten, in Analogie zu den angefallenen Zinsen bei Geldkrediten, die durch Machtkredite angefallenen Verpflichtungen für politische Effektivität in Gestalt der Wertsteigerung der gewährten politischen Macht nicht erfüllt werden.

Politische Parteien als die Banken des politischen Systems vergeben ihrerseits Machtkredite an die übrigen politischen Teilsysteme, welche die Rolle und Funktion von Unternehmen innerhalb des politischen Systems übernehmen, die Entscheidungen treffen und durchsetzen. Unternehmen im Wirtschaftssystem verwenden die von Banken übernommenen Kredite, um Investitionen zu finanzieren. Sie können gegen Geld beliebige Investitionsgüter eintauschen. Die Konsumenten können wiederum an die von den Unternehmen produzierten Güter durch die Verwendung von Geld als Zahlungsmittel unabhängig von der konkreten Bedürfnislage der Tauschpartner anschließen. Im politischen System können zunächst im Parlament, in der Regierung und in der Ministerialverwaltung mit dem übertragenen Machtkredit Entscheidungen als verbindlich getroffen werden, wie die Unternehmen mit ihrem Geldkredit Investitionsgüter kaufen können. Auf dieser Investitionsgrundlage werden dann in den anderen Teilsystemen vor allem in der Verwaltung, in der Justiz und in der Polizei laufend konkrete Entscheidungen getroffen und durchgesetzt, an die wiederum Handelnde anderer sozialer Systeme durch ihre gleichzeitige Mitgliedschaft im politischen System und den dadurch bedingten Zugang zu politischer Macht, d. h zu politischer Unterstützung, anknüpfen können. Die Verwendung politischer Macht erlaubt es einem Vertragschließenden, unabhängig von den persönlichen Machtverhältnissen zwischen ihm und seinem Vertragspartner, bei seinen Vereinbarungen das Vertragsrecht und konkrete gerichtliche Entscheidungen vorauszusetzen.

Typische Krisenerscheinungen des Währungssystems und des Machtsystems sind deflatorische und inflatorische Tendenzen[96]. Bei einer Deflation können für eine gleichbleibende Geld- oder Machteinheit auf dem Kapitalmarkt bzw. in den Partizipationssystemen zur Beschaffung politischer Unterstützung höhere Zinsen bzw. Verpflichtungen erzielt werden und auf dem Gütermarkt bzw. bei der Entscheidungsselektion und -verwendung können dafür mehr Güter und Dienste eingetauscht bzw. Entscheidungen als verbindlich durchgesetzt werden. Bei einer Inflation können für eine gleichbleibende Geld- oder Machteinheit auf dem Kapitalmarkt bzw. in den entsprechenden Partizipationssystemen immer niedrigere Zinsen bzw. Verpflichtungen erzielt werden und auf dem Gütermarkt bzw. bei der Entscheidungsherstellung und -verwendung können dafür immer weniger Güter und

Dienste eingetauscht bzw. Entscheidungen als verbindlich durchgesetzt werden. Beide Tendenzen sollen zunächst auf dem Kapitalmarkt bzw. in den Partizipationssystemen zur Beschaffung politischer Unterstützung untersucht werden.

Übersteigt die Nachfrage nach Geld und politischer Unterstützung auf dem Kapitalmarkt bzw. in den entsprechenden Partizipationssystemen das Angebot von Sparern und Partizipierenden, dann muß der Kreditnehmer dafür hohe Verbindlichkeiten eingehen. Die Bank und die Investoren müssen bei Geldknappheit hohe Zinsen bezahlen, die politischen Entscheidungsträger müssen bei Machtknappheit den wenigen Kreditgebern gegenüber weitreichende Verpflichtungen eingehen, d. h. für den übertragenen Machtkredit hohe Gegenleistungen in Gestalt der Wertsteigerung der übertragenen Macht zur Durchsetzung politischer Entscheidungen im Interesse der Kreditgeber erbringen. Es kommt zur Machtdeflation. Je schwieriger es ist, politische Macht durch Gewinnung politischer Unterstützung verschiedener sozialer Gruppierungen zu erhalten, um so größer wird die Abhängigkeit der politischen Banken von den wenigen Machtbesitzern. Das politische System verfügt dann über wenig politische Macht und wenig Autonomie und demzufolge über wenig Offenheit für beliebige Teile der Umwelt. Politische Entscheidungen können in ihrer Tragweite auch kaum über die Erwartungen der wenigen Kreditgeber hinaus erweitert werden. Die Leistungsentfaltung eines solchen politischen Systems ist erheblichen Beschränkungen unterworfen. Wenn man annimmt, daß mit der Komplexität der gesellschaftlichen Umwelt des politischen Systems in den Systemen der Entscheidungsverwendung der Bedarf an politischen Entscheidungen wächst, dann muß in einem solchen System mit dieser Zunahme der Komplexität die Diskrepanz zwischen Leistungsbedarf und Leistungsfähigkeit ständig wachsen.

Machtdeflation dieser Art ist eine typische Erscheinung in Gesellschaften mit geringer Ausdehnung politischer Partizipation und geringer Regelung der Partizipation durch institutionalisierte Normen und geringer funktionaler Differenzierung des politischen Systems. Sie findet sich vor allem in unterentwickelten Gesellschaften mit noch geringer sozialer Mobilisierung, deren politischen Institutionen kaum politische Partizipation zulassen und die deshalb die Gewinnung politischer Unterstützung durch Organisierung der politischen Partizipation nicht zur Verbreiterung ihrer Machtbasis, also als Mittel der Machtschöpfung, einsetzen können. Traditionale oligarchische Monarchien und reine Militärdiktaturen fallen unter diesen Typus politischer Systeme. Die Machtkreditgeber sind in diesem Fall in der Regel Grundbesitzer, das Militär oder ausländisches Kapital. Solche politischen Systeme können sich nur relativ stabil erhalten, solange noch wenig soziale Mobilisierung besteht, welche die Entscheidungsfähigkeit des politischen Systems ernsthaft auf die Probe stellen würde[97]. Soziale Mobilisierung bedeutet, daß schon bestehende soziale Gruppierungen ein stärkeres Bewußtsein ihrer Position in der Gesellschaft entwickeln und vor allem neue soziale Gruppierungen, z. B. im Gefolge wirtschaftlicher Entwicklung, mit einem solchen Bewußtsein auftreten. Es wachsen dadurch die Ansprüche an das politische System und es nimmt die tatsächliche politische Aktivität solcher Gruppierungen zu.

Mit zunehmender sozialer Mobilisierung kann es zu einer wesentlich höheren tatsächlichen, aber nicht institutionalisierten politischen Partizipation, z. B. in Form von Generalstreiks, Demonstrationen, Aufruhr, Revolte oder Terror, kommen, als die politischen Institutionen zulassen und verarbeiten können. Das Angebot politischer Partizipation übersteigt die Nachfrage, oder die politische Partizipation ist nicht durch institutionalisierte Normen und politische Parteien geregelt. Es gibt noch kein entwickeltes System starker politischer Parteien, die um politische Unterstützung konkurrieren. In dieser Hinsicht gleicht ein solches politisches System den Stadien der Wirtschaftsentwicklung ohne entwickeltes Bankensystem und es ist demgemäß ständig durch Zusammenbrüche bedroht. Auf jeden Fall entsteht besonders häufig die zweite Form krisenhafter Entwicklung eines Machtsystems, die Machtinflation. Das Fehlen der erforderlichen politischen Institutionen zur Regelung politischer Partizipation führt dazu, daß die Konflikte zwischen den verschiedenen sozialen Gruppierungen nicht im Rahmen fest institutionalisierter politischer Strukturen ausgetragen werden, sondern dem freien Kampf überlassen bleiben. Politische Partizipation erreicht in diesem Fall zwar ein hohes Ausmaß, sie ist aber kaum in politischen Strukturen institutionalisiert. Die sozialen Gruppierungen beschränken sich nicht auf das Machtmittel der Gewährung oder des Entzugs politischer Unterstützung und sie verwenden häufiger und in vermehrtem Ausmaß gruppenspezifische Machtmittel. In einem solchen System kommt es zur Machtinflation. Die Macht, über die eine soziale Gruppierung verfügt, kann stets durch die Macht anderer sozialer Gruppierungen durchbrochen werden. Die verfügbaren Machteinheiten der sozialen Gruppierungen, die auf der Möglichkeit des Entzugs politischer Unterstützung beruhen, werden ständig entwertet. Es findet durch die hohe soziale Mobilisierung und politische Partizipation eine außerordentliche Vermehrung der in der Gesellschaft verfügbaren Macht statt, aber der Wert jeder Machteinheit ist relativ gering. Es können damit kaum politische Entscheidungen als verbindlich durchgesetzt werden, da sie durch die Machtmittel anderer sozialer Gruppierungen stets außer Geltung gesetzt werden.

Auf niedrigerem Niveau der Entwicklung von Wirtschaftssystemen und politischen Systemen wird Inflation nicht nur dadurch erzeugt, daß das Angebot von Geld und Macht die Nachfrage übersteigt, sondern vor allem dadurch, daß Geldanlage bzw. politische Partizipation kaum in ausdifferenzierten Teilsystemen mit systemspezifischen, institutionalisierten Normen, interner funktionaler Differenzierung und Konkurrenz zwischen Banken um Geldanleger bzw. zwischen politischen Parteien um Partizipierende geregelt werden. Diese Merkmale sind auf niedrigerem Entwicklungsniveau die grundlegenden Ursachen der Inflation auf dem Kapitalmarkt bzw. in der politischen Partizipation. Den großen Wirtschaftskrisen und Bankenzusammenbrüchen auf niedrigerem Niveau der Organisiertheit kapitalistischer Wirtschaftssysteme entsprechen die großen politischen Krisen und Parteienzusammenbrüche auf niedrigerem Niveau der Organisiertheit politischer Systeme bei Einsetzen höherer sozialer Mobilisierung.

Inflation wirkt negativ zurück auf das Vertrauen in den ökonomischen Nutzen von Geldanlagen bzw. auf das Vertrauen in die politische Effektivität institutionalisierter politischer Partizipation. Im politischen System wächst dadurch die Neigung zu nicht institutionell geregelten Formen der Partizipation und zur Verwendung der gruppenspezifischen Machtmittel. Dadurch wird erneut der Grad der institutionellen Regelung politischer Partizipation vermindert und die in der Gesellschaft angewendete Machtmenge vermehrt. Die Inflation wird in einem zirkulären Prozeß verstärkt.

Die Konsumenten politischer Entscheidungen, die Entscheidungsverwender, bezahlen politische Entscheidungen dadurch, daß sie ihre kollektivspezifische und persönliche Macht dafür an die entsprechenden politischen Kernsysteme *abtreten*, indem sie diesen politische Unterstützung gewähren. Im Falle einer Machtinflation werden politische Entscheidungen immer teurer, so daß fast nur noch soziale Gruppierungen mit sehr hoher Macht zahlungskräftig bleiben. Die Selektion verbindlicher Entscheidungen auf dem Gütermarkt wird dann fast ausschließlich durch die Nachfrage der mächtigsten sozialen Kollektive bestimmt. Bei einer Machtdeflation verfügen nur wenige soziale Kollektive in der Gesellschaft über Macht. Nur diese treten dann auf dem politischen Gütermarkt als Nachfrager politischer Entscheidungen auf. Dadurch steigt der Wert ihrer Macht, so daß sie dafür sehr viele verbindliche Entscheidungen in ihrem Interesse eintauschen können.

Machtdeflation und Machtinflation können in der Gesellschaft auch dadurch zustande kommen, daß in Analogie zum Gütermarkt bei der Entscheidungsherstellung und -verwendung ein Ungleichgewicht zwischen dem Angebot politischer Entscheidungen und der Nachfrage nach politischen Entscheidungen besteht. Ist die Nachfrage nach politischen Entscheidungen geringer als das Angebot, dann entsteht Machtdeflation. Die wenigen Verwender politischer Entscheidungen können durch ihren Zugang zu politischer Macht für eine gleichbleibende Machteinheit mehr und durchgreifendere Entscheidungen als verbindlich durchsetzen. Auch hierfür sind oligarchische Monarchien und insgesamt Gesellschaften mit geringer sozialer Mobilisierung typische Beispiele. Die wenigen Nachfrager nach politischen Entscheidungen, wie z. B. Grundbesitzer, können sehr viele Entscheidungen mit Hilfe politischer Macht durchsetzen.

Neben einer geringeren Nachfrage nach politischen Entscheidungen im Verhältnis zum Angebot hat vor allem auf niedrigerem Entwicklungsniveau geringere Organisiertheit der politischen Kernsysteme und geringe funktionale Differenzierung unter der Bedingung geringer Nachfrage nach politischen Entscheidungen deflatorische Wirkungen. Dadurch wächst die Möglichkeit der wenigen sozialen Gruppierungen, die Zugang zu politischer Macht haben, Entscheidungen durchzusetzen.

Übersteigt die Nachfrage nach politischen Entscheidungen das Angebot politischer Entscheidungen, dann entsteht bei der Entscheidungsselektion und -verwendung Machtinflation. Für eine gleichbleibende Machteinheit können weniger Entscheidungen als verbindlich durchgesetzt werden. In diesem Fall handelt es sich um eine Entwertung der politischen Macht in Gestalt abrufbarer politischer Unterstützung, zu der jedes Mitglied des politischen Systems bei der Entscheidungs-*verwendung*, z. B. durch die *potentielle* Abrufbarkeit von Gerichtsentscheiden, Zugang hat, während es sich bei der Machtinflation auf dem politischen Kapitalmarkt um eine Entwertung der Macht von einzelnen und sozialen Gruppierungen handelt, die auf *ihrer* Möglichkeit des Entzugs politischer Unterstützung beruht. Machtinflation bei der Entscheidungsselektion und -verwendung bedeutet, daß sich einzelne und soziale Gruppierungen immer weniger auf die Wirksamkeit abrufbarer politischer Macht in Form politischer Unterstützung verlassen können und deshalb um so mehr die persönlichen Machtverhältnisse zwischen jeweiligen Interaktionspartnern außerhalb des politischen Systems über die Durchsetzbarkeit von Entscheidungen bestimmen.

Machtinflation bei der Entscheidungsselektion und -verwendung ist vor allem als Folge hoher sozialer Mobilisierung mit entsprechender hoher Nachfrage nach politischen Entscheidungen zu erwarten, wenn keine in gleichem Ausmaß wachsende reale Machtschöpfung in den Partizipationssystemen zustande kommt. Im politischen System können in diesem Fall nur wenige grundlegende Entscheidungen als verbindlich durchgesetzt werden. Dadurch übersteigt zwangsläufig die Nachfrage nach politischen Entscheidungen das Angebot.

Bei hoher sozialer Mobilisierung steigt die Nachfrage nach politischen Entscheidungen. Verfügen zugleich die politischen Kernsysteme, die Interessenartikulation und die politische Öffentlichkeit über geringe Organisiertheit durch Institutionalisierung systemspezifischer Normen und über geringe funktionale Differenzierung, dann entsteht auch dadurch Machtinflation. Viele soziale Gruppierungen haben Zugang zu politischer Macht, da jedoch ihre Verwendung weniger durch institutionalisierte Normen und durch funktionale Differenzierung verbindlich geregelt ist, wird die Macht sozialer Gruppierungen jeweils durch die Macht anderer sozialer Gruppierungen durchbrochen. Jede Machteinheit wird entwertet.

Durch inflatorische Entwicklungen bei der Entscheidungsselektion und -verwendung wird langfristig das Vertrauen in den Wert politischer Macht zerstört. Bei geringem Vertrauen in den Wert politischer Macht werden sich die jeweiligen Interaktionspartner um so häufiger nicht auf die Wirksamkeit politischer Macht verlassen, sondern auf die spezifischen Machtmittel, wie z. B. physische Gewalt, ökonomische Macht, Generalstreik, Revolte oder Terror, zurückgreifen, die ihnen persönlich oder als Mitglied einer sozialen Gruppierung zur Verfügung stehen. Durch den gehäuften Einsatz dieser Machtmittel wird jedoch gerade politische Macht erneut entwertet und die Machtinflation verstärkt. Es kommt dann zu einem zirkulären Prozeß einer Inflation, die Konsequenzen hervorruft, die ihre weitere Entwicklung nochmals verstärken.

Mit der fortlaufenden Entwertung von Geld und Macht als generalisierten Kommunikationsmedien im Hinblick auf die für eine Einheit einlösbaren Güter, Dienste oder politischen Entscheidungen schwindet auch das Vertrauen in den Wert des Geldes und der politischen Macht. Es kommt dann zur Flucht in die Sachwerte, die aufgrund ihrer allgemeinen Begehrtheit, wie das Gold, oder aufgrund ihrer allgemeinen Durchsetzungskraft, wie physische Gewalt, nicht nur einen symbolischen, sondern einen intrinsischen Wert besitzen. Im politischen System wird in diesem Fall physische Gewalt zum gesuchten Machtmittel. Als einzige Herrschaftsform ist dann nur noch die Militärdiktatur möglich, die jedoch das Problem der Institutionalisierung der bei hoher sozialer Mobilisierung unausweichlichen hohen politischen Partizipation nicht zu lösen vermag. Das bedeutet, daß auch die Verfügung über die Mittel physischer Gewalt nicht legitimiert und infolgedessen auch nicht ausreichend zentralisiert werden kann. Die Folge ist dann die ständige Wiederkehr von Staatsstreichen unterschiedlicher Fraktionen des Militärs.

In Gesellschaften mit derartig hoher Machtinflation herrscht eine sogenannte prätorianische politische Struktur vor. Das politische System verfügt über wenig Autonomie und ist dem unregulierten Kampf der verschiedenen sozialen Gruppierungen ausgeliefert. Nicht nur das Militär weist eine hohe Politisierung auf, sondern auch andere soziale Gruppierungen, wie z. B. die städtische Mittelklasse, die Studenten, die Gewerkschaften oder die Kirchen. Der Unterschied zwischen diesen in gleichem Ausmaß politisierten Gruppierungen besteht nur darin, daß das Militär über den in einer prätorianischen politischen Struktur bei hoher Machtinflation gesuchten Sachwert physischer Gewalt verfügt[98].

Machtinflation und prätorianische politische Struktur sind eine typische Erscheinung in Gesellschaften mit hoher sozialer Mobilisierung ohne ausreichende Organisation politischer Partizipation durch die Ausbildung von politischer Wahl, Parteiensystemen mit politischen Parteien, Interessenartikulation mit Interessengruppen und politischer Öffentlichkeit als Teilsystemen des politischen Systems, in denen das Handeln durch systemspezifische institutionalisierte Normen geregelt wird. Die Ausbildung von politischer Wahl, Parteiensystemen, Interessenartikulation durch Interessengruppen und politischer Öffentlichkeit mit einem hohen Grad der internen Organisation ist ein entscheidender evolutionärer Schritt, aufgrund dessen die Zulassung hoher politischer Partizipation unter Erhaltung relativer Autonomie des politischen Systems mit seinen Teilsystemen als Voraussetzung von Vertrauen in die Offenheit der Selektionsleistungen des politischen Systems möglich ist. Sie ist eine grundlegende Voraussetzung für die Möglichkeit, einen Machtschöpfungsprozeß ohne hohe Machtinflation zu institutionalisieren. Relativ breite und stabile politische Unterstützung kann nur über die Institutionalisierung eines Parteiensystems gewonnen werden. Hohe politische Partizipation überhaupt zerstört nur dann nicht die relative Autonomie des politischen Systems, wenn politische Wahl, politische Parteien, Interessengruppen und politische Öffentlichkeit über einen relativ hohen Grad der Organisiertheit verfügen. *Sie müssen Interaktionssysteme mit eigenen institutionalisierten Werten, Normen und Rollen bilden, die ihnen eine Grenze gegenüber ihrer nicht-politischen Umwelt der Werte, Bedürfnisse, Ziele, Probleme, Interessen und Themen beliebiger sozialer Gruppierungen geben, aber auch eine Grenze gegenüber den anderen Teilsystemen des politischen Systems*[99].

Durch die Ausdehnung und Institutionalisierung politischer Partizipation in organisierten Teilsystemen ist Machtschöpfung auf breiter Basis möglich. Dies verhindert die einseitige Abhängigkeit des politischen Systems von speziellen Kreditgebern, also deflatorische Tendenzen. Je weniger politische Partizipation organisiert ist durch politische Wahl, politische Parteien, Interessengruppen und politische Öffentlichkeit, um so eher setzen sich einseitig diejenigen Interessen außerhalb des politischen Systems durch, die über mehr und andere Machtmittel als die Gewährung politischer Unterstützung verfügen, z. B. über physische Gewalt oder über Geld. Bei geringer Ausdehnung politischer Partizipation ergibt sich dies aus deflatorischen Tendenzen, bei starker Ausdehnung politischer Partizipation aus inflatorischen Tendenzen. Auf jeden Fall ist unter dieser Bedingung eine schichtspezifische Ungleichheit der Offenheit des politischen Systems für Einfluß aus der Umwelt unvermeidlich. In milderer Form zeigt sich diese Ungleichheit als Folge inflatorischer Tendenzen z. B. im Nachteil der Unterschichten in den USA, im Vergleich zu England, informellen Einfluß in derselben Weise zu nutzen, wie die Mittel- und Oberschichten, allein schon aufgrund der geringeren Kenntnis von Handlungsmöglichkeiten. So ist es nicht überraschend, daß die Erwartung, auf lokale politische Entscheidungen Einfluß nehmen zu können, in der Unterschicht der USA, wo Parteien und Interessengruppen weniger organisiert sind als z. B. in England, auch weniger ausgeprägt ist als in England und außerdem eine größere Diskrepanz zu der entsprechenden Erwartung der Mittel- und Oberschicht aufweist als in England[100]. Dadurch wird die hier entwickelte Hauptthese bestätigt, daß die relative Autonomie des politischen Systems eine notwendige Voraussetzung seiner Offenheit ist und daß die Einschränkung dieser relativen Autonomie zu Einschränkungen der Offenheit führt. Dabei ist hervorzuheben, daß diese relative Autonomie vor allem durch die Ausweitung politischer Partizipation und durch ihre gleichzeitig hohe Organisiertheit durch politische Wahl, politisches Parteiensystem, Interessenartikulation durch Interessengruppen und politische Öffentlichkeit als Teilsystemen des politischen Systems mit eigenen Werten, Normen und Rollen gewährleistet wird.

Ausweitung politischer Partizipation bedeutet Machtschöpfung und Vermeidung von Deflation. Regelung politischer Partizipation durch Parteiensysteme und institutionalisierte Normen verhindert Machtinflation auf dem politischen Kapitalmarkt. Ausweitung politischer Partizipation über erhöhte Nachfrage nach politischen Entscheidungen verhindert Deflation bei der Selektion, verbindlichen Durchsetzung und Verwendung politischer Entscheidungen. Regelung politischer Partizipation auf dem Gütermarkt des politischen Systems durch Interessenartikulation mit organisierten Interessengruppen und durch politische Öffentlichkeit als Teilsystemen mit spezifischen institutionalisierten Normen verhindert Machtinflation auf dem politischen Gütermarkt. Dadurch erhält das politische System relative Autonomie als Voraussetzung der Offenheit und schließlich als Voraussetzung der Erhaltung des Vertrauens in die Offenheit seiner Selektionsleistungen gegenüber der Umwelt als der modernen Form des Legitimitätsglaubens. Durch dieses Vertrauen in die Offenheit des politischen Systems kann die Verbindlichkeit politischer Entscheidungen über die konkrete Androhung oder Anwendung von Zwang hinaus auf ein generalisiertes Abnahmemotiv gestützt werden. Das Vertrauen in die Offenheit des politischen Systems ist ein generalisiertes Motiv für die Akzeptierung oder Duldung einsetzbarer politischer Macht, für die Normen, welche die Herrschaftsordnung bilden und für die in diesem Rahmen getroffenen politischen Entscheidungen.

Es wirkt darüber hinaus wieder zurück auf die Bereitschaft zur Gewährung politischer Unterstützung für das politische System insgesamt durch institutionalisierte politische Partizipation als Grundlage der politischen Machtschöpfung. Soweit politische Partizipation institutionalisiert ist, bedeutet dies, daß die Partizipierenden das Machtmittel der Gewährung bzw. des Entzugs politischer Unterstützung verwenden und ihre jeweils spezifischen Machtmittel, wie physische Gewalt oder Geld, nicht gegen das politische System bzw. gegen die unterstützte Einheit des politischen Systems einsetzen.

Machtdeflation und Machtinflation vermindern über die geringere relative Autonomie und die geringere Offenheit des politischen Systems das Vertrauen in die

Offenheit des politischen Systems. Daraus folgt wiederum eine geringere Bereitschaft zur Akzeptierung oder Duldung der einsetzbaren politischen Macht, der Herrschaftsordnung und der politischen Entscheidungen sowie eine geringere Bereitschaft zur politischen Partizipation in den institutionalisierten Formen. Bei Machtinflation ergibt sich eine erhöhte Neigung zum direkten Einsatz gruppenspezifischer Machtmittel. Dadurch wird politische Macht entwertet und die Machtinflation erneut verstärkt.

Nach dieser allgemeinen Darstellung der Voraussetzungen und Folgen von Machtschöpfung, Machtdeflation und Machtinflation auf dem politischen „Kapital"- und „Gütermarkt" sollen nun die jeweiligen unabhängigen Variablen, ihre Kombinationen und die entsprechenden Wirkungen zusammengefaßt werden.

Die in diesem Rahmen im Hinblick auf die abhängigen Variablen der Machtzunahme, Machtstagnation, Machtdeflation, Machtinflation, der Stagnation der Entscheidungsleistung und der Steigerung der Entscheidungsleistung relevanten unabhängigen Variablen können in die folgenden Kategorien eingeteilt werden.

(1) Politischer Kapitalmarkt: Beschaffung politischer Unterstützung durch politische Partizipation

(A) Ausdehnung (Angebot) politischer Partizipation
(B) Nachfrage nach politischer Unterstützung durch politische Partizipation
(C) Intensität der Konkurrenz politischer Parteien um politische Unterstützung
($D_{1,2}$) Ausdifferenzierung und institutionelle Regelung (Organisiertheit) der Systeme zur Beschaffung politischer Unterstützung durch politische Partizipation
    (a) Politisches Parteiensystem und politische Parteien
    (b) Politische Wahl
(D_3) Funktionale Differenzierung und Spezifizierung von Leistungen der Systeme zur Beschaffung politischer Unterstützung durch politische Partizipation

(2) Politischer Gütermarkt: Selektion, verbindliche Durchsetzung und Verwendung politischer Entscheidungen

(G) Nachfrage nach politischen Entscheidungen
(H) Angebot politischer Entscheidungen
($I_{1,2}$) Intensität der Konkurrenz von politischen Entscheidungsträgern und Verwaltungspersonal
($K_{1,2}$) Ausdifferenzierung und institutionelle Regelung (Organisiertheit) von Systemen zur Selektion, verbindlichen Durchsetzung und Verwendung politischer Entscheidungen

    Politische Kernsysteme:
    (e_1) Parlament
    (e_2) Regierung
    (e_3) Verwaltung
    (e_4) Justiz
    (e_5) Polizei
    (e_6) Militär

Partizipationssysteme:

(c)   Interessenartikulation

(d)   Politische Öffentlichkeit

(K_3) Funktionale Differenzierung und Spezifizierung von Leistungen von Systemen zur Selektion, verbindlichen Durchsetzung und Verwendung politischer Entscheidungen.

Aus dem Grad der Ausprägung dieser Variablen sind spezifische Konsequenzen zu erwarten. Dabei werden vor allem Kombinationen der Ausprägung der Variablen untereinander berücksichtigt. Von den logisch möglichen Kombinationen wird im Falle der Partizipationssysteme zur Gewinnung politischer Unterstützung auf die empirisch relevanten Fälle der Verbindung der Variable (A) mit geringerer oder größerer Ausprägung der Variablen (B), (C), $(D_{1,2})$ und (D_3) eingegangen. Es ergibt sich daraus vor allem geringere oder größere Machtschöpfung mit geringerer oder größerer Tendenz zu Machtdeflation oder Machtinflation und *daraus folgend geringere oder größere relative Autonomie, Offenheit, Vertrauen in die Offenheit und Entscheidungsfähigkeit des politischen Systems.* Im Falle der Entscheidungsselektion, -durchsetzung und -verwendung werden die empirisch relevanten Kombinationen der Variablen (G) mit den Variablen (H), $(I_{1,2})$, $(K_{1,2})$ und (K_3) berücksichtigt.

Unter der Ausdifferenzierung und institutionellen Regelung von Systemen zur Beschaffung politischer Unterstützung durch politische Partizipation oder von Systemen der Selektion, verbindlichen Durchsetzung und Verwendung politischer Entscheidungen ist das Ausmaß gemeint, in dem das Handeln in diesen Systemen von den Handelnden selbst vom Handeln in anderen Systemen getrennt wird, eine eigene Zweckrationalität besitzt, durch institutionalisierte Normen geregelt wird, die es vom Handeln in anderen Systemen unterscheidet, und das Ausmaß der Institutionalisiertheit von Normen zur Regelung des Handelns überhaupt, d. h., das Ausmaß, in dem von Interaktionspartnern und Dritten das Festhalten an normativen Erwartungen erwartet werden kann. Der Begriff der Organisiertheit sozialer Systeme wird in derselben Bedeutung verwendet. Das Gegenteil wäre Überlagerung durch andere Systeme oder Desorganisation bzw. Anomie.

Anstelle von Entscheidungsfähigkeit wird auch von Entscheidungsleistung gesprochen. In beiden Fällen ist die Menge der in einer Zeiteinheit getroffenen und als verbindlich durchgesetzten Entscheidungen *im Verhältnis* zu den artikulierten Entscheidungsthemen gemeint.

(1) Politischer Kapitalmarkt: Beschaffung politischer Unterstützung durch politische Partizipation

(A) Mit zunehmender Ausdehnung politischer Partizipation sozialer Gruppierungen wächst die im politischen System potentiell verfügbare Menge politischer Macht. Durch Gewinnung politischer Unterstützung kann die unmittelbare Macht der sozialen Kollektive in politische Macht des politischen Systems transformiert werden.

(A) (B) Mit zunehmender Nachfrage nach politischer Partizipation ergibt sich bei geringer Ausdehnung der Partizipation Machtdeflation, bei gleichzeitig zunehmender Ausdehnung entsteht Machtzunahme ohne Machtinflation. Mit abnehmender Nachfrage nach politischer Partizipation ergibt sich bei geringer Ausdehnung der Partizipation eine Stagnation der Machtschöpfung. Bei hoher Partizipation folgt daraus Machtinflation.

(A) (C) Mit der Intensität der Konkurrenz politischer Parteien um politische Unterstützung wächst die Generalisierung politischer Unterstützung und ihre relative Trennung von konkreten Wert- und Interesseneinflüssen. Es nimmt aber auch die Offenheit des politischen Systems für unterschiedliche Motive der Unterstützung und Ablehnung und die Offenheit für alternative politische Entscheidungen zu. Hohe Konkurrenz führt bei geringer Ausdehnung politischer Partizipation zu Machtdeflation, niedrige Konkurrenz bei hoher Ausdehnung politischer Partizipation zu Machtinflation. Niedrige Konkurrenz und geringe Ausdehnung politischer Partizipation haben Stagnation der Machtzunahme zur Folge. Hohe Konkurrenz und hohe Ausdehnung politischer Partizipation bewirken hohe Machtzunahme. Dadurch sind Unterschiede der Offenheit zwischen Systemen mit Machtkartellen, Versäulung oder Einparteiregimen und Systemen mit hoher Intensität der Konkurrenz politischer Parteien zu erklären, die im Hinblick auf die anderen Variablen ähnlich einzustufen sind. Einparteiensysteme erweisen sich durch ihren hohen Grad der Organisiertheit politischer Partizipation als relativ stabil und durch den hohen Grad der Machtschöpfung zur Erfüllung des Entscheidungsbedarfs fähig. Die fehlende Konkurrenz politischer Parteien bewirkt jedoch wiederum eine Tendenz zu Machtinflation, geringerer relativer Autonomie und geringerer Offenheit für alternative Entscheidungen. Typischerweise sind diese Systeme in unterentwickelten Gesellschaften die stabilsten. Sofern sie sich auf eine langjährig im revolutionären Kampf gefestigte Bewegung stützen, sind sie im Grad der Organisiertheit in der Regel anderen Parteiensystemen überlegen, die meist wesentlich schwächer institutionalisiert sind und weniger relative Autonomie des politischen Systems gegenüber den gesellschaftlichen Gruppierungen garantieren können. Dies erklärt die vergleichsweise höhere Stabilität und Entscheidungsfähigkeit der Einparteiensysteme unterentwickelter Gesellschaften. Allerdings ist anzunehmen, daß in hochentwickelten Gesellschaften die fehlende Konkurrenz politischer Parteien zum Engpaß im Hinblick auf die Steigerung der Offenheit und mittelbar der Entscheidungsfähigkeit wird. Dies gilt allerdings nur im Vergleich zu Systemen, die sowohl Intensität der Konkurrenz politischer Parteien als auch hohe Organisiertheit politischer Partizipation und funktionale Differenzierung der Teilsysteme auszeichnet. Eine geringere Ausprägung dieser Merkmale bei hoher Intensität der Parteienkonkurrenz vermindert ihrerseits die relative Autonomie, die Offenheit und die Entscheidungsfähigkeit eines politischen Systems.

(A) ($D_{1,\,2}$) Mit zunehmender institutioneller Regelung bzw. Organisiertheit politischer Partizipation über politische Wahl und Parteiensysteme vermindert sich bei geringer Ausdehnung politischer Partizipation die Tendenz zu Machtdeflation und bei stärkerer politischer Partizipation die Tendenz zu Machtinflation.

Bei zunehmender politischer Partizipation ist unter dieser Bedingung in einem höheren Ausmaß Machtschöpfung ohne starke Machtinflation und dadurch höhere relative Autonomie, Offenheit und damit höhere Entscheidungsfähigkeit des politischen Systems erreichbar. Bei höherer Ausprägung der Organisiertheit, aber geringer Ausdehnung politischer Partizipation findet geringe Machtschöpfung statt.

(A) (D₃) Durch die funktionale Differenzierung der politischen Partizipation zur Beschaffung politischer Unterstützung können mehrere Funktionen in erhöhtem Maße erfüllt werden. Die Schwelle der Unvereinbarkeit unterschiedlicher Funktionen erhöht sich. Es kann dadurch z. B. politische Partizipation weiter ausgedehnt werden, ohne ihre Leistungsfähigkeit als Institution der Machtschöpfung zu beeinträchtigen. Hohe funktionale Differenzierung politischer Partizipation zur Beschaffung politischer Unterstützung ermöglicht bei hoher Ausdehnung politischer Partizipation hohe Machtzunahme. Hohe funktionale Differenzierung politischer Partizipation zur Beschaffung politischer Unterstützung bei niedriger Ausdehnung politischer Partizipation bedingt dagegen Stagnation der Machtentfaltung. Geringere funktionale Differenzierung hat eine Diffusion von Macht auf verschiedene Institutionen und Gruppierungen zur Folge und bewirkt bei geringer Ausdehnung politischer Partizipation Tendenzen zu Machtdeflation mit Unterwerfung des politischen Systems unter die mächtigen gesellschaftlichen Gruppierungen, z. B. in traditionalen politischen Systemen unter oligarchische Gruppierungen. Bei größerer Ausdehnung politischer Partizipation entstehen aus geringerer funktionaler Differenzierung der Teilsysteme Tendenzen zu Machtinflation. Die Entscheidungen einer Institution können durch andere häufiger außer Kraft gesetzt werden. Es ergibt sich bei dieser Machtinflation auch eine größere Wahrscheinlichkeit der stärkeren Beeinflußbarkeit des politischen Systems durch die mächtigeren oder besser organisierbaren Interessen und gesellschaftlichen Gruppierungen.

(2) Politischer Gütermarkt: Selektion, verbindliche Durchsetzung und Verwendung politischer Entscheidungen

(G) Mit zunehmender Nachfrage nach politischen Entscheidungen durch erweiterte politische Partizipation ist eine Vorbedingung für die Zunahme der politischen Entscheidungsleistungen gegeben. Allerdings kann dies durch die geringe Ausprägung der anderen Variablen wieder reduziert werden. So kann z. B. durch erhöhte Partizipation das vorhandene Ausmaß der Macht der partizipierenden Kollektive wesentlich mehr wachsen als die politischen Entscheidungsleistungen. Dadurch ist die reale Entscheidungsleistung wieder gering.

(G) (H) Ist die Nachfrage nach politischen Entscheidungen wesentlich niedriger als das Angebot, dann steigt der Wert der politischen Macht der wenigen sozialen Gruppierungen, die Zugang zu politischer Macht haben und Nachfrager politischer Entscheidungen sind. Es entsteht Machtdeflation. Wenige Entscheidungsverwender, wie z. B. Grundbesitzer oder Industrielle, haben Zugang zu politischer Macht und können damit sehr viele Entscheidungen in ihrem Sinne durchsetzen. Das politische System kann dadurch keine relative Autonomie erreichen. Politische Entscheidungen werden im Sinne der Machtverhältnisse in der Umwelt des politischen Systems unmittelbar durchgesetzt.

Ist die Nachfrage nach politischen Entscheidungen wesentlich größer als das Angebot, und haben sehr viele soziale Gruppierungen Zugang zu politischer Macht, dann wird jede Machteinheit entwertet. Es kommt zur Machtinflation und zum verstärkten Rückgriff auf die Machtverhältnisse außerhalb des politischen Systems. Dadurch kann das politische System keine relative Autonomie bewahren. Die Durchsetzung politischer Entscheidungen hängt von den Machtverhältnissen außerhalb des politischen Systems ab.

Geringe Nachfrage nach politischen Entscheidungen und geringes Angebot politischer Entscheidungen bewirken zusammen zwar keine Machtdeflation und keine Machtinflation, aber sie haben insgesamt eine geringe Steigerung der Entscheidungsherstellung und -durchsetzung zur Folge. Hohe Nachfrage und hohes Angebot sind Voraussetzungen der Steigerung der Entscheidungsleistungen, sofern zugleich eine hohe reale Machtzunahme gegeben ist.

(G) $(I_{1,2})$ Bei hoher Konkurrenz von Entscheidungsträgern um politische Unterstützung sowie hoher Konkurrenz des Verwaltungspersonals um Anstellung und geringer Nachfrage nach politischen Entscheidungen entsteht Machtdeflation zugunsten der wenigen sozialen Gruppierungen, die Zugang zu politischer Macht haben. Bei hoher Nachfrage nach politischen Entscheidungen ist in diesem Fall Steigerung der Entscheidungsleistungen die Folge, wenn zugleich hohe reale Machtzunahme erfolgt.

Geringe Intensität der Konkurrenz von Entscheidungsträgern und Verwaltungspersonal führt bei niedriger Nachfrage nach politischen Entscheidungen zur Stagnation der Entscheidungsleistungen und bei hoher Nachfrage zur Machtinflation, durch welche die Besitzer von viel Macht begünstigt werden. Muß z. B. schon viel politische Macht eingesetzt werden, um die Loyalität des Verwaltungspersonals zu sichern, entsteht Machtinflation. Dieser Faktor entspräche einer durch Lohndruck verursachten Inflation. In beiden Fällen wirkt Konkurrenz von Arbeitnehmern bzw. von Verwaltungspersonal um Anstellung der Inflation entgegen.

(G) $(K_{1,2})$ Bei geringer institutioneller Regelung bzw. Organisiertheit politischer Kernsysteme und der Systeme der Interessenartikulation und politischen Öffentlichkeit führt niedrige Nachfrage nach politischen Entscheidungen zur Wertsteigerung der politischen Macht der wenigen sozialen Gruppierungen, die Zugang zu politischer Macht haben. Es entsteht Machtdeflation und verbindliche Durchsetzung politischer Entscheidungen im Sinne der wenigen Besitzer politischer Macht. Bei hoher Organisiertheit der genannten Systeme führt geringe Nachfrage nach politischen Entscheidungen zur Stagnation der Entscheidungsleistungen. Hohe Nachfrage nach politischen Entscheidungen bedingt bei geringer institutioneller Regelung bzw. Organisiertheit politischer Kernsysteme und der Systeme der Interessenartikulation und politischen Öffentlichkeit eine Entwertung jeder Machteinheit der vielen sozialen Gruppierungen, die Zugang zu politischer Macht haben. Es entsteht Machtinflation, und die Durchsetzung der Verbindlichkeit politischer Entscheidungen wird abhängig von den Machtverhältnissen zwischen den sozialen Gruppierungen außerhalb des politischen Systems. Hohe Nachfrage nach politischen Entscheidungen verbunden mit hoher Ausdifferenzierung und institutioneller Regelung der politischen Kernsysteme der Interessenartikulation und der politischen Öffentlichkeit führt unter der zusätzlichen Voraussetzung hoher realer Machtzunahme zu einer Steigerung der Entscheidungsleistungen.

(G) (K_3) Bei geringer funktionaler Differenzierung politischer Kernsysteme, der Interessenartikulation und der politischen Öffentlichkeit führt niedrige Nachfrage nach politischen Entscheidungen zu Machtdeflation. Hohe funktionale Differenzierung und niedrige Nachfrage nach politischen Entscheidungen haben Stagnation der Entscheidungsleistungen zur Folge. Hohe Nachfrage nach politischen Entscheidungen bedingt bei geringer funktionaler Differenzierung der genannten Systeme Machtinflation. Hohe Nachfrage nach politischen Entscheidungen und hohe funktionale Differenzierung sind Bedingungen der Steigerung der Entscheidungsleistungen, soweit zugleich eine hohe reale Machtzunahme gegeben ist.

Die entwickelte Theorie der Machtschöpfung, Machtdeflation und Machtinflation enthält Variablen, die in mehreren ökonomischen Inflationstheorien ihre Parallele haben. Der monetär bedingten Inflation entspricht die überschüssige Ausdehnung ungeregelter politischer Partizipation und nichtinstitutionalisierter Verwendung von Machtmitteln bei der Entscheidungsdurchsetzung als entscheidende Variable. Zur Nachfrageinflation kommt es durch überschüssige Nachfrage nach politischen Entscheidungen. Die Angebotsinflation wird durch geringe Konkurrenz von politischen Parteien, politischen Entscheidungsträgern und Verwaltungspersonal bedingt. Die geringe Organisiertheit und funktionale Differenzierung des politischen Systems bilden Variablen, die vor allem infolge des geringeren Entwicklungsniveaus des politischen Systems im Vergleich zum Wirtschaftssystem besondere Relevanz besitzen. In weniger entwickelten Wirtschaftssystemen sind diese Variablen ebenso wirksam wie in politischen Systemen.

4. Formalisierung der Theorie politischer Systeme

Die soweit entwickelte Theorie politischer Systeme soll nun systematisiert und formalisiert dargestellt werden. Ein Diagramm verdeutlicht nochmals den Kreislauf von politischer Macht und politischen Entscheidungen. Ein zweites Diagramm stellt den Zusammenhang zwischen den Variablen der Theorie dar. Durchgezogene Pfeile sind als positive, gestrichelte Pfeile als negative Kausalbeziehungen zu betrachten. Zunächst werden dann grundlegende Begriffe mit ihren Nominaldefinitionen in einer Liste aufgeführt. Eine zweite Liste enthält alle Variablen der formalisierten Theorie und erste Vorschläge für ihre Operationalisierung durch Indikatoren. Daran anschließend wird die Theorie wortsprachlich und symbolsprachlich als ein System von qualitativen Nur-wenn-dann-Aussagen und Wenn-dann-Aussagen dargestellt.

Diese Hypothesen eignen sich zu qualitativen evolutionären Erklärungen. Dieselben Hypothesen lassen sich jedoch auch quantitativ formulieren. In dieser Form werden sie als Je-desto-Aussagen und in Tabellen dargestellt. Diese Hypothesen sind für normale Erklärungen anwendbar.

4.1 Nominaldefinitionen grundlegender Begriffe

Handeln	Verhalten, das auf der Verwendung von Symbolen zur Kategorisierung der Umwelt und des eigenen Verhaltens beruht, die eine jeweilige Sinndeutung erfahren
Soziales Handeln	Handeln, das in seinem vom Akteur gedeuteten Sinn an dem Handeln anderer Akteure orientiert ist
Soziale Interaktion	Wechselseitiges soziales Handeln von mindestens zwei Akteuren
Soziales System	Menge der von den Handelnden selbst unmittelbar aufeinander bezogenen Handlungen mit einem bestimmten Sinngehalt
Umwelt sozialer Systeme	Menge der Zustände außerhalb der Grenzen sozialer Systeme
Relevante Umwelt sozialer Systeme	Menge der Zustände außerhalb der Grenzen sozialer Systeme, die auf das Überleben des Systems einwirken
Nicht relevante Umwelt sozialer Systeme	Menge der Zustände außerhalb der Grenzen sozialer Systeme, die nicht auf das Überleben des Systems einwirken
Identität sozialer Systeme	Summe der Eigenschaften sozialer Systeme
Kognitive Erwartung	Annahme, daß ein bestimmtes Ereignis eintreten wird
Normative Erwartung	Annahme, daß ein bestimmtes Ereignis eintreten soll
Wert	Erwartung, daß Teilnehmer einer Interaktion bestimmte Zustände allgemeiner Art realisieren sollen
Norm	Erwartung an alle Mitglieder sozialer Systeme, auf welche Weise Werte implementiert werden sollen
Rolle	Erwartung an Mitglieder sozialer Systeme mit bestimmten Merkmalen, auf welche Weise Werte implementiert werden sollen
Leistung	Mittel zur Befriedigung von Bedürfnissen
Leistungsfähigkeit	Ausmaß, in dem Leistungen zum Zeitpunkt t_2 im Verhältnis zum Zeitpunkt t_1 vermehrt oder gesteigert werden

**Kreislauf von Geld und Gütern,
von politischer Macht und politischen Entscheidungen**

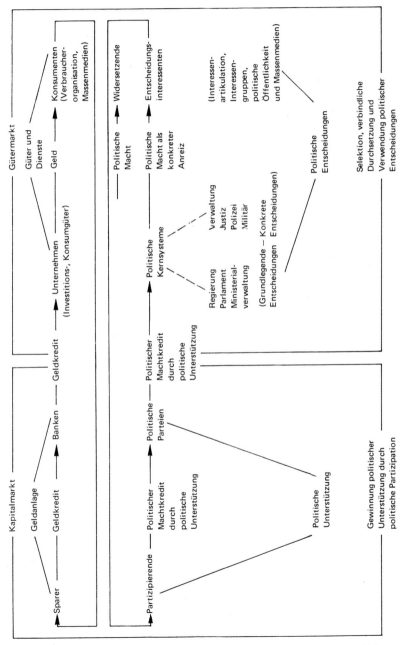

Diagramm 2

Darstellung der Kausalstruktur

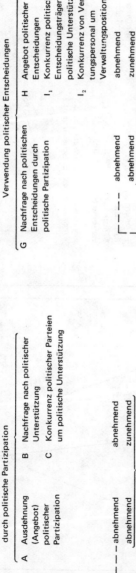
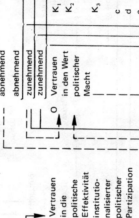
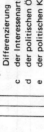

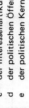

Politischer Kapitalmarkt

Gewinnung politischer Unterstützung durch politische Partizipation

A Ausdehnung (Angebot) politischer Partizipation

B Nachfrage nach politischer Unterstützung

C Konkurrenz politischer Parteien um politische Unterstützung

D₁ Ausdifferenzierung

D₂ Institutionelle Regelung

D₃ Funktionale Differenzierung
a der politischen Wahl des politischen Parteiensystems
b des politischen Parteiensystems

F Vertrauen in die politische Effektivität institutionalisierter politischer Partizipation

L₁ Nominale politische Entscheidungsleistung

E₁ Nominale Machtmenge

Politischer Gütermarkt

Selektion, verbindliche Durchsetzung und Verwendung politischer Entscheidungen

G Nachfrage nach politischen Entscheidungen durch politische Partizipation

H Angebot politischer Entscheidungen

I₁ Konkurrenz politischer Entscheidungsträger um politische Unterstützung

I₂ Konkurrenz von Verwaltungspersonal um Verwaltungspositionen

K₁ Ausdifferenzierung

K₂ Institutionelle Regelung

K₃ Funktionale Differenzierung
c der Interessenartikulation
d der politischen Öffentlichkeit
e der politischen Kernsysteme

O Vertrauen in den Wert politischer Macht

abnehmend / zunehmend

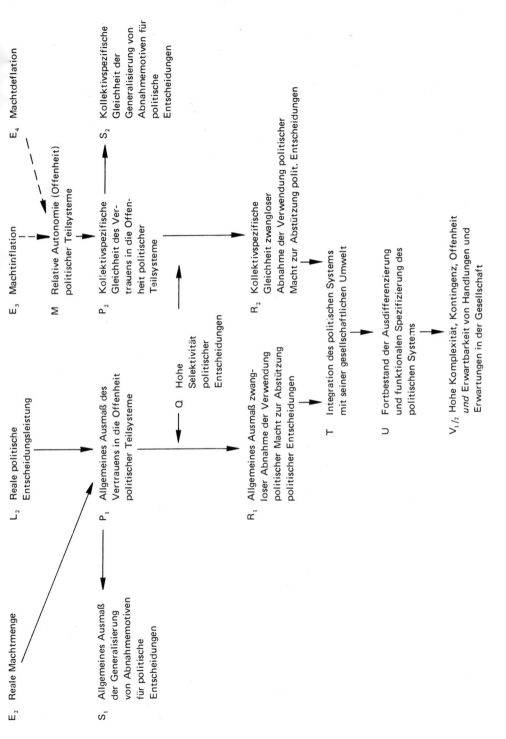

Selektivität von Leistungen	Verhältnis erbrachter Leistungen zu möglichen Leistungen
Selektionsleistung	Aus einer Menge möglicher Leistungen ausgewählte (selegierte) Leistung
Abnehmer von Leistungen in der Umwelt sozialer Systeme	Ausmaß, in dem ein soziales System Leistungen für Akteure in ihrer Eigenschaft als Nichtmitglieder des sozialen Systems erbringt
Funktionale Differenzierung eines sozialen Systems	Ausmaß, in dem Leistungen getrennt und von spezifischen Subsystemen erbracht werden
Funktionale Spezifizierung eines sozialen Systems	Ausmaß, in dem ein System auf die Bereitstellung einer spezifischen Leistung spezialisiert ist und von der Bereitstellung anderer Leistungen befreit ist
Generalisierung von Abnahmemotiven für Selektionsleistungen sozialer Systeme	Ausmaß der Unabhängigkeit der Abnahme der Selektionsleistungen sozialer Systeme von konkreten Motiven der Akzeptierung, Duldung oder Indifferenz
Offenheit der Selektionsleistungen sozialer Systeme	Erhaltung der Möglichkeit, die bei der Selektion einer Leistung ausgeschlossenen Alternativen anstelle der selegierten Leistung zu selegieren
Vertrauen in die Offenheit der Selektionsleistungen sozialer Systeme	Ausmaß und schichtspezifische Gleichheit der Erwartung der Umwelt, auf Selektionsleistungen des sozialen Systems Einfluß nehmen zu können und Berücksichtigung der eigenen Erwartungen durch die Selektionsleistungen des sozialen Systems zu finden
Ausdifferenziertheit eines sozialen Systems	Ausmaß, in dem das Handeln in dem System vom Handeln in anderen Systemen getrennt ist und an eigenen Normen orientiert ist
Überleben sozialer Systeme	Ausmaß, in dem ein System seine identitätsbildenden Eigenschaften erhalten kann, insbesondere den Sinn der identitätsbildenden Handlungen und der Normen, an denen die Handlungen orientiert sind
Eigenkomplexität sozialer Systeme	Zahl der Zustände, die soziale Systeme annehmen können, d. h. Zahl der Handlungen, die im System möglich sind
Stabilität sozialer Systeme	Ausmaß, in dem soziale Systeme von Krisen frei sind
Krise sozialer Systeme	Ausmaß, in dem soziale Systeme Leistungsdefizite, Widerstand gegen die Abnahme ihrer Leistungen, Abweichungen von identitätsbildenden Normen und normativ ungeregelten Kampf aufweisen

Gesellschaft	Summe sozialer Teilsysteme, die segmentär oder funktional differenziert sind, und die Interaktionen, die zwischen ihnen stattfinden, soweit durch die gemeinsame Mitgliedschaft in einem politischen, verwandtschaftlichen, ethnischen oder religiösen System ihre Interaktionen untereinander von Interaktionen über diese Grenzen hinweg unterschieden werden
Komplexität	Zahl möglicher Zustände
Soziale Mobilisierung	Ausmaß, in dem soziale Gruppierungen Bewußtsein erlangen und Aktivitäten zur Artikulation von Werten und Interessen entfalten
Struktur	Art und Zahl zugelassener Handlungen, Werte, Normen und Rollen
Strukturiertheit sozialer Systeme	Art und Zahl der Zustände, die soziale Systeme zulassen
Erwartungssicherheit	Ausmaß, in dem Handlungen und Erwartungen von Interaktionspartnern enttäuschungsfest erwartet werden können
Strukturen, die hohe Komplexität und relative Erwartungssicherheit gewährleisten	Menge von Handlungen, die das Optimum zwischen Beliebigkeit annehmbarer Zustände und Erhaltung enttäuschungsfester Erwartbarkeit der Handlungen und Erwartungen von Interaktionspartnern erreichen
Eigenkomplexität und Strukturiertheit sozialer Systeme	Optimum zwischen Zahl möglicher Zustände sozialer Systeme und Erhaltung der Erwartbarkeit der Handlungen und Erwartungen von Interaktionspartnern
Offenheit sozialer Systeme	Ausmaß, in dem soziale Systeme von beliebigen Teilen der Umwelt beeinflußt werden können
Autonomie sozialer Systeme	Ausmaß, in dem soziale Systeme in der Selektion ihrer Leistungen nicht von ihrer Umwelt bestimmt werden, d. h. unabhängig sind
Relative Autonomie sozialer Systeme	Ausmaß, in dem soziale Systeme in der Selektion ihrer Leistungen nicht durch bestimmte Teile der Umwelt bestimmt werden
Aufnahme (Input) von Umweltkomplexität durch soziale Systeme	Zahl und Art der Zustände der Umwelt, die soziale Systeme wahrnehmen und als für sich relevant betrachten
Verarbeitung von Umweltkomplexität durch soziale Systeme	Zahl und Art der Zustände, die das System über Aufnahmekriterien bzw. Eingangsregeln aufgenommen hat und in der Selektion seiner Leistungen verwertet

Abgabe (Output) von Selektionsleistungen sozialer Systeme	Übertragung von selegierten Leistungen des sozialen Systems auf seine Umwelt
Reduktion von Komplexität	Begrenzung der Zahl und Art möglicher Zustände
Reduktion von Umweltkomplexität durch ein soziales System für sich selbst	Begrenzung der Zahl und Art möglicher Zustände der Umwelt, die das soziale System wahrnimmt und verarbeitet und in der Selektion und Abgabe seiner Leistungen verwertet
Reduktion von Komplexität durch ein soziales System für die Umwelt	Begrenzung der Zahl und Art möglicher Zustände, die Systeme und deren Umwelten annehmen können, durch die Selektionsleistungen des sozialen Systems
Steigerung von System- und Umweltkomplexität durch Reduktion von System- und Umweltkomplexität sozialer Systeme	Begrenzung der Zahl und Art möglicher unterschiedlicher Zustände in der Aufnahme und Verarbeitung von Umweltkomplexität und der Zahl und Art möglicher unterschiedlicher Zustände des Systems in der Selektion und Abgabe von Leistungen und Spezialisierung auf eine Leistung, im Hinblick auf welche die Zahl und Art möglicher Zustände in der Aufnahme und Verarbeitung von Umweltkomplexität und die Zahl und Art möglicher Zustände des Systems in der Selektion und Abgabe von Leistungen erweitert wird
Reduktion und Erhaltung von Komplexität	Selektion bestimmter Zustände unter möglichen Zuständen und Erhaltung der Möglichkeit, anstelle des selegierten Zustandes einen anderen zuvor ausgeschlossenen Zustand zu selegieren
Reduktion und Erhaltung von Komplexität durch sinnverwendendes Verhalten	Selektion möglicher Zustände der Umwelt und des Systems in der Aufnahme und Verarbeitung von Zuständen und in der Selektion und Abgabe von Leistungen unter Erhaltung der symbolischen Repräsentanz der ausgeschlossenen Alternativen
Politische Entscheidung	Gesamtgesellschaftlich verbindliche Entscheidung
Politisches System	Menge von aufeinander bezogenen Handlungen, die an der Herstellung gesamtgesellschaftlich und in einem angebbaren geographischen Gebiet verbindlich geltender Entscheidungen unter Verwendung von politischer Macht orientiert sind
Generalisiertes Kommunikationsmedium	Mittel, das die Chance gewährt, in komplexen sozialen Systemen beliebige Selektionsleistungen zu übertragen

156

Macht	Verfügung über negative Sanktionsmittel
Politische Macht	Verfügung politischer Kollektive über politische Unterstützung durch soziale Kollektive mit kollektivspezifischen Machtmitteln
Politische Unterstützung allgemein	Verzicht sozialer Kollektive, gegen politische Entscheidungen politischer Kollektive ihre kollektivspezifischen Machtmittel einzusetzen und Bereitschaft, im Bedarfsfall für politische Entscheidungen politischer Kollektive ihre kollektivspezifischen Machtmittel einzusetzen
Politische Unterstützung bei Bestehen eines allgemeinen Legitimitätsglaubens	Akzeptierung politischer Kollektive als Inhaber politischer Entscheidungsrollen
Legitimierte Verfügung über politische Unterstützung	Die Anerkennung durch die Mitglieder des politischen Systems, daß derjenige, welcher über politische Unterstützung verfügt, die Chance hat, Widerstrebende vor die Alternative zu stellen, eine politische Entscheidung abzunehmen oder einen anderen Verlust zu erleiden
Machtschöpfung	Zunahme verfügbarer Macht vom Zeitpunkt t_1 zum Zeitpunkt t_2
Machtdeflation	Zunahme des Wertes verfügbarer Machteinheiten zur Durchsetzung der gesamtgesellschaftlichen Verbindlichkeit von Entscheidungen
Machtinflation	Abnahme des Wertes verfügbarer Machteinheiten zur Durchsetzung der gesamtgesellschaftlichen Verbindlichkeit von Entscheidungen
Wert politischer Macht	Ausmaß, in dem politische Macht die Chance gewährt, beliebige Entscheidungen als gesamtgesellschaftlich verbindlich durchzusetzen
Nominale Machtzunahme	Zunahme verfügbarer politischer Macht vom Zeitpunkt t_1 zum Zeitpunkt t_2, unabhängig vom Wert politischer Macht
Reale Machtzunahme	Zunahme verfügbarer politischer Macht vom Zeitpunkt t_1 zum Zeitpunkt t_2 bei gleichbleibendem Wert politischer Macht
Machtzins	Ausmaß der generellen Verpflichtung von Machtkreditnehmern zu Gegenleistungen für Machtkredite von Machtkreditgebern
Machtkredit	Übertragung von Macht durch Gewährung politischer Unterstützung für generelle Verpflichtungen

Politische Herr-schaftsordnung, Machtcode, Verfassung	Normen, welche die Verwendung politischer Macht im Hin-blick auf die gesamtgesellschaftlich verbindliche Durchset-zung von Entscheidungen regeln
Politische Herrschaft, Politische Herrschaftsstruktur	Handlungen, die an Normen orientiert sind, welche die Ver-wendung politischer Macht im Hinblick auf die gesamtge-sellschaftlich verbindliche Durchsetzung von Entscheidun-gen regeln
Legitimitätsglaube in komplexen Gesellschaften	Vertrauen in die Offenheit politischer Entscheidungen für zukünftige Nachfrage
Ausdehnung politischer Parti-zipation	Ausmaß, in dem Ansprüche aus der Umwelt politischer Sy-steme durch Beteiligung an politischem Handeln in das po-litische System Eingang finden
Ausdehnung der Aufnahme wissenschaftlicher Erkenntnisse	Ausmaß, in dem politisches Handeln von wissenschaftlichen Erkenntnissen beeinflußt wird
Ausdehnung der politischen Kernsysteme	Zahl der Handlungen und Rollenträger politischer Kern-systeme
Organisiertheit politischer Sub-systeme	Ausmaß, in dem das Handeln in politischen Subsystemen an eigenen Normen orientiert ist, die das Handeln vom Han-deln in anderen Systemen unterscheidbar machen und das Ausmaß, in dem das Handeln der Mitglieder überhaupt durch verbindliche Normen geregelt wird
Generalisierung politischer Unterstützung	Ausmaß, in dem politische Unterstützung unabhängig ist von inhaltlich bestimmten Gegenleistungen
Intensität der Konkurrenz politischer Parteien um politische Unterstützung	Ausmaß, in dem die Gewinnung politischer Unterstützung einer Partei den Verlust politischer Unterstützung einer an-deren Partei bedeutet
Opportunistische Wertverfolgung politischer Parteien	Ausmaß, in dem politische Parteien politische Programme durch Inhalte ausfüllen, für die sich politische Unterstüt-zung gewinnen läßt

4.2. Explikation der Variablen der Theorie

A'   Politische Partizipation

Aktivitäten, mit denen die Mitglieder sozialer Kollektive durch
- Wahl (direkte Vergabe politischer Unterstützung)
- Mitgliedschaft in politischen Subsystemen (Parteien, Parteiorganisationen usw.)
- Teilnahme an politischen Kampagnen (Wählerinitiativen, Wahlveranstaltungen etc.)
- Mitgliedschaft in Interessengruppen
- Wert- und Interessenartikulation
- wilden Streik, Aufruhr, Revolten usw.

politische Unterstützung für politische Kernsysteme mittelbar oder unmittelbar gewähren bzw. entziehen

A   Ausdehnung politischer Partizipation

- Höhe und Konstanz der Wahlbeteiligung pro Wahlperiode
- Zahl der Mitgliedschaften in politischen Subsystemen

usw.: zu operationalisieren in Bezug auf die unter A' genannten Dimensionen +
- Umfang und Zahl der betroffenen Handlungsbereiche
- Zahl der betroffenen Akteure

G   Ausmaß politischer Partizipation, die auf Nachfrage nach politischen Entscheidungen gerichtet ist

Zahl und Ausmaß der direkt an die politischen Kernsysteme gerichteten Aktivitäten politischer Partizipation mit dem erkennbaren Ziel der Durchsetzung bzw. Transformation allgemeiner oder gruppenspezifischer Interessen in politische Entscheidungen (zu operationalisieren und quantifizieren in Bezug auf die in Def. A' genannten Dimensionen) +
- Umfang und Zahl der betroffenen Handlungsbereiche
- Zahl der betroffenen Akteure

B   Nachfrage nach politischer Unterstützung

Zahl von Handlungseinheiten politischer Institutionen (Entscheidungsträger, Parteien usw.) pro Zeiteinheit, die auf die Gewinnung politischer Unterstützung gerichtet sind; zu operationalisieren z. B. auf den Dimensionen:
- Häufigkeit, Intensität und Kosten von Wahlkampagnen
- Intensität, Ausmaß und Kosten politischer Öffentlichkeitsarbeit
- Kontakthäufigkeit mit Mitgliedern von Interessengruppen

H	Angebot politischer Entscheidungen	Zahl der pro Zeiteinheit in den politischen Kernsystemen artikulierten Entscheidungsthemen; zu operationalisieren und quantifizieren z. B. auf den Dimensionen:

H   Angebot politischer Entscheidungen

Zahl der pro Zeiteinheit in den politischen Kernsystemen artikulierten Entscheidungsthemen; zu operationalisieren und quantifizieren z. B. auf den Dimensionen:
- Zahl der in Fraktionssitzungen vorbereiteten (diskutierten) Gesetzesvorlagen, Novellierungen usw.
- Zahl der Verfügungen/Verordnungen in den zuständigen Ministerien für bestimmte politische Kernsysteme, je nach der Struktur der untersuchten politischen Systeme
- Umfang der betroffenen Handlungsbereiche
- Zahl der betroffenen Akteure

C, I_1 Konkurrenz politischer Parteien (politischer Entscheidungsträger) um politische Unterstützung

Ausmaß der auf Parteigänger anderer Parteien gerichteten Nachfrage nach politischer Unterstützung; zu operationalisieren/quantifizieren z. B. auf den Dimensionen:
- Häufigkeit und Intensität von Wahlkampagnen in „Hochburgen" der gegnerischen Parteien
- Häufigkeit und Intensität parlamentarisch ausgetragener Konflikte usw.

Ausmaß, in dem der Gewinn politischer Unterstützung durch eine Partei gleichbedeutend mit dem Verlust der politischen Unterstützung für andere Parteien ist; zu operationalisieren/quantifizieren z. B. auf den Dimensionen:
- Zahl der Wechselwähler pro Zeiteinheit
- Netto-Verlust von Stammwählern einer Partei, bezogen auf das Ausmaß der Nachfrage nach politischer Unterstützung der Gegenparteien usw.

I_2 Konkurrenz von Verwaltungspersonal um Zugang zu Verwaltungspositionen

- Zahl der Bewerber mit gleicher formeller Qualifikation um eine Verwaltungsposition
- Größe des Marktanteils von Bewerbern formell ungleicher Qualifikation (Juristen, Volkswirte usw.); zu beachten hierbei: wettbewerbsmindernde Laufbahnordnungen von der Anbieterseite her
- Ausmaß der Wichtigkeit diffus-askriptiver versus funktionsspezifischer Merkmale von Bewerbern
- „Durchlässigkeit" des Karrieresystems (Laufbahnordnung, z. B. Regel-versus Leistungsbeförderung)

$D_1 K_1$ Ausdifferenzierung politischer Teilsysteme	— Indifferenz des nichtpolitischen Handelns gegenüber dem politischen Handeln und umgekehrt
	— Ausmaß der Rollenprofessionalisierung der Teilsysteme; z. B. gemessen an
	  — Existenz formalisierter Rekrutierungs- und Ausbildungsverfahren für Mitglieder des Teilsystems
	  — Kontrolle der Berufsqualifikation
	  — Spezifikation von Zugangsregeln
	  — Angehörigkeit in spezifischen Berufsverbänden
	  — Kodifizierung berufsethischer Normen
	  — berufliche Autonomie
	— Ausmaß der Organisiertheit von Parteien und Interessengruppen, mögliche Indikatoren z. B.
	  — Zahl hauptamtlicher Positionen
	  — Mitgliedschaftsregeln, Satzung usw.
	  — Interdependenz von Subsystemeinheiten
	  — Funktionsspezifikation von Positionen usw., evtl. subsystemspezifisch zu operationalisieren

$D_2 K_2$ Institutionelle Regelung politischer Teilsysteme	Existenz und Spezifikation von Mitgliedschaftsrollen; zu operationalisieren z. B. auf den Dimensionen: — Übereinstimmung der Erwartungen von Normsendern und Normadressaten; Erwartungsreziprozität — Festlegung eines genau definierten Verhaltensrepertoires für Positionsinhaber — Existenz und Wirksamkeit negativer Sanktionen bei nonkonformem Rollenverhalten — Bindung der Vermittlung politischer Parteien an spezifische Instanzen (Familie, Schule, politische Verbände usw.)
$D_3 K_3$ Funktionale Differenzierung politischer Teilsysteme	Ausmaß der Nichtüberschneidung der Funktionsbereiche unterschiedlicher Teilsysteme; z. B. zu operationalisieren über die Dimensionen — Zahl und Ausmaß von Kompetenzkonflikten — Exaktheit der Definition von Kompetenzbereichen usw.
F Vertrauen in die politische Effektivität institutionalisierter politischer Patizipation	Ausmaß und kollektivspezifische Gleichheit der Erwartung durch institutionalisierte politische Partizipation (vgl. Def. A') generelle Verpflichtungen politischer Kollektive für Werte und Interessen zu erreichen (zu operationalisieren/quantifizieren über eine *Befragung* politischer Partizipanten, bei der geeignete

		Indikatorfragen für „Vertrauen" formuliert werden und zu einem „Vertrauensindex" zusammengefaßt werden könnten)
O	Vertrauen in den Wert politischer Macht	Ausmaß und kollektivspezifische Gleichheit der Erwartung, daß die (durch politische Unterstützung verteilte) Macht sozialer Kollektive die Durchsetzung und Verwendung politischer Entscheidungen sicherstellt (Operationalisierung: vgl. Def. F)
E_{1a}	Ausmaß der Macht sozialer Kollektive	— Ausmaß des (kollektivspezifisch gerichteten) Angebots politischer Unterstützung (vgl. Def. B analog) — Ausmaß der Organisiertheit sozialer Kollektive (vgl. Def. D_1, K_1) — Anzahl von Mitgliedern sozialer Kollektive — Sozialstatus und Prestige der Mitglieder sozialer Kollektive — (monopolistische) Verfügung über positive und negative Sanktionsmittel (z. B. physische Gewalt, Entzugsmöglichkeiten in bezug auf den Zugang zu materiellen und ideellen Ressourcen — Zahl der durch die Sanktionsmöglichkeiten betroffenen Akteure
E_{1b}	Ausmaß der politischen Macht des politischen Parteiensystems bzw. einzelner politischer Parteien	Ausmaß der Macht der sozialen Kollektive, über deren politische Unterstützung das politische Parteiensystem bzw. einzelne politische Parteien verfügen
E_{1c}	Ausmaß der politischen Macht politischer Kernsysteme	Ausmaß der politischen Macht politischer Parteien und der Macht sozialer Kollektive, über deren politische Unterstützung politische Kernsysteme verfügen
E_{1d}	Ausmaß der politischen Macht von Entscheidungsverwendern	Ausmaß der politischen Macht politischer Kernsysteme, über deren politische Unterstützung Entscheidungsverwender verfügen
E_{1e}	Ausmaß politischer Unterstützung	— Ausmaß in dem politische Kollektive mit der Unterstützung sozialer oder politischer Kollektive bei der verbindlichen Durchsetzung politischer Entscheidungen rechnen können — Ausmaß der Anerkennung politischer Kollektive als Inhaber politischer Entscheidungsrollen

E_1	Nominale Macht-zunahme	Differenz aus dem Ausmaß der Macht partizipierender sozialer Kollektive zu den Zeitpunkten t_0 und t_1; vgl. Def. E_{1a}
E_{2a}	Wert politischer Macht	Verhältnis aus der Macht sozialer Kollektive, dem Umfang der betroffenen Handlungsbereiche, der Anzahl der betroffenen Akteure und der Anzahl verbindlich durchgesetzter Entscheidungen (je kleiner dieser Quotient, um so höher der Machtwert)
L_1	Nominales Ausmaß (nominale Steigerung) politischer Entscheidungsleistungen	vgl. Def. H analog
E_3 E_4	Machtinflation Machtdeflation	Quotient aus der Macht sozialer Kollektive und der Anzahl politisch verbindlicher Entscheidungen (aus Def. E_{2a} abgeleitetes Maß). Ist der Quotient kleiner als 1, dann besteht Macht*deflation*, ist er größer als 1, dann besteht Macht*inflation*
E_2	Reale Machtmenge (Reale Machtzunahme)	Ausmaß (Zunahme) der Macht partizipierender sozialer Kollektive (vgl. Def. E_1) abzüglich der Machtinflation (vgl. Def. E_3) pro Zeiteinheit
$M_{a,b,c,d,e}$	Relative Autonomie der politischen Wahl, des politischen Parteiensystems, der Interessenartikulation, der politischen Öffentlichkeit und der politischen Kernsysteme	— Ausmaß, in dem ein soziales Subsystem in der Setzung und Institutionalisierung von Normen sowie in der Erstellung seiner funktionsspezifischen Leistungen oder der Akzeptierung spezifischer Leistungen der Umwelt nicht durch einen bestimmten Teil seiner Umwelt bestimmt wird. Zu operationalisieren z. B. auf folgenden Dimensionen: — Existenz funktionsspezifischer Monopole der Entscheidungsherstellung bzw. Entscheidungsverwendung — Institutionalisierte Bindung oder Nichtbindung an Weisungen — Nichtbindung der Entscheidungsherstellung an spezifische Wert- und Interessenartikulationen einer bestimmten Umwelt — Anzahl und Umfang betroffener Handlungsbereiche, Anzahl betroffener Akteure der in einer Zeiteinheit in der politischen Wahl, dem politischen Parteiensystem, der Interessenartikulation und der politischen Öffentlichkeit artikulierten

Entscheidungsthemen und der in den politischen Kernsystemen verbindlich durchgesetzten Entscheidungen und Entscheidungsverzichte, bezogen auf das Ausmaß der Macht der ablehnenden sozialen Kollektive

L_2	Reales Ausmaß (reale Steigerung) politischer Entscheidungslei-stungen	vgl. Def. L_1 abzüglich der Machtinflation (vgl. Def. E_3)
Q	Selektivität politischer Entscheidungen	Differenz aus artikulierten Entscheidungsthemen und dem Ausmaß tatsächlicher Entscheidungsleistungen
$P_{1,2a,b,c,d,e}$	Allgemeines (kollektivspezifisch gleiches) Vertrauen in die Offenheit der politischen Wahl, des politischen Parteiensystems, der Interessenartiku-lation, der Artikulation von Entscheidungsthemen und politischer Kernsysteme	Allgemeines (kollektivspezifisch gleiches) Ausmaß der Erwartung der Nichtbindung politischer Parteien, der politischen Wahl usw. an feststehende spezifische Werte und Interessen
$R_{1,2}$	Allgemeines Ausmaß (kollektivspezi-fische Gleichheit) zwangloser Ab-nahme der Verwen-dung politischer Macht zur Durch-setzung politischer Entscheidungen	Ausmaß (kollektivspezifische Gleichheit) der Bereit-schaft, sich gegen abgelehnte politische Entscheidun-gen nicht mit nichtinstitutionalisierten Mitteln zu widersetzen; zu operationalisieren z. B. über folgende Dimensionen: — Zahl der gegen spezifische Entscheidungen gerich-teten Proteste, Streiks usw. — Vertrauen in die zukünftige Artikulation poli-tischer Entscheidungsthemen usw.
T	Integration des po-litischen Systems mit seiner Umwelt	definitorisch äquivalent mit R_1 und R_2

S_1, S_2	Allgemeine (kollektivspezifisch gleiche) Generalisierung von Abnahmemotiven für politische Entscheidungen	Algemeines (kollektivspezifisch gleiches) Ausmaß der Nichtbindung der Abnahme konkreter politischer Entscheidungen an die Befriedigung konkreter Interessen und Werte der akzeptierenden Akteure oder sozialen Kollektive (zu operationalisieren über einen Fragebogen mit entsprechenden Indikatorfragen)
U	Fortbestand des politischen Systems als ausdifferenziertes und funktional spezifisches Teilsystem der Gesellschaft	Anzahl betroffener Akteure, Anzahl und Umfang der Handlungsbereiche gesamtgesellschaftlich verbindlich durchgesetzter Entscheidungen im Verhältnis zur Anzahl betroffener Akteure und zum Umfang der Handlungsbereiche der mit nichtinstitutionalisierten Machtmitteln gesamtgesellschaftlich durchgesetzten Entscheidungen
V_1	Komplexität und Kontingenz der Gesellschaft	Anzahl und Inkonsistenz der in einer Zeiteinheit auftretenden Handlungen, artikulierten Wertvorstellungen, Interessen und Themen
V_2	Erwartbarkeit von Handlungen und Erwartungen	Ausmaß, in dem von Akteuren zukünftige Handlungen und Erwartungen anderer Akteure richtig prognostiziert werden können

4.3. Die Theorie als ein System qualitativer Nur-wenn-dann-Aussagen und Wenn-dann-Aussagen

4.3.1. Wortsprachliche Formalisierung

A. Politischer Kapitalmarkt: Gewinnung politischer Unterstützung durch politische Partizipation

(1) Für alle politischen Systeme gilt: Nur wenn Ausdehnung politischer Partizipation vorliegt, dann besteht eine verfügbare nominale Machtmenge (Machtzunahme).

(2) Für alle politischen Systeme gilt: Wenn Ausdehnung politischer Partizipation vorliegt, dann gilt: Nur wenn Nachfrage nach politischer Unterstützung und Konkurrenz politischer Parteien um politische Unterstützung und Ausdifferenzierung und institutionelle Regelung und funktionale Differenzierung der Gewinnung politischer Unterstützung durch die politische Wahl und das politische Parteiensystem besteht, dann ergibt sich eine reale Machtmenge (Machtzunahme).

(3) Für alle politischen Systeme gilt: Wenn Ausdehnung politischer Partizipation vorliegt, dann gilt: Wenn keine Nachfrage nach politischer Unterstützung oder

keine Konkurrenz politischer Parteien um politische Unterstützung oder keine Ausdifferenzierung oder keine institutionelle Regelung oder keine funktionale Differenzierung der Gewinnung politischer Unterstützung durch die politische Wahl und das politische Parteiensystem besteht, dann entsteht Machtinflation.

(4) Für alle politischen Systeme gilt: Wenn keine Ausdehnung politischer Partizipation vorliegt, dann gilt: Wenn Nachfrage nach politischer Unterstützung oder Konkurrenz politischer Parteien um politische Unterstützung oder keine Ausdifferenzierung oder keine institutionelle Regelung oder keine funktionale Differenzierung der Gewinnung politischer Unterstützung durch die politische Wahl und das politische Parteiensystem besteht, dann entsteht Machtdeflation.

(5) Für alle politischen Systeme gilt: Wenn Machtinflation vorliegt, dann besteht kein Vertrauen in die politische Effektivität institutionalisierter politischer Partizipation.

(6) Für alle politischen Systeme gilt: Nur wenn Vertrauen in die politische Effektivität institutionalisierter politischer Partizipation besteht, dann liegt Ausdifferenzierung und institutionelle Regelung der Gewinnung politischer Unterstützung durch die politische Wahl und das politische Parteiensystem vor.

B. Politischer Gütermarkt: Selektion, verbindliche Durchsetzung und Verwendung politischer Entscheidungen

(7) Für alle politischen Systeme gilt: Nur wenn Nachfrage nach politischen Entscheidungen durch politische Partizipation vorliegt, dann entsteht nominale politische Entscheidungsleistung (Entscheidungssteigerung).

(8) Für alle politischen Systeme gilt: Wenn Nachfrage nach politischen Entscheidungen durch politische Partizipation vorliegt, dann gilt: Nur wenn Angebot politischer Entscheidungen und Konkurrenz politischer Entscheidungsträger um politische Unterstützung und Konkurrenz von Verwaltungspersonal um Verwaltungspositionen und Ausdifferenzierung und institutionelle Regelung und funktionale Differenzierung der Interessenartikulation, der politischen Öffentlichkeit und der politischen Kernsysteme besteht, dann entsteht reale politische Entscheidungsleistung (Entscheidungssteigerung).

(9) Für alle politischen Systeme gilt: Wenn Nachfrage nach politischen Entscheidungen durch politische Partizipation vorliegt, dann gilt: Wenn kein Angebot politischer Entscheidungen oder keine Konkurrenz politischer Entscheidungsträger um politische Unterstützung oder keine Konkurrenz von Verwaltungspersonal um Verwaltungspositionen oder keine Ausdifferenzierung oder keine institutionelle Regelung oder keine funktionale Differenzierung der Interessenartikulation, der politischen Öffentlichkeit und der politischen Kernsysteme besteht, dann entsteht Machtinflation.

(10) Für alle politischen Systeme gilt: Wenn keine Nachfrage nach politischen Entscheidungen durch politische Partizipation vorliegt, dann gilt: Wenn Angebot politischer Entscheidungen oder Konkurrenz politischer Entscheidungsträger um politische Unterstützung oder Konkurrenz von Verwaltungspersonal um Verwaltungspositionen oder keine Ausdifferenzierung oder keine institu-

tionelle Regelung oder keine funktionale Differenzierung der Interessenartikulation, der politischen Öffentlichkeit und der politischen Kernsysteme besteht, dann entsteht Machtdeflation.

(11) Für alle politischen Systeme gilt: Wenn Machtinflation vorliegt, dann besteht
kein Vertrauen in den Wert politischer Macht.

(12) Für alle politischen Systeme gilt: Nur wenn Vertrauen in den Wert politischer
Macht vorliegt, dann besteht Ausdifferenzierung und institutionelle Regelung
der Interessenartikulation, der politischen Öffentlichkeit und der politischen
Kernsysteme.

C. Integration des politischen Systems mit seiner gesellschaftlichen Umwelt

(13) Für alle politischen Systeme gilt: Nur wenn eine reale Machtmenge (Machtzunahme) und eine reale politische Entscheidungsleistung (Entscheidungssteigerung) in der politischen Wahl, dem politischen Parteiensystem, der Interessenartikulation, der politischen Öffentlichkeit und den politischen Kernsystemen vorliegt, dann besteht allgemeines Vertrauen in die Offenheit der
politischen Wahl, des politischen Parteiensystems, der Interessenartikulation,
der politischen Öffentlichkeit und der politischen Kernsysteme.

(14) Für alle politischen Systeme gilt: Nur wenn nicht Machtinflation und nicht
Machtdeflation in der politischen Wahl, dem politischen Parteiensystem, der
Interessenartikulation, der politischen Öffentlichkeit und den politischen
Kernsystemen vorliegt, dann besteht relative Autonomie (Offenheit) der po-
litischen Wahl, des politischen Parteiensystems, der Interessenartikulation, der
politischen Öffentlichkeit und der politischen Kernsysteme.

(15) Für alle politischen Systeme gilt: Wenn Selektivität politischer Entscheidungen
vorliegt, dann gilt: Nur wenn Vertrauen in die Offenheit der politischen Wahl,
des politischen Parteiensystems, der Interessenartikulation und der politischen
Kernsysteme besteht, dann ergibt sich zwanglose Abnahme der Verwendung
politischer Macht zur Abstützung politischer Entscheidungen.

(16) Für alle politischen Systeme gilt: Wenn Selektivität politischer Entscheidungen
vorliegt, dann gilt: Nur wenn Vertrauen in die Offenheit der politischen Wahl,
des politischen Parteiensystems, der Interessenartikulation, der politischen
Öffentlichkeit und der politischen Kernsysteme besteht, dann ergibt sich eine
Generalisierung der Abnahmemotive für politische Entscheidungen.

(17) Für alle politischen Systeme gilt: Nur wenn relative Autonomie der politischen
Wahl, des politischen Parteiensystems, der Interessenartikulation, der politischen Öffentlichkeit und der politischen Kernsysteme vorliegt, dann besteht
kollektivspezifische Gleichheit des Vertrauens in die Offenheit der politischen
Wahl, des politischen Parteiensystems, der Interessenartikulation, der politischen Öffentlichkeit und der politischen Kernsysteme.

(18) Für alle politischen Systeme gilt: Wenn Selektivität der politischen Entscheidungen vorliegt, dann gilt: Nur wenn kollektivspezifische Gleichheit des Vertrauens in die Offenheit der politischen Wahl, des politischen Parteiensystems,
der Interessenartikulation, der politischen Öffentlichkeit und der politischen

Kernsysteme besteht, dann ergibt sich kollektivspezifische Gleichheit der zwanglosen Abnahme der Verwendung politischer Macht zur Abstützung politischer Entscheidungen.

(19) Für alle politischen Systeme gilt: Wenn Selektivität politischer Entscheidungen vorliegt, dann gilt: Nur wenn kollektivspezifische Gleichheit des Vertrauens in die Offenheit der politischen Wahl, des polititischen Parteiensystems, der Interessenartikulation, der politischen Öffentlichkeit und der politischen Kernsysteme besteht, dann ergibt sich eine kollektivspezifische Gleichheit der Generalisierung von Abnahmemotiven für politische Entscheidungen.

Definition:

Zwanglose Abnahme und kollektivspezifische Gleichheit zwangloser Abnahme der Verwendung politischer Macht zur Abstützung politischer Entscheidungen	$\equiv$ Integration und kollektivspezifische Gleichheit der Integration des politischen Systems mit seiner gesellschaftlichen Umwelt

(20) Für alle politischen Systeme gilt: Nur wenn Integration und kollektivspezifische Gleichheit der Integration des politischen Systems mit seiner gesellschaftlichen Umwelt vorliegt, dann besteht die Ausdifferenzierung und funktionale Spezifikation des politischen Systems fort.

(21) Für alle politischen Systeme und Gesellschaften gilt: Nur wenn die Ausdifferenzierung und funktionale Spezifikation des politischen Systems fortbesteht, dann besteht Komplexität, Kontingenz, Offenheit *und* Erwartbarkeit von Handlungen und Erwartungen in der Gesellschaft fort.

4.3.2. Symbolsprachliche Formalisierung

x = Politische Systeme
y = Gesellschaften

A. Politischer Kapitalmarkt: Gewinnung politischer Unterstützung durch politische Partizipation

(1)	(x)	$Ax \leftarrow$	$E_1 x$
(2)	(x)	$Ax \rightarrow$	$(Bx \cdot Cx \cdot D_1 x \cdot D_2 x \cdot D_3 x \leftarrow E_2 x)$
(3)	(x)	$Ax \rightarrow$	$(- Bx \vee - Cxv - D_1 x \vee - D_2 x \vee - D_3 x \rightarrow E_3 x)$
(4)	(x)	$-Ax \rightarrow$	$(Bx \vee Cx \vee - D_1 x \vee - D_2 x \vee - D_3 x \rightarrow E_4 x)$
(5)	(x)	$E_3 x \rightarrow$	$- Fx$
(6)	(x)	$Fx \leftarrow$	$D_1 x \cdot D_2 x$

B. Politischer Gütermarkt: Selektion, verbindliche Durchsetzung und Verwendung politischer Entscheidungen

(7) (x) $\quad Gx \quad \leftarrow \quad L_1 x$
(8) (x) $\quad Gx \quad \rightarrow \quad (Hx \cdot I_1 x \cdot I_2 x \cdot K_1 x \cdot K_2 x \cdot K_3 x \leftarrow L_2 x)$
(9) (x) $\quad Gx \quad \rightarrow \quad (-Hx \vee -I_1 x \vee -I_2 x \vee -K_1 x \vee -K_2 x \vee -K_3 x \rightarrow E_3 x)$
(10) (x) $\quad -Gx \rightarrow \quad (Hx \vee I_1 x \vee I_2 x \vee -K_1 x \vee -K_2 x \vee -K_3 x \rightarrow E_4 x)$
(11) (x) $\quad E_3 x \quad \rightarrow \quad -Ox$
(12) (x) $\quad Ox \quad \leftarrow \quad K_1 x \cdot K_2 x$

C. Integration des politischen Systems mit seiner gesellschaftlichen Umwelt

(13) (x) $\quad E_2 x \cdot L_2 x \leftarrow P_1 x$
(14) (x) $\quad -E_3 x \cdot -E_4 x \leftarrow Mx$
(15) (x) $\quad Qx \rightarrow (P_1 x \leftarrow R_1 x)$
(16) (x) $\quad Qx \rightarrow (P_1 x \leftarrow S_1 x)$
(17) (x) $\quad Mx \leftarrow P_2 x$
(18) (x) $\quad Qx \rightarrow (P_2 x \leftarrow R_2 x)$
(19) (x) $\quad Qx \rightarrow (P_2 x \leftarrow S_2 x)$
$\qquad\qquad T \equiv R_1, R_2$
(20) (x) $\quad Tx \leftarrow Ux$
(21) (x)(y) $\quad Ux \leftarrow V_{1,2} y$

4.4. Die Theorie als ein System quantitativer Aussagen

4.4.1. Wortsprachliche Formalisierung

A. Politischer Kapitalmarkt: Gewinnung politischer Unterstützung durch politische Partizipation

(1) Für alle politischen Systeme gilt: Je höher die Ausdehnung politischer Partizipation, um so höher ist die verfügbare nominale Machtmenge (Machtzunahme).
(2) Für alle politischen Systeme gilt: Je höher die Ausdehnung politischer Partizipation, um so mehr gilt: Je höher die Nachfrage nach politischer Unterstützung oder die Konkurrenz politischer Parteien um politische Unterstützung oder die Ausdifferenzierung oder die institutionelle Regelung oder die funktionale Differenzierung der Gewinnung politischer Unterstützung durch die politische Wahl und das politische Parteiensystem, um so höher ist die reale Machtmenge (Machtzunahme).
(3) Für alle politischen Systeme gilt: Je höher die Ausdehnung politischer Partizipation, um so mehr gilt: Je niedriger die Nachfrage nach politischer Unterstützung oder die Konkurrenz politischer Parteien um politische Unterstützung oder die Ausdifferenzierung oder die institutionelle Regelung oder die funktionale Differenzierung der Gewinnung politischer Unterstützung durch die poli-

tische Wahl und das politische Parteiensystem, um so höher ist die Machtinflation.

(4) Für alle politischen Systeme gilt: Je niedriger die Ausdehnung politischer Partizipation, um so mehr gilt: Je höher die Nachfrage nach politischer Unterstützung oder die Konkurrenz politischer Parteien um politische Unterstützung oder je niedriger die Ausdifferenzierung oder die institutionelle Regelung oder die funktionale Differenzierung der Gewinnung politischer Unterstützung durch die politische Wahl und das politische Parteiensystem, um so höher ist die Machtdeflation.

(5) Für alle politischen Systeme gilt: Je höher die Machtinflation, um so niedriger ist das Vertrauen in die politische Effektivität institutionalisierter politischer Partizipation.

(6) Für alle politischen Systeme gilt: Je niedriger das Vertrauen in die politische Effektivität institutionalisierter politischer Partizipation, um so niedriger ist die Ausdifferenzierung und institutionelle Regelung der Gewinnung politischer Unterstützung durch die politische Wahl und das politische Parteiensystem.

B. Politischer Gütermarkt: Selektion, verbindliche Durchsetzung und Verwendung politischer Entscheidungen

(7) Für alle politischen Systeme gilt: Je höher die Nachfrage nach politischen Entscheidungen durch politische Partizipation, um so höher ist das nominale Ausmaß (die nominale Steigerung) der politischen Entscheidungsleistungen.

(8) Für alle politischen Systeme gilt: Je höher die Nachfrage nach politischen Entscheidungen durch politische Partizipation, um so mehr gilt: Je höher das Angebot politischer Entscheidungen oder die Konkurrenz politischer Entscheidungsträger um politische Unterstützung oder die Konkurrenz von Verwaltungspersonal um Verwaltungspositionen oder die Ausdifferenzierung oder die institutionelle Regelung oder die funktionale Differenzierung der Interessenartikulation, der politischen Öffentlichkeit und der politischen Kernsysteme, um so höher ist das reale Ausmaß (die reale Steigerung) der politischen Entscheidungsleistungen.

(9) Für alle politischen Systeme gilt: Je höher die Nachfrage nach politischen Entscheidungen durch politische Partizipation, um so mehr gilt: Je niedriger das Angebot politischer Entscheidungen oder die Konkurrenz politischer Entscheidungsträger um politische Unterstützung oder die Konkurrenz von Verwaltungspersonal um Verwaltungspositionen oder die Ausdifferenzierung oder die institutionelle Regelung oder die funktionale Differenzierung der Interessenartikulation, der politischen Öffentlichkeit und der politischen Kernsysteme, um so höher ist die Machtinflation.

(10) Für alle politischen Systeme gilt: Je niedriger die Nachfrage nach politischen Entscheidungen durch politische Partizipation, um so mehr gilt: Je höher das Angebot politischer Entscheidungen oder die Konkurrenz politischer Entscheidungsträger um politische Unterstützung oder die Konkurrenz von Verwaltungspersonal um Verwaltungspositionen oder je niedriger die Ausdiffe-

renzierung oder die institutionelle Regelung oder die funktionale Differenzierung der Interessenartikulation, der politischen Öffentlichkeit und der politischen Kernsysteme, um so höher ist die Machtdeflation.

(11) Für alle politischen Systeme gilt: Je höher die Machtinflation, um so niedriger ist das Vertrauen in den Wert politischer Macht.

(12) Für alle politischen Systeme gilt: Je niedriger das Vertrauen in den Wert politischer Macht, um so niedriger ist die Ausdifferenzierung und institutionelle Regelung der Interessenartikulation, der politischen Öffentlichkeit und der politischen Kernsysteme.

C. Integration des politischen Systems mit seiner gesellschaftlichen Umwelt

(13) Für alle politischen Systeme gilt: Je höher die reale Machtmenge (Machtzunahme) oder die reale politische Entscheidungsleistung (Entscheidungssteigerung) in der politischen Wahl, dem politischen Parteiensystem, der Interessenartikulation, der politischen Öffentlichkeit und den politischen Kernsystemen, um so höher ist das allgemeine Vertrauen in die Offenheit der politischen Wahl, des politischen Parteiensystems, der Interessenartikulation, der politischen Öffentlichkeit und der politischen Kernsysteme.

(14) Für alle politischen Systeme gilt: Je niedriger die Machtdeflation und die Machtinflation in der politischen Wahl, den politischen Parteiensystemen, der Interessenartikulation, der politischen Öffentlichkeit und den politischen Kernsystemen, um so höher ist die relative Autonomie (Offenheit) der politischen Wahl, des politischen Parteiensystems, der Interessenartikulation, der politischen Öffentlichkeit und der politischen Kernsysteme.

(15) Für alle politischen Systeme gilt: Je höher die Selektivität politischer Entscheidungen, um so mehr gilt: Je höher das allgemeine Ausmaß des Vertrauens in die Offenheit der politischen Wahl, des politischen Parteiensystems, der Interessenartikulation, der politischen Öffentlichkeit und der politischen Kernsysteme, um so höher ist das Allgemeine Ausmaß der Generalisierung von Abnahmemotiven für politische Entscheidungen.

(16) Für alle politischen Systeme gilt: Je höher die Selektivität politischer Entscheidungen, um so mehr gilt: Je höher das allgemeine Ausmaß des Vertrauens in die Offenheit der politischen Wahl, des politischen Parteiensystems, der Interessenartikulation, der politischen Öffentlichkeit und der politischen Kernsysteme, um so höher ist das allgemeine Ausmaß der Generalisierung von Abnahmemotiven für politische Entscheidungen.

(17) Für alle politischen Systeme gilt: Je höher die relative Autonomie der politischen Wahl, des politischen Parteiensystems, der Interessenartikulation, der politischen Öffentlichkeit und der politischen Kernsysteme, um so höher ist die kollektivspezifische Gleichheit des Vertrauens in die Offenheit der politischen Wahl, des politischen Parteiensystems, der Interessenartikulation, der politischen Öffentlichkeit und der politischen Kernsysteme.

(18) Für alle politischen Systeme gilt: Je höher die Selektivität politischer Entscheidungen, um so mehr gilt: Je höher die kollektivspezifische Gleichheit des

Vertrauens in die Offenheit der politischen Wahl, des politischen Parteiensystems, der Interessenartikulation, der politischen Öffentlichkeit und der politischen Kernsysteme, um so höher ist die kollektivspezifische Gleichheit der zwanglosen Abnahme der Verwendung politischer Macht zur Abstützung politischer Entscheidungen.

(19) Für alle politischen Systeme gilt: Je höher die Selektivität politischer Entscheidungen, um so mehr gilt: Je höher die kollektivspezifische Gleichheit des Vertrauens in die Offenheit der politischen Wahl des politischen Parteiensystems, der Interessenartikulation, der politischen Öffentlichkeit und der politischen Kernsysteme, um so höher ist die kollektivspezifische Gleichheit der Generalisierung von Abnahmemotiven für politische Entscheidungen.

Definition:

Allgemeines Ausmaß und kollektivspezifische Gleichheit der zwanglosen Abnahme der Verwendung politischer Macht zur Abstützung politischer Entscheidungen $\equiv$ Allgemeines Ausmaß und kollektivspezifische Gleichheit der Integration des politischen Systems mit seiner gesellschaftlichen Umwelt

(20) Für alle politischen Systeme gilt: Je höher die allgemeine und kollektivspezifisch gleiche Integration des politischen Systems mit seiner gesellschaftlichen Umwelt, um so mehr besteht die Ausdifferenzierung und funktionale Spezifikation des politischen Systems fort.

(21) Für alle politischen Systeme und Gesellschaften gilt: Je mehr die Ausdifferenzierung und funktionale Spezifikation des politischen Systems fortbesteht, um so höher ist die Komplexität, Kontingenz, Offenheit *und* Erwartbarkeit von Handlungen und Erwartungen in der Gesellschaft.

4.4.2. Darstellung der Hypothesen in Tabellen

− = abnehmende Ausprägung eines Merkmals
+ = zunehmende Ausprägung eines Merkmals

A. Politischer Kapitalmarkt: Gewinnung politischer Unterstützung durch politische Partizipation

	A+				A−		
	E_1	E_2	E_3		E_1	E_2	E_4
B, C	−	+	−	+	B, C	−	−	−	−
	+	+	+	−		+	−	−	+

	E_1	E_2	E_3
$D_{1,2,3}$ (A+)	− +	−	+

A+

		E_1	E_2	E_3
$D_{1,2,3}$	−	+	−	+
	+	+	+	−

A−

		E_1	E_2	E_4
$D_{1,2,3}$	−	−	−	+
	+	−	−	−

F

		F
	−	+
E_3	+	−

$D_{1,2}$

		$D_{1,2}$
	−	−
F	+	+

B. Politischer Gütermarkt: Selektion, verbindliche Durchsetzung und Verwendung politischer Entscheidungen

G+

		L_1	L_2	E_3
$H, I_{1,2}$	−	+	−	+
	+	+	+	−

G−

		L_1	L_2	E_4
$H, I_{1,2}$	−	−	−	−
	+	−	−	+

G+

		L_1	L_2	E_3
$K_{1,2,3}$	−	+	−	+
	+	+	+	−

G−

		L_1	L_2	E_4
$K_{1,2,3}$	−	−	−	+
	+	−	−	−

0

		0
E_3	−	+
	+	−

$K_{1,2}$

		$K_{1,2}$
0	−	−
	+	+

C. Integration des politischen Systems mit seiner gesellschaftlichen Umwelt

P_1

		P_1
E_2, L_2	−	−
	+	+

M

		M
$E_{3,4}$	−	+
	+	−

P_2

		P_2
M	−	−
	+	+

R_1 S_1

		R_1	S_1
P_1	−	−	−
	+	+	+

R_2 S_2

		R_2	S_2
P_2	−	−	−
	+	+	+

$$
\text{Def.} \quad R_1, R_2 \quad
\begin{array}{c}
 \\
T \\
\begin{array}{cc} - & - \\ + & + \end{array}
\end{array}
$$

$$
\begin{array}{c}
U \\
T \quad \begin{array}{cc} - & - \\ + & + \end{array}
\end{array}
$$

$$
\begin{array}{c}
V_{1,2} \\
U \quad \begin{array}{cc} - & - \\ + & + \end{array}
\end{array}
$$

5. Schritte zur Integration von Theoriebildung und empirischer Forschung

5.1. Möglichkeiten der erklärenden Anwendung der Theorie

Wir können das soweit entwickelte Hypothesensystem zur Erklärung und Voraussage unterschiedlicher Arten gesellschaftlicher Tatbestände und Vorgänge anwenden. So ist es beispielsweise möglich, zunächst den groben Trend der Ausbildung politischer Systeme mit den in diesem Hypothesensystem angegebenen komplexen notwendigen Merkmalen ihrer Erhaltung in Europa und Nordamerika seit dem Mittelalter zu erklären[101]. Als erklärende Faktoren gelten dabei die wachsende Komplexität ihrer Umwelt, der damit zunehmende Bedarf an politischen Entscheidungen und die dadurch entstehende hohe Selektivität der politischen Entscheidung. Ausgesagt wird in diesem Fall, daß überlebende politische Systeme derartige Merkmale ausbilden und daß die stabileren und entscheidungsfähigeren mindestens eines dieser Merkmale in stärkerem Maße aufweisen als die weniger stabilen und weniger entscheidungsfähigen[102].

Die geringere Entfaltung dieser Merkmale erklärt umgekehrt die höhere Instabilität und geringere Entscheidungsfähigkeit politischer Systeme. In diesem Sinne ist beispielsweise die höhere Instabilität der politischen Systeme Italiens, Frankreichs und Deutschlands zur Zeit der Weimarer Republik im Vergleich zu anderen europäischen Gesellschaften und zu den USA im 20. Jahrhundert aus dem Merkmalskatalog des Hypothesensystems vor allem durch die geringere Institutionalisierung autonomer politischer Parteien zu erklären. Die Generalisierung politischer Unterstützung und ihre Trennung von konkreten Wert- und Interesseneinflüssen ist dadurch starken Beschränkungen unterworfen. Durch die geringe Organisiertheit politischer Partizipation entsteht Machtdeflation oder Machtinflation. Infolgedessen bewahrt das politische System nicht genügend Autonomie, wird weniger offen, ist den Interessengruppen stärker ausgeliefert, verliert häufiger und in größerem Ausmaß Vertrauen in seine Offenheit, kann weniger Motive zur Abnahme seiner

Leistungen mobilisieren, erfährt weniger zwanglose Abnahme seiner Leistungen, wird weniger entscheidungsfähig, ist generell instabiler und kann sich schließlich weniger als ausdifferenziertes System erhalten.

Politische Systeme können mehr oder weniger ihre Identität bewahren. Verwendet man einen qualitativen Überlebensbegriff, dann werden die aus dem Grad des Überlebens folgenden Differenzierungen nivelliert. Die evolutionäre Erklärung kann jedoch verfeinert werden, wenn man z. B. das Überleben in der Eigenschaft größerer oder geringerer Stabilität, Entscheidungsfähigkeit und Legitimität erfaßt. Dadurch sind dann, wie in dem geschilderten Beispiel, Unterschiede der Ausbildung und Ausprägung von mindestens einem überlebensnotwendigen Merkmal zu erklären. Umgekehrt können Unterschiede in der Ausbildung und Ausprägung bestimmter überlebensnotwendiger Merkmale, wie auch in dem geschilderten Beispiel, Unterschiede der Stabilität, Entscheidungsfähigkeit oder Legitimität erklären.

Die Erklärung mag noch weiter dadurch differenziert werden, daß man unterschiedliche Ausprägungen der Umweltfaktoren berücksichtigt. So sind z. B. bei der weiteren Differenzierung einer groben Trenderklärung der Entwicklung typischer Merkmale der politischen Systeme Europas und Nordamerikas Unterschiede der Umwelt zu beachten. Während des Ausdifferenzierungsprozesses eines relativ autonomen politischen Systems ist in Europa ein wesentlich höheres Ausmaß inner- und zwischengesellschaftlicher Konflikte vorhanden als in Nordamerika. So ist die *relative Stabilität* eines vergleichsweise weniger ausdifferenzierten und autonomen politischen Systems in den USA zu erklären[103].

Einen weiteren Schritt zur Differenzierung einer solchen groben Trenderklärung würde der Vergleich zwischen Gesellschaften darstellen, die überlebensnotwendige Merkmale ausgebildet haben, sich aber in der Ausprägung dieser Merkmale unterscheiden. Man kann dabei zunächst die unterschiedliche Ausprägung der Merkmale des politischen Systems aus der Ausprägung der Umweltfaktoren evolutionär erklären und dann aufgrund der Ausprägung der Merkmale des politischen Systems die Ausprägung anderer Merkmale des politischen Systems normal erklären. Als ein solches Merkmal mag z. B. der Grad der Organisation der politischen Parteien herausgegriffen werden.

Die Überlebensfähigkeit der amerikanischen Parteien in relativer Stabilität, bei einem geringeren Grad der Organisation im Vergleich zu den englischen Parteien, wäre dann in einer evolutionären Erklärung darauf zurückzuführen, daß unter den Umweltbedingungen hohen Wirtschaftswachstums, hoher sozialer Mobilität und geringer Klassenkonfrontation ein geringerer Bedarf an politischer Organisation sozialer Schichten in politischen Parteien und allgemein ein geringerer Bedarf an politischer Konfliktregulierung entsteht. Unter der Bedingung eines geringeren Bedarfs an politischer Konfliktregulierung ist wiederum ein politisches System mit geringerer funktionaler Differenzierung und entsprechend geringerer Konzentration politischer Entscheidung und Verantwortung im Parlament relativ stabil überlebensfähig. Der geringere Bedarf an politischer Organisation sozialer Schichten und die geringere Konzentration politischer Entscheidung und Verantwortung im Parlament stellen zusammen weniger Anforderungen an die Organisiertheit von Parteien als Institutionen zur Übertragung von Werten, Bedürfnissen, Zielen und Problemen in politische Programme und zur Beschaffung politischer Unterstützung und Mehrheitsbildung im Parlament. Dadurch können die Parteien auch bei geringerer Organisiertheit relative Stabilität erlangen.

Daran ist dann in umgekehrter Richtung eine Erklärung z. B. größerer Korruption, größerer Neigung zu informeller, nicht institutionalisierter Einflußnahme auf politische Entscheidungen und geringerer Entscheidungsfähigkeit in den USA im Vergleich zu England aus dem unterschiedlichen Grad der Organisiertheit der Parteien anzuschließen[104].

Daraus wird deutlich, daß sich das Hypothesensystem, wie schon allgemein hervorgehoben wurde, grundsätzlich zu Erklärungen in zwei Richtungen verwenden läßt[105]. Es ist möglich, zunächst aus Unterschieden der Umweltfaktoren und aus dem Überleben des politischen Systems Unterschiede der *Überlebensfähigkeit* der Ausbildung und Ausprägung von Merkmalen zu erklären. Von diesen Merkmalen kann dann wieder ausgegangen werden, um in umgekehrter Richtung Differenzierungen der Ausprägung der in Diagramm 2 vor ihnen liegenden Merkmale zu erklären[106]. Aus dem Identitätsmerkmal relativ stabilen Überlebens eines politischen Systems in einer Umwelt bestimmter Identität wird das Überleben einer Ausbildung und Ausprägung des Merkmals „Parteiensystem" evolutionär erklärt. Unterschiedlicher Konfliktreichtum der Umwelt erklärt Unterschiede des Überlebens spezifischer Organisationsgrade der Parteien. Von diesem Unterschied im Organisationsgrad kann wieder ausgegangen werden, um in umgekehrter Richtung des Hypothesensystems und Kausalschemas Unterschiede der Ausbildung und Ausprägung von Identitätsmerkmalen des politischen Systems, wie z. B. Korruption, informelle, nicht institutionalisierte Einflußnahme oder Entscheidungsfähigkeit, zu erklären.

5.2. Exemplarische Anwendungen der Theorie zur Erklärung

Nach diesen allgemeinen Erläuterungen zur Anwendung des entwickelten Hypothesensystems zur Erklärung und Voraussage sollen nur erste, rein illustrative Schritte zu einer solchen Anwendung des Hypothesensystems unternommen werden.

Zunächst wird die Entwicklung der politischen Systeme Europas und Nordamerikas seit dem ausgehenden Mittelalter unter Berücksichtigung der sich verändernden Umwelt im Hinblick auf die Ausbildung und Ausprägung der Merkmale „Ausdifferenzierung, funktionale Spezifizierung, relative Autonomie, Orientierung an der Gewinnung politischer Unterstützung durch Institutionalisierung parlamentarischer Herrschaft und politischer Wahl, Institutionalisierung von Parteiensystemen und Macht als generalisiertes Kommunikationsmedium" in der Form einer qualitativen und quantitativen evolutionären Erklärung skizziert und untereinander verglichen.

Abschließend werden Daten über den Zusammenhang zwischen der Institutionalisierung von Parteiensystemen und der Häufigkeit sowie Intensität gewaltsamer Konflikte auf den im Hypothesensystem formulierten Zusammenhang zwischen der Ausbildung institutionalisierter Parteiensysteme und der Autonomie, Stabilität und Entscheidungsfähigkeit des politischen Systems bezogen.

5.2.1. Evolutionäre Erklärungsskizze der Entwicklung typischer Merkmale der politischen Systeme Europas und der USA

Die Ausdifferenzierung der Normsetzung und politischen Entscheidung in *ein* relativ autonomes, funktional spezifiziertes Teilsystem der Gesellschaft, das sich von anderen gesellschaftlichen Institutionen, Organisationen und Gruppierungen abtrennt, soll im folgenden am Beispiel der Entwicklung Europas seit dem Mittelalter im Vergleich zu den USA historisch aufgezeigt werden[107].

Für das europäische Mittelalter ist eine diffuse Verteilung von Macht auf verschiedene, einander in ihrer Machtentfaltung begrenzende gesellschaftliche Institutionen, Organisationen und Gruppierungen charakterisierend. Könige, Ständische Versammlung, Gerichtshöfe, Common Law, Kirche, persönliche Lehensverhältnisse, Grundherrschaft, Gerichtsherrschaft und Leibherrschaft bildeten vielfältige Institutionen der Machtausübung. Ihr Konstruktionsprinzip war nicht die Differenzierung politischer Institutionen im Hinblick auf spezifische Funktionen, sondern eine Verteilung gleicher Funktionen auf unterschiedliche Institutionen, allenfalls mit Verschiebungen der Priorität bestimmter Funktionen in bestimmten Institutionen. Es war ein Herrschaftssystem, in dem die Machtausübung einer Institution diejenige anderer Institutionen begrenzte und ihrerseits durch die anderen Institutionen in ihre Schranken gewiesen wurde. Damit verbunden ist die Ausübung mehrerer Funktionen innerhalb einer Institution. So kann verschiedentlich die ökonomische Grundherrschaft mit der politischen Gebietsherrschaft und mit der Gerichtsherrschaft zusammenfallen. Typisch ist auch die geringe Trennung der legislativen und judikativen Funktion. So übten beispielsweise die Justizia von Aragon und die französischen Parlements bedeutende politische Funktionen aus. Infolge der Suprematie des Gesetzes im Common Law wurde in England noch bis zum Beginn des 17. Jahrhunderts das Parlament selbst als Gerichtshof betrachtet. Die courts of law hingegen übten de facto nicht nur judikative, sondern auch politische Funktionen aus[108].

Macht war im mittelalterlichen Europa diffus auf die verschiedensten Insitutionen verstreut. Politische Leistungen in Gestalt kollektiv bindender Entscheidungen konnten in einem solchen System über eine bestimmte Schwelle hinaus nicht vermehrt werden. Eine solche Steigerung der Fähigkeit zu gesamtgesellschaftlich verbindlichen Entscheidungen setzt als generalisiertes Kommunikationsmedium eine entsprechende Vermehrung der verfügbaren Menge an politischer Macht voraus, die durch das System vielfältiger Überschneidungen und wechselseitiger Begrenzungen von Machtsphären nicht möglich war.

Dieser diffusen Herrschaftsstruktur wird durch die gegen Ende des 16. Jahrhunderts einsetzende und bis zum Ende des 17. Jahrhunderts reichende außerordentlich starke extensive und intensive Zunahme inner- und intergesellschaftlicher Konflikte ein Ende bereitet[109]. Nur drei Jahre gab es während des ganzen 17. Jahrhunderts in Kontinentaleuropa keine kriegerischen Auseinandersetzungen. In Frankreich zählt man acht Bürgerkriege zwischen 1562 und 1598. Die folgenden 50 Jahre sind durch die Hugenotten-Kämpfe geprägt. Auch in dem bis dahin ruhigen England treten mit Beginn des 17. Jahrhunderts häufigere und stärkere Konflikte auf.

Diese völlig neue Häufigkeit und Intensität inner- und zwischengesellschaftlicher Konflikte gaben nur solchen Gesellschaften die Chance, in dem Identitätsmerkmal relativer Stabilität nach innen und nach außen zu überleben, in denen sich die mittelalterliche Diffusion von Macht auflöste und eine Konzentration von Macht stattfand. Stehende Armeen mußten unterhalten werden. Dies machte wiederum die Erhöhung von Steuereinnahmen und ihre Organisation durch den Aufbau einer zentralisierten bürokratischen Verwaltung erforderlich. In den kontinentaleuropäischen Gesellschaften wurde diese Machtkonzentration mit dem Sieg des Monarchen über die anderen mittelalterlichen Gewalten, über Kirche, Stände, Gerichtshöfe, Grundherrschaften und Naturrecht vollzogen. Am Ende des 17. Jahrhunderts waren die meisten der mittelalterlichen Ständeversammlungen nicht mehr existent oder in ihrer Macht erheblich reduziert. In Kontinentaleuropa hatte sich die absolute Monarchie durchgesetzt.

In England beginnen Versuche zur Durchbrechung der mittelalterlichen Diffusion der Gewalten mit James dem I., der sich am Vorbild der schon etablierten absoluten Monarchien des Kontinents orientiert. Er scheitert jedoch an der Gegenmacht des Parlaments, das sich schließlich als souveräne Macht gegenüber den anderen mittelalterlichen Gewalten, gegen König, Kirche, Gerichtshöfe und Common Law, herausbildet. Mit dem Langen Parlament beginnt in England im Gegensatz zur kontinentaleuropäischen absoluten Monarchie die absolute gesetzgebende Macht des Parlaments. Es war nicht länger ein Organ zur Verkündung der im Common Law schon als gegeben betrachteten Gesetze, sondern ein gesetz*gebendes* Organ[110].

Politische Macht ist in ganz Europa fortan in einer Institution konzentriert, im absoluten Monarchen bzw. im Parlament, und dadurch aus den übrigen Institutionen der Gesellschaft, Kirche, Stände, Gerichtshöfe, Grundherrschaft, Naturrecht, Common Law, ausdifferenziert. In diesem Sinne kann dieser historische Vorgang in Europa als Beginn der Ausdiffernzierung des politischen Systems als ein allein auf die Herstellung gesamtgesellschaftlich verbindlicher Entscheidungen funktional spezifiziertes Teilsystem der Gesellschaft betrachtet werden. Natürlich ist dies noch nicht die volle Entfaltung einer solchen Ausdifferenzierung und im Falle der absoluten Monarchie noch keine institutionelle Form der Ausdifferenzierung, die auch bei zunehmender sozialer Mobilisierung Stabilität bewahren könnte. Soziale Mobilisierung bedeutet die Entfaltung politischen Bewußtseins und politischer Aktivität der bestehenden und vor allem der im Gefolge der wirtschaftlichen Entwicklung neu entstehenden sozialen Gruppierungen[111]. Aristokratie, Militär, Bauern, städtische Mittelklasse, Arbeiter entwickeln ein bislang unbekanntes Ausmaß politischen Bewußtseins und politischer Aktivität. Nur politische Systeme, welche die politische Partizipation dieser gesellschaftlichen Gruppierungen regeln und trotzdem gegenüber allen diesen Gruppierungen Autonomie bewahren, können sich in einer solchen Umwelt als ausdifferenziertes Teilsystem der Gesellschaft erhalten. Diese Eigenschaften erfüllt die absolute Monarchie nicht. Zu Beginn des 20. Jahrhunderts ist sie in allen entwickelten Industriegesellschaften nicht mehr existent.

Drei Institutionen sind es nun vor allem, welche die Ausdifferenzierung des politischen Systems unter gleichzeitiger Zulassung der politischen Partizipation der mobilisierten gesellschaftlichen Gruppierungen erhalten: Parlamentarische Herrschaft, allgemeine, gleiche und geheime Wahl und die Ausbildung von Parteiensystemen. In den meisten europäischen Gesellschaften tritt die parlamentarische Herrschaft an die Stelle der absoluten Monarchie, die Ausweitung des Wahlrechts auf alle Bevölkerungsgruppen findet zu Beginn des 20. Jahrhunderts ihren Abschluß. Dieser Prozeß ist in denjenigen Gesellschaften langwieriger und konfliktreicher, in denen die Ständeversammlungen die absolute Monarchie nicht überlebten. Je früher und eindeutiger andererseits die Macht auf das Parlament überging, um so früher konnten sich auch Parteiensysteme institutionalisieren. Gesellschaften, in denen diese Entwicklung bis ins 20. Jahrhundert erschwert oder ganz unterbunden war, wie z. B. in Italien, Frankreich und Deutschland, weisen dementsprechend in diesem Jahrhundert die am geringsten gegen die gesellschaftlichen Gruppierungen ausdifferenzierten und deshalb instabilsten politischen Systeme auf.

Im Vergleich zu Europa kennzeichnen die Entwicklung des politischen Systems in Nordamerika (die 13 Kolonien, die schließlich die USA bildeten; ab diesem Zeitpunkt die USA) einige grundlegende Unterschiede. Es fehlt zunächst ein mit Europa vergleichbarer Grad der Häufigkeit und Intensität von Konflikten als treibende Ursache für die Zentralisierung politischer Macht. Die politischen Institutionen Amerikas und ihre Kodifizierung in der Verfassung von 1787 entsprachen in grundsätzlichen Merkmalen der mittelalterlichen Diffusion der Gewalten in Europa[112]. Sie waren dem England der Tudor-Könige nachgebildet, das selbst durch ausgesprochene Konfliktarmut gekennzeichnet war. Eine Vielzahl von Institutionen übt mehrere Funktionen aus, die sich überschneiden, und sie begrenzen sich in ihrer Machtentfaltung wechselseitig. Politische Macht ist aufgeteilt auf Präsident, Kongress, Senat, Verwaltung, Gerichte und Verfassung, die nicht im Hinblick auf spezifische Funktionen differenziert sind, sondern als ein System sich gegenseitig begrenzender Gewalten mit sich überschneidenden Funktionen.

In Nordamerika findet jedoch durch die soziale Mobilisierung der Einwanderer frühzeitiger die Ausweitung politischer Partizipationen statt, die durch die Verteilung der Macht auf unterschiedliche Institutionen auch erleichtert wird. Infolgedessen bilden sich in Amerika auch früher als in Europa politische Parteien als die spezifisch modernen politischen Institutionen heraus[113]. Das amerikanische politische System ist demgemäß eine Mischung aus mittelalterlicher Diffusion von Gewalten und moderner Regulierung politischer Partizipation durch Massenparteien. Allerdings bedingt die im Vergleich zu europäischen Gesellschaften aus der Diffusion der Macht sich ergebende geringere Macht des Parlaments und die geringere Bedeutung parteimäßiger Organisation kontinuierlicher parlamentarischer Arbeit einen geringeren Grad der Organisation und Autonomie der Parteien[114]. Hauptsächlich auf die Organisation des Wahlkampfs spezialisiert, ist ihre Stellung im politischen System wiederum begrenzter als diejenige der europäischen Parteien in den Systemen mit eindeutiger parlamentarischer Herrschaft.

Allgemein müßte man annehmen, daß das politische System der USA infolge der starken Diffusion politischer Macht und der zugleich relativ stark ausgedehnten politischen Partizipation Tendenzen zur Machtinflation enthält. Dadurch wird die Fähigkeit zur Durchsetzung der Verbindlichkeit politischer Entscheidungen beeinträchtigt. Die Entscheidungsfähigkeit ist begrenzt. Dem wachsenden Bedarf an verbindlichen politischen Entscheidungen steht kein entsprechendes reales Wachstum politischer Macht als generalisiertem Kommunikationsmedium gegenüber. Ein politisches System dieser Art konnte Stabilität und Entscheidungsfähigkeit nur erhalten in einer gesellschaftlichen Umwelt, die durch eine außerordentlich hohe Rate wirtschaftlichen Wachstums und durch die damit verbundenen Eigenschaften hoher sozialer Mobilität und geringer Klassenkonfrontation gekennzeichnet ist. Das politische System ist dadurch im Vergleich zu den europäischen Systemen wesentlich geringeren Anforderungen verbindlicher Entscheidung und Konfliktregulierung ausgesetzt gewesen[115].

Die in der jüngeren Vergangenheit zunehmenden sozialen Konflikte, insbesondere Rassenkonflikte, wirtschaftlichen Krisen und außenpolitischen Krisen lassen die zu erwartenden Schwierigkeiten des amerikanischen politischen Systems erkennbar werden, in einer Phase höheren Bedarfs an verbindlichen politischen Entscheidungen in einer konfliktreicheren Umwelt auch tatsächlich seine Leistungen im Hinblick auf verbindliche Entscheidungen erhöhen zu können. Viele Konflikte, Krisen und Probleme bleiben liegen und ungelöst. Die Vetomacht des Kongresses gegenüber dem Präsidenten macht die Außenpolitik der USA zeitweise handlungsunfähig. Die vielzitierte Krise der USA ist vor dem Hintergrund dieser Analyse weniger eine Krise des Kapitalismus, als eine Krise seiner mittelalterlichen Diffusion der Gewalten als Herrschaftsstruktur des politischen Systems.

5.2.2. Parteiensysteme und politische Stabilität

Aus dem skizzierten Vergleich der Entwicklung der politischen Systeme der USA und Europas hat sich als ein grundlegender Unterschied der geringere Grad der Organisation der politischen Parteien der USA ergeben. Dasselbe gilt für die Interessenartikulation durch Interessengruppen. Daraus folgt wiederum eine geringere Autonomie der Parteien gegenüber anderen gesellschaftlichen Gruppierungen. Die Parteien sind weniger aus diesen Gruppierungen als selbständige Institutionen ausdifferenziert. Dieser geringere Grad der Organisation und Autonomie der politischen Parteien ist ein Merkmal der geringeren Autonomie und internen funktionalen Differenzierung des politischen Systems.

Das politische System der USA ist im Vergleich zu den stabilen westeuropäischen demokratischen politischen Systemen durch eine größere Diffusion politischer Macht und politischer Funktionen auf unterschiedliche, sich wechselseitig begrenzende Institutionen gekennzeichnet. Präsident, Kongress, Senat, Verwaltung und Justiz sind nicht eindeutig funktional differenziert. Sie bilden ein „mittelalterliches" System sich wechselseitig begrenzender Gewalten mit sich überschneidenden Funktionen. Es findet sich nicht die gleiche Konzentration der Macht im Parlament, wie in europäischen politischen Systemen.

Die Arena, in der sich die Übernahme politischer Verantwortlichkeit durch Parteien im Gefolge parteimäßiger Organisation der Gesetzgebungstätigkeit herausbildet, ist jedoch das Parlament[116]. Diese kontinuierliche Einbeziehung der Parteien in den Prozeß der Gesetzgebung und politischen Entscheidung zwingt die Parteien, wenn sie erfolgreich sein wollen, zu stärkerer und dauerhafterer Organisation als ein selbständiges und kontinuierlich arbeitendes soziales System. Dadurch entwickeln die Parteien größere Autonomie gegenüber anderen gesellschaftlichen Gruppierungen und wechselnden partikularen und lokalen Interessen. Die ihnen übertragene Macht wird stärker generalisiert, d. h. als generalisiertes Kommunikationsmedium ausgebildet. Insgesamt wächst die Autonomie des politischen Systems. Die amerikanischen Parteien sind dagegen hauptsächlich Wahlkampfmaschinen, die zwischen den Wahlen keine ähnlich tragende Rolle in der Organisation politischer Partizipation im Prozeß politischer Entscheidung spielen, wie die Parteien europäischer politischer Systeme. Infolgedessen verfügen sie über einen vergleichsweise geringeren Grad der Organisation und Autonomie.

Als Erklärung für die Unterschiede zwischen den USA und Europa im Grad der Autonomie und internen funktionalen Differenzierung des politischen Systems im allgemeinen und der Organisation und Autonomie der politischen Parteien im besonderen kommt vor allem der eklatante Unterschied der Umwelt der politischen Systeme seit Beginn der Neuzeit in Frage. Die Umwelt des politischen Systems Nordamerikas und der daraus entstehenden USA ist im Vergleich zu den europäischen politischen Systemen sowohl inner- wie intergesellschaftlich durch ein wesentlich geringeres Ausmaß scharfer Konflikte geprägt. Innergesellschaftlich ließ das hohe wirtschaftliche Wachstum und die dadurch mögliche hohe soziale Mobilität keine mit Europa vergleichbare Klassenkonfrontation entstehen. Dies sind die spezifischen Umweltfaktoren, die das relativ stabile Fortbestehen eines weniger autonomen und weniger intern funktional differenzierten politischen Systems mit weniger organisierten Parteien in den USA erklären[117]. Andererseits erklären sie auch, daß in der konfliktreicheren Umwelt der politischen Systeme Europas nur solche *relativ stabil* überleben können, die stärker ausdifferenziert, autonomer, stärker intern funktional differenziert sind und über stärker organisierte Parteien verfügen[118]. Als erklärende Annahme wird dabei dazwischengeschaltet, daß die Erhaltung der relativen Stabilität des politischen Systems in einer konfliktreicheren Umwelt nur möglich ist, wenn mehr und weiterreichende politische Entscheidungen zur Konfliktregulierung getroffen werden können. Vermehrung und Ausdehnung des Geltungsbereiches politischer Entscheidungen setzt jedoch nach der Theorie generalisierter Kommunikationsmedien vermehrte reale Machtschöpfung voraus, die wiederum die größere Organisiertheit politischer Parteien zur Organisation der zunehmenden politischen Partizipation erfordert.

Zwei weitere Faktoren, die ihrerseits aus dem Ausmaß und der Schärfe von Konflikten in der Umwelt des politischen Systems zu erklären sind, erzwingen mittelbar eine größere Organisiertheit der Parteien. In einer konfliktreicheren Umwelt können nur politische Systeme mit stärkerer interner funktionaler Differenzierung relativ stabil überleben. Das bedeutet vor allem die Konzentration der Funktion verbindlicher Entscheidung mit der entsprechenden Übernahme politischer Verantwortung auf eine spezifische Insitution. Wo das Parlament diese Funktion übernimmt, können wiederum nur solche Parteien relativ stabil überleben, die über eine stärkere Organisation verfügen.

In einer konfliktreicheren Umwelt kann andererseits aber auch nur eine solche politische Partizipation auf Dauer erfolgreich auf politische Entscheidungen einwirken, die einen höheren Grad der Organisiertheit aufweist. Die ersten politischen Parteien mit einem hohen Grad der Organisation waren die modernen Arbeiterparteien gerade deshalb, weil die Interessen der Arbeiterklasse am meisten auf verstärkte politische Partizipation angewiesen waren.

In gleicher Weise kann man auch Unterschiede im Grad der Organisiertheit von Interessengruppen erklären. Die relative Autonomie des politischen Systems in einer konfliktreicheren Umwelt setzt ein höheres Maß der Organisiertheit der Interessenartikulation in Interessengruppen voraus.

Wir haben also drei Faktoren, die in einer konfliktreicheren Umwelt bewirken, daß in den relativ stabil überlebenden politischen Systemen Parteien einen höheren Grad der Organisation aufweisen:

(1) Die Befriedigung des wachsenden Entscheidungsbedarfs setzt Machtvermehrung voraus; diese ist angewiesen auf Generalisierung politischer Unterstützung und größere Organisiertheit politischer Partizipation durch politische Parteien und Interessengruppen.

(2) Die Befriedigung des wachsenden Entscheidungsbedarfs setzt interne funktionale Differenzierung und Spezifizierung der politischen Entscheidung und Verantwortung, also Machtkonzentration, auf eine Institution voraus. Wo diese im Parlament gegeben ist, können nur Parteien mit höherem Grad der Organisation relativ stabil überleben.

(3) In einer konfliktreichen Umwelt erfordert erfolgreiche politische Partizipation einen höheren Grad der Organisation. Das bezieht sich auf die Organisation von Interessengruppen und auf die Organisation politischer Parteien.

Mit diesen Hypothesen sind die Unterschiede im Grad der Organisation der Parteien und der Interessengruppen zwischen dem politischen System der USA und europäischen politischen Systemen zu erklären. Ausgegangen wird dabei von dem Tatbestand, daß die Umwelt der politischen Systeme Europas konfliktreicher ist als diejenige des politischen Systems der USA. Es wird dann gefragt, welche Merkmale die europäischen Systeme stärker ausbilden *müssen* als das amerikanische, wenn sie *in dem Identitätsmerkmal* relativer Stabilität überleben wollen. Vom Überleben politischer Systeme *in dem Identitätsmerkmal* relativer Stabilität wird dann darauf geschlossen, daß die europäischen politischen Parteien als Folge eines evolutionären Ausleseprozesses einen höheren Grad der Organisation aufweisen müssen als die amerikanischen, um sich relativ stabil zu erhalten. Es ist eine quantitative evolutionäre Erklärung.

Bestätigt wird die Voraussage über den Grad der Organisiertheit von Interessen durch Daten über die Erfassung von Interessen in organisierten Interessengruppen im Hinblick auf die Ausprägung des Merkmals „Klassenkonflikt". Man kann beispielsweise als einen Indikator der Organisiertheit von Arbeiterinteressen den prozentualen Anteil der Gewerkschaftsmitglieder an der gesamten Arbeiterklasse verwenden. Vergleichen wir in dieser Hinsicht England, Australien, die USA und Kanada, dann ist davon auszugehen, daß die Ausprägung des Merkmals „Klassenkonflikt" in England und in Australien wesentlich stärker ist als in den USA und

Kanada. Demgemäß wäre eine stärkere Ausprägung des Merkmals „Organisiertheit von Arbeiterinteressen" in England und Australien als in den USA und Kanada zu erwarten. Daten bestätigen diese Annahme. Die prozentualen Anteile organisierter Arbeiter an der gesamten Arbeiterschaft, z. B. 1957, waren wie folgt verteilt:

Tabelle 3

England	Australien	USA	Kanada
42	45	26	23

Quelle: Worldmark Encyclopedia of the Nations., New York 1960, zit. in: R. R. Alford, Party and Society, Chicago 1963.

In modernen politischen Systemen, die sich in einer Umwelt von äußerster Komplexität erhalten müssen, und vor allem der wachsenden Artikulation von Werten, Interessen und politischem Bewußtsein unterschiedlicher sozialer Gruppierungen ausgesetzt sind, bilden Parteien die unabdingbaren Bindeglieder, durch die der Input der Umwelt im System aufgenommen wird. Über die Parteien wird die unübersehbare und dadurch bestandsgefährdende Umweltkomplexität organisiert und strukturiert und auf ein innerhalb der weiteren Teilinstitutionen des politischen Systems noch verarbeitbares Ausmaß reduziert. Politische Systeme ohne institutionalisierte Parteienstruktur sind durchweg durch hohe Instabilität und die entsprechenden Gesellschaften durch ein hohes Ausmaß gewaltsamer Konfliktaustragung gekennzeichnet. In ihnen herrscht eine sogenannte prätorianische politische Struktur vor[119]. Das politische System ist schwach, besitzt wenig Autonomie und Macht und ist dadurch hilflos gesellschaftlichen Gruppierungen ausgeliefert. Je früher sich in einer Gesellschaft, die an Komplexität zunimmt, ein Parteiensystem mit politischer Verantwortung (z. B. parlamentarische Verantwortung) institutionalisiert, um so weniger ist die Entwicklung zur Modernität durch Gewaltsamkeit geprägt. Durch ein solches Parteiensystem kann zugleich politische Partizipation, also Öffnung des politischen Systems für Umweltkomplexität, und die Vermehrung von Macht im politischen System, nämlich durch Verbreiterung politischer Unterstützung, erreicht werden. Diese allgemeine Hypothese wird durch eine Fülle an empirischem Material bestätigt[120].

Die Schwäche der Weimarer Republik lag z. B. auch an der fehlenden Tradition politischer Verantwortlichkeit der politischen Parteien. Die geringe Macht des Parlaments im Wilhelminischen Deutschland behinderte die Entwicklung der Parteien zu relativ autonomen Teilinstitutionen des politischen Systems, die sich durch geringere Bindung an konkrete gesellschaftliche Gruppierungen und durch die Ausbildung politischer Eigenverantwortlichkeit auszeichnen. Diesen Zusammenhang hatte schon Max Weber scharfsinnig analysiert[121]. Er ist eine historische Wurzel der Instabilität und des Niedergangs der Weimarer Republik. Aufkommende gesellschaftliche Gruppierungen, welche unvermittelt auf das politische System einzuwirken *versuchen*, gibt es in allen Gesellschaften. Der entscheidende Unterschied, aus dem sich schließlich geringere oder größere Instabilität und Gewaltsamkeit erklärt, ist jedoch die größere oder geringere Fähigkeit politischer Systeme, die politische Partizipation dieser Gruppierungen zuzulassen und trotzdem noch genügend Autonomie zu besitzen, um die Inputs dieser Gruppierungen nach eigenen Kriterien in Outputs in Gestalt politischer Entscheidungen verarbeiten zu können. Das spezifisch Neue an modernen politischen Systemen sind Parteien, die auf diese Regulierung des Inputs spezialisiert sind.

Inzwischen wird der Zusammenhang zwischen der Institutionalisierung von Parteiensystemen und dem Ausmaß politischer Instabilität und Gewaltsamkeit, die auch als Indikatoren geringer Legitimität gelten können, bei zunehmender Komplexität bzw. „Modernisierung" der Gesellschaft auch durch die Erfahrung in Entwicklungsländern bekräftigt. Dies gelangt z. B. in folgenden Daten zum Ausdruck:

Tabelle 4

Coups and Coup Attempts in Modernizing Countries Since Independence

Type of Political System	Number of Countries	Countries with Coups	
		Number	Per cent
Communist	3	0	0
One-party	18	2	11
One-party dominant	12	4	33
Two-party	11	5	45
Multiparty	22	15	68
No effective parties	17	14	83

Quelle: Fred R. von der Mehden, Politics of the Developing Nations, Englewood Cliffs, 1964, S. 65.

Die aus diesen Daten zu entnehmende hohe Instabilität von Multiparteiensystemen beruht vor allem darauf, daß es sich in Entwicklungsländern dabei um die am wenigsten dauerhaft institutionalisierten Parteiensysteme handelt. Zwischen Multiparteiensystemen und Systemen ohne Parteien besteht deshalb nur ein geringer Unterschied.

Die Intensität der Konkurrenz ist in Zweiparteiensystemen höher als in Multiparteiensystemen. In Multiparteiensystemen kann sich eine relativ starre Kontingentierung von Wählergruppen für bestimmte Parteien ergeben oder aber ein ständiger Wechsel älterer und neuer Parteien im Parteiensystem. Im Vergleich zu Einparteiensystemen und Systemen ohne Parteien zeigen sich Zweiparteiensysteme als offener für neue gesellschaftliche Gruppierungen. Die Variationsbreite der Bedingungen ist höher, unter denen Umweltkomplexität in das politische System Eingang finden kann. Gegenüber Multiparteiensystemen erhöhen Zweiparteiensysteme hingegen die Autonomie des politischen Systems, da die Wert- und Interessenartikulationen der Umwelt stärker über selbständige politische Institutionen gefiltert werden, die nicht unmittelbar mit diesen verflochten sind. Diese allgemeinen Annahmen werden indirekt durch Daten bestätigt, die eine höhere Stabilität des Parteiensystems und eine geringere Häufigkeit gewaltsamer politischer Konflikte in Gesellschaften mit

Zweiparteiensystemen im Vergleich zu Multiparteiensystemen anzeigen. Das ist z. B. aus den Vergleichsdaten der Tabellen 5 und 6 zu entnehmen. Dabei ist die ohnehin größere Instabilität politischer Systeme in Entwicklungsländern zu berücksichtigen. Eruptive soziale Mobilisierung und geringer Grad der Institutionalisierung von Parteiensystemen machen diese generell instabil.

Tabelle 5

Party Stability and Party Number

Number of Parties	Degree of Stability			
	Stable	Moderate Stable	Unstable	Total
One party	19	4	0	23
Dominant party	2	4	3	9
One and a half party	2	0	0	2
Two party	7	0	2	9
Mulitparty	11	2	13	26
Total	41	10	18	69

Quelle: Arthur S. Banks and Robert B. Textor, A Cross-Polity Survey, Cambridge, M.I.T. Press, 1963, S. 97–98, 101.

Tabelle 6

Successful Coups in Modernizing Countries: 1945 or Date of Independence through 1966

	Number of Countries	Countries with Coups	
		Number	Per cent
One-party systems	26	6	25
Dominant Party systems	18	6	33
Two-party systems	16	7	44
Multiparty systems	20	11	55

Quelle: Samuel P. Huntington, Political Order in Changing Societies, New Haven and London 1968, S. 423.

Einparteiensysteme zeigen hier die höchste Stabilität. Diese ist allerdings nur zu erhalten, wenn die entsprechende herrschende Partei als Folge eines lange andauernden revolutionären Kampfes um die Macht über einen hohen Grad der Organisiertheit verfügt und fähig ist, die ganze Gesellschaft mit angegliederten Organisationen zu durchdringen[122]. Es ist dabei auf jeden Fall ein höheres Ausmaß der Unterdrückung potentieller oppositioneller Gruppierungen erforderlich als in Multiparteiensystemen. Stabilität muß durch größeren Zwang erreicht werden.

Multiparteiensysteme sind nur stabil, wenn sie Ausdruck relativ feststehender gesellschaftlicher Gruppierungen sind und wenn sie sich über längere Zeit durch offene soziale Mobilisierung und politische Partizipation herausgebildet haben. Es sind Gesellschaften mit einem hohen Grad der Versäulung. Jede relevante gesellschaftliche Gruppierung hat ihre spezifische politische Partei; es können sich dabei vielfältige Formen der Kompromißbildung und der Ausschaltung von Konkurrenz entwickeln[123]. Multiparteiensysteme ohne entsprechende traditionelle Versäulung, z. B. in Phasen eruptiver sozialer Mobilisierung, sind dagegen kaum auf Dauer stabilisierbar. Das ist aus den Daten in Tabelle 7 über die Beziehung zwischen dem Grad der Alphabetisierung und dem Grad der Stabilität von Parteiensystemen abzulesen. Es sei dabei die Einzelheiten einebnende Annahme erlaubt, daß der relevante Faktor „Versäulung" stark mit dem Grad der Modernität korreliert, der hier wiederum durch den einfachen Indikator „Alphabetisierung" erfaßt wird. D. h., es befinden sich die Gesellschaften mit hohem Versäulungsgrad durchweg in der Rubrik „über 70 % Alphabetisierung".

Tabelle 7

Institutionalized Party Systems (Major Party Age Index of 30 or more in 1966)

Level of Literacy	One Party	Dominant Party	Two Party	Multi Party	Total
70 % or over	8	0	9	12	29
Below 70 %	9	1	6	0	16
Total	17	1	15	12	45

Quelle: Samuel P. Huntington, Political Order in Changing Societies, New Haven and London 1968, S. 424.

Anmerkungen

I. Die Problemstellung: Wie ist verbindliche Geltung von Normsetzungen und politischen Entscheidungen in komplexen Gesellschaften möglich?

1 Zum Leistungsbegriff vgl. K. O. Hondrich, Theorie der Herrschaft, S. 35 ff.
2 Vgl. D. Meadows et al., Die Grenzen des Wachstums.
3 Dies ist ein Grundgedanke in Karl R. Poppers Erkenntnistheorie; auch der allgemeine Gedanke, daß jede Problemlösung neue Probleme erzeugt, ist in Poppers Sequenz „Problem $_1$ → Versuchte Lösung $_{1,2,...,}$ Fehlerbeseitigung → Problem $_2$" enthalten. Vgl. K. R. Popper, Objektive Erkenntnis, S. 269 f.
4 Z. B. M. Weber, Gesammelte Aufsätze zur Religionssoziologie, Vorbemerkung, S. 1–16, S. 202 ff.; ders., Gesammelte Politische Schriften, S. 322 f.
5 Vgl. hierzu N. Luhmann, Sinn als Grundbegriff der Soziologie; ders. Zweckbegriff und Systemrationalität; ders., Systemtheoretische Argumentationen, S. 292–316; ders., Vertrauen, S. 1–17; ders., Soziologie als Theorie sozialer Systeme; ders., Wirtschaft als soziales System, S. 207; ders., Knappheit, Geld und die bürgerliche Gesellschaft.
6 Diese allgemeine Problemstellung liegt dem Ansatz zu einer Theorie generalisierter Kommunikationsmedien zu Grunde, der von Talcott Parsons entwickelt wurde und inzwischen von Niklas Luhmann aufgegriffen worden ist. Die Übertragung von Selektionsleistungen eines Systems auf die Umwelt wird durch die Zirkulation generalisierter Kommunikationsmedien erleichtert. Vgl. T. Parsons, On the Concept of Political Power; ders., On the Concept of Influence; ders., On the Concept of Value-Commitments; N. Luhmann, Einführende Bemerkungen zu einer Theorie symbolisch generalisierter Kommunikationsmedien; ders., Der politische Code; T. S. Turner, Parsons' Concept of „Generalized Media" and its Relevance for Social Anthropology; D. A. Baldwin, Money and Power. Als klassische Grundlage: G. Simmel, Philosophie des Geldes.
7 Diesem Grundtatbestand entspricht die klassische Frage der Soziologie, wie soziale Ordnung oder soziale Integration möglich ist. Klassisch hierzu: E. Durkheim, De la division du travail social; T. Parsons, The Structure of Social Action; ders., Durkheims Contribution to the Theory of Integration of Social Systems; ders., The Social System. Die Kritik meinte, daß dadurch Konflikt und Wandel vernachlässigt würden. Besonders: R. Dahrendorf, Struktur und Funktion, Pfade aus Utopia, beide in: Gesellschaft und Freiheit, S. 49 ff., 85 ff. Allerdings verfehlte diese Kritik die Pointe des Problems, nämlich die strukturelle Tendenz zu Konflikt, Krise und Wandel, die also durchaus erklärt wird und die daraus folgende Unwahrscheinlichkeit von Integration, die also wesentlich voraussetzungsvoller und deshalb um so erklärungsbedürftiger ist. Die daran anknüpfende Gegenüberstellung von Integrations- und Konfliktansätzen der Soziologie ist eine unglückliche, falsche Dichotomie.
8 Vgl. M. Weber, Wirtschaft und Gesellschaft, S. 39, 157 f., 700 f.; T. Parsons, Some Reflections on the Place of Force in Social Process; N. Luhmann, Legitimation durch Verfahren, S. 27/28.
9 Zum Legitimitätsproblem aus soziologischer Sicht: M. Weber, Wirtschaft und Gesellschaft, S. 22 ff., 157 ff., 700 ff.; J. Winckelmann, Legitimität und Legalität in Max Webers Herrschaftssoziologie; F. Loos, Zur Wert- und Rechtslehre Max Webers, S. 115 ff.; T. Parsons, Authority, Legitimation, and Political Action; ders., Politics and Social Structure; P. M. Blau, Critical Remarks on Weber's Theory of Authority; C. J. Friedrich, Die Legitimität in politischer Perspektive; ders., Man and his Government; D. Easton, A Systems Analysis of

Political Life; N. Luhmann, Grundrechte als Institution, S. 140 ff.; ders., Legitimation durch Verfahren; ders., Soziologie des politischen Systems; ders., Komplexität und Demokratie; ders., Rechtssoziologie, Bd. 2, S. 259 ff; P. Graf Kielmannsegg, Legitimität als analytische Kategorie; ders., Volkssouveränität als Legitimationsproblem; F. W. Stallberg, Herrschaft und Legitimität. Untersuchungen zu Anwendung und Anwendbarkeit zentraler Kategorien Max Webers; H. Bußhoff, Systemtheorie als Theorie der Politik, insbesondere Kap. VIII und IX; T. R. Gurr, Rebellion, S. 161–198; H. Willke, Stand und Kritik der neueren Grundrechtstheorie; J. Habermas, Legitimationsprobleme im Spätkapitalismus. Zur rechtsphilosophischen Diskussion des Problems: H. Welzel, An den Grenzen des Rechts. Die Frage nach der Rechtsgeltung.

10 Vgl. M. Weber, Wirtschaft und Gesellschaft, S. 157 f., 710 f.; N. Luhmann, Legitimation durch Verfahren, S. 28. Habermas definiert an einer Stelle „Legitimität" in dieser Weise: „Wenn bindende Entscheidungen legitim sind, d. h. wenn sie unabhängig von konkret ausgeübtem Zwang und manifest angedrohter Sanktion gefällt und gleichwohl regelmäßig, auch gegen das Interesse der Betroffenen, durchgesetzt werden können, dann müssen sie als die Erfüllung anerkannter Normen gelten dürfen", vgl. J. Habermas, Theorie der Gesellschaft oder Sozialtechnologie? , S. 244.

11 Hierzu insbesondere aus dem Gesamtwerk von K. Marx, Thesen über Feuerbach; K. Marx und F. Engels, Die deutsche Ideologie; K. Marx, Das Elend der Philosophie.

12 J. Habermas, Vorbereitende Bemerkungen zu einer Theorie der kommunikativen Kompetenz; ders., Theorie der Gesellschaft oder Sozialtechnologie? ; ders., Legitimationsprobleme im Spätkapitalismus; ders., Wahrheitstheorien.

13 J. Habermas, Legitimationsprobleme im Spätkapitalismus, S. 103.

14 M. Weber, Wirtschaft und Gesellschaft, insbesondere S. 22 ff., 157 ff., 700 ff.; ders., Gesammelte Politische Schriften.

15 M. Weber, Gesammelte Aufsätze zur Wissenschaftslehre; ders., Politik als Beruf.

16 Vgl. insbesondere T. Parsons, Politics and Social Structure; N. Luhmann, Legitimation durch Verfahren; ders. Soziologie des politischen Systems; ders., Komplexität und Demokratie; S. P. Huntington, Political Order in Changing Societies; S. N. Eisenstadt, The Political Systems of Empires; S. M. Lipset und S. Rokkan (Hrsg.), Party Systems and Voter Alignments. Zur allgemeinen Theorie sozialer Systeme: R. Münch, Theorie sozialer Systeme.

17 Im Anschluß an Karl R. Poppers Ideen zu einer offenen Gesellschaft: K. R. Popper, Die offene Gesellschaft und ihre Feinde, Bd. I und II.

II. Alternative Theorien der Legitimität

1. Karl Marx: Die Legitimität der revolutionären Praxis und der klassenlosen Gesellschaft

1 Vgl. insbesondere K. Marx, Thesen über Feuerbach; K. Marx und F. Engels, Die deutsche Ideologie; K. Marx, Das Elend der Philosophie; ders., Zur Kritik der politischen Ökonomie; ders., Das Kapital, Bd. I; F. Engels, Herrn Eugen Dührings Umwälzung der Wissenschaft; ders., Dialektik der Natur; W. I. Lenin, Materialismus und Empiriokritzismus; ders., Staat und Revolution; H. Kremendahl und Th. Meyer (Hrsg.), Sozialismus und Staat.

2 K. Marx und F. Engels, Die deutsche Ideologie, S. 38.

3 K. Marx, Das Elend der Philosophie, S. 130; vgl. ders. und F. Engels, Die deutsche Ideologie, S. 26, S. 37 ff.

4 K. Marx, Das Elend der Philosophie, S. 126.

5 K. Marx, Das Elend der Philosophie, S. 139.

6 Vgl. hierzu R. Münch, Gesellschaftstheorie und Ideologiekritik, S. 88 ff.

7 K. Marx und F. Engels, Die deutsche Ideologie, S. 32 f., 39, 46 ff.; vgl. Henri Lefèbvre, Soziologie nach Marx, Kap. 2,3.

8 Eine Verstärkung dieser Beziehung zwischen materieller Basis und ideologischem Überbau ist diejenige, welche Marx mit der Analyse des Warenfetischismus neben der Verallgemeinerung des Partikularen im „gerechten" Tauschverhältnis anspricht: die Bewirkung von Realitätsverzerrungen durch die Undurchsichtigkeit der materiellen Praxis, also des Warentauschs, selbst. Vgl. K. Marx, Das Kapital, Bd. I, S. 85–98; Henri Lefèbvre, Soziologie nach Marx, S. 53 ff.

9 Zur logischen Struktur solcher Erklärungen vgl. W. Stegmüller, Probleme und Resultate der analytischen Wissenschaftstheorie, Studienausgabe, Teil 3,4; C. G. Hempel, Aspects of Scientific Explanation, S. 297–330; E. Nagel, The Structure of Science S. 503–546; R. Münch, Soziologische Theorie und historische Erklärung; ders., Evolutionäre Strukturmerkmale komplexer sozialer Systeme.

10 K. Marx und F. Engels, Die deutsche Ideologie, S. 47.

11 K. Marx und F. Engels, Die deutsche Ideologie, S. 48.

12 Allgemein zu diesem Zusammenhang zwischen Komplexität und Selektivität: N. Luhmann, Systemtheoretische Argumentationen, S. 292–316; ders., Soziologie als Theorie sozialer Systeme; ders., Wirtschaft als soziales System; ders., Knappheit, Geld und die bürgerliche Gesellschaft.

13 Vgl. K. Marx, Thesen über Feuerbach; K. Marx und F. Engels, Die deutsche Ideologie; Institut für Marxistische Studien und Forschungen (Hrsg.), Erkenntnistheorie; A. Kosing (Hrsg.), Marxistische Philosophie; D. Wittich, Praxis, Erkenntnis, Wissenschaft; H. J. Sandkühler, Praxis und Geschichtsbewußtsein. Aus dem Bereich der jugoslawischen Praxisgruppe: M. Markovic, Dialektik der Praxis; M. Cekic, Ist die Praxis der Maßstab der Wahrheit?

14 K. Marx, Thesen über Feuerbach, S. 5.

15 In diesem Schluß kommt Marx' idealistisches Erbe deutlich zum Ausdruck. Das Subjekt schafft sich sein Objekt der Erkenntnis in der Praxis selbst. Vgl. hierzu W. Becker, Idealistische und materialistische Dialektik; E. Topitsch, Marxismus und Gnosis; ders., Entfremdung und Ideologie; R. Münch, Gesellschaftstheorie und Ideologiekritik, S. 47–79.

16 K. Marx und F. Engels, Die deutsche Ideologie, S. 38. Vgl. hierzu kritisch: E. Topitsch, Grundformen antidemokratischen Denkens, in: ders., Mythos, Philosophie, Politik, S. 156 f.

17 F. Engels, Ludwig Feuerbach und der Ausgang der klassischen deutschen Philosophie, S. 307.

18 A. Kosing u. a. (Hrsg.), Die Wissenschaft von der Wissenschaft, S. 95.

19 H. J. Sandkühler, Praxis und Geschichtsbewußtsein, S. 376.

20 Marxistisch-Leninistisches Wörterbuch der Philosophie, hrsg. von G. Klaus und M. Buhr, S. 821.

21 H. J. Sandkühler, Praxis und Geschichtsbewußtsein, S. 379.

22 F. Tomberg, Bürgerliche Wissenschaft, S. 97.

23 F. Tomberg, Bürgerliche Wissenschaft, S. 175.

24 In diesem Sinne sind die sogenannten Leerformeln zu verstehen. Erst die hohe Selektivität von Entscheidungen, Normsetzungen, Institutionen, Praxis usw. macht Prädikate wie „Gerechtigkeit" oder „Allgemeininteresse" zu Leerformeln, weil dadurch die Selbstverständlichkeit bestimmter Bedeutungen verloren gegangen ist. Vgl. hierzu E. Topitsch, Über Leerformeln; G. Degenkolbe, Logische Struktur und gesellschaftliche Funktionen von Leerformeln; M. Schmid, Leerformeln und Ideologiekritik.

25 Vgl. z. B. den Sammelband von Beiträgen solcher dissidenter Marxisten: U. Bermbach und F. Nuscheler (Hrsg.), Sozialistischer Pluralismus; sowie: S. Stojanović, Kritik und Zukunft des Marxismus; G. Petrović, Wider den autoritären Marxismus; L. Kolakowski, Der Mensch ohne Alternative, J. Kuron und K. Modzelewski, Monopolsozialismus; M. Djilas, Die neue Klasse.

26 Vgl. M. Weber, Gesammelte Aufsätze zur Wissenschaftslehre.

27 Vgl. A. Tarski, The Semantic Conception of Truth and the Foundations of Semantics; W. Stegmüller, Das Wahrheitsproblem und die Idee der Semantik; K. R. Popper, Objektive Erkenntnis, S. 57–65, 137 f., 170 f., 340 f., 347–368.

28 K. Holzkamp, Kritische Psychologie, S. 204–205.

29 Auf diese Ambivalenz wurde schon andernorts verwiesen, um daran anschließend die andere mögliche Interpretationsrichtung zu verfolgen. Es wurde dort die Marxsche Theorie als Alternative zur bürgerlichen politischen Ökonomie mit dem Anspruch auf größere Wahrheitsnähe interpretiert: R. Münch, Gesellschaftstheorie und Ideologiekritik, S. 47–104.

30 P. K. Feyerabend, Wie wird man ein braver Empirist? , S. 319.

2. Jürgen Habermas: Normlegitimität durch zwangslosen Konsensus

1 J. Habermas, Vorbereitende Bemerkungen zu einer Theorie der kommunikativen Kompetenz; ders., Theorie der Gesellschaft oder Sozialtechnologie? , insbesondere S. 171–269; ders., Legitimationsprobleme im Spätkapitalismus, insbesondere S. 131 ff.

2 J. Habermas, Theorie der Gesellschaft oder Sozialtechnologie? S. 242–244; ders., Legitimationsprobleme im Spätkapitalismus, S. 133–140.

3 J. Habermas, Erkenntnis und Interesse, S. 58–87, insbesondere S. 69, 71 f., 80, 84 f.; ders., Arbeit und Interaktion; ders., Einige Schwierigkeiten beim Versuch, Theorie und Praxis zu vermitteln.

4 J. Habermas, Erkenntnis und Interesse, S. 59 ff.

5 J. Habermas, Legitimationsprobleme im Spätkapitalismus, S. 9–30, insbesondere S. 11 f.

6 J. Habermas, Legitimationsprobleme im Spätkapitalismus, S. 178 ff.

7 J. Habermas, Theorie der Gesellschaft oder Sozialtechnologie? , S. 189–221.

8 J. Habermas, Erkenntnis und Interesse, S. 36–87; ders., Arbeit und Interaktion; ders., Einige Schwierigkeiten beim Versuch, Theorie und Praxis zu vermitteln, insbesondere S. 15 ff.

9 J. Habermas, Erkenntnis und Interesse, S. 69 ff; ders., Arbeit und Interaktion; ders., Einige Schwierigkeiten beim Versuch, Theorie und Praxis zu vermitteln, S. 15 f., 23 ff.; ders., Vorbereitende Bemerkungen zu einer Theorie der kommunikativen Kompetenz, S. 114 ff.; ders., Theorie der Gesellschaft oder Sozialtechnologie? , S. 171 ff., insbesondere auch Anmerkung 2, S. 171 ff.

10 J. Habermas, Legitimationsprobleme im Spätkapitalismus, S. 23: „Weil die Vergesellschaftung der inneren Natur ebenfalls über diskursive Geltungsansprüche läuft, ist der Wandel der normativen Strukturen ebenso wie die Geschichte von Wissenschaft und Technik ein gerichteter Prozeß". Ebenda, S. 27: „Die Entfaltung der Produktivkräfte und die Veränderung normativer Strukturen folgen jeweils einer Logik wachsender theoretischer bzw. praktischer Einsicht". Ebenda, S. 123: „Wenn Moral- und Wissenschaftssystem, wie ich annehme, einer inneren Logik folgen, dann bedeutet das, daß die moralische ebenso wie die wissenschaftliche Evolution wahrheitsabhängig ist".

11 J. Habermas, Erkenntnis und Interesse, insbesondere S. 77; ders., Einige Schwierigkeiten beim Versuch, Theorie und Praxis zu vermitteln, S. 15–17, 20 f., 26–31.

12 J. Habermas, Vorbereitende Bemerkungen zu einer Theorie der kommunikativen Kompetenz, S. 114 ff.; Legitimationsprobleme im Spätkapitalismus, S. 140–162; ders., Wahrheitstheorien.

13 J. Habermas, Einige Schwierigkeiten beim Versuch, Theorie und Praxis zu vermitteln, S. 23–26; ders., Vorbereitende Bemerkungen zu einer Theorie der kommunikativen Kompetenz, S. 115; Theorie der Gesellschaft oder Sozialtechnologie, S. 202 ff.

14 J. Habermas, Vorbereitende Bemerkungen zu einer Theorie der kommunikativen Kompetenz, S. 118; ders., Theorie der Gesellschaft oder Sozialtechnologie?, S. 244; ders., Legitimationsprobleme im Spätkapitalismus, S. 139 ff.

15 Ch. L. Stevenson, Ethics and Language; R. M. Hare, The Language of Morals; J. Habermas, Legitimationsprobleme im Spätkapitalismus, S. 140–145.

16 J. Habermas, Legitimationsprobleme im Spätkapitalismus, S. 143 f.

17 J. Habermas, Vorbereitende Bemerkungen zu einer Theorie der kommunikativen Kompetenz, S. 118.

18 J. Habermas, Vorbereitende Bemerkungen . . ., S. 118–119.

19 J. Habermas, Vorbereitende Bemerkungen . . ., S. 119.

20 J. Habermas, Vorbereitende Bemerkungen . . ., S. 119.

21 J. Habermas, Vorbereitende Bemerkungen . . ., S. 120.

22 J. Habermas, Vorbereitende Bemerkungen . . ., S. 120–121; ders., Theorie der Gesellschaft oder Sozialtechnologie? , S. 254–269; ders., Legitimationsprobleme im Spätkapitalismus, S. 156 ff.; ders., Der Universalitätsanspruch der Hermeneutik. Zu einer materialreichen Studie über Weltdeutungen vom Mythos bis zur modernen Metaphysik vgl. E. Topitsch, Vom Ursprung und Ende der Metaphysik.

23 J. Habermas, Einige Schwierigkeiten beim Versuch, Theorie und Praxis zu vermitteln, S. 16–17, 28–31.

24 J. Habermas, Vorbereitende Bemerkungen zu einer Theorie der kommunikativen Kompetenz, S. 118.

25 J. Habermas, Vorbereitende Bemerkungen . . ., S. 117; ders., Wahrheitstheorien, S. 215, 229.

26 J. Habermas, Vorbereitende Bemerkungen . . ., S. 119, 122.

27 J. Habermas, Vorbereitende Bemerkungen . . ., S. 117, 121—122.

28 J. Habermas, Vorbereitende Bemerkungen . . ., S. 123—135, insbesondere S. 135.

29 J. Habermas, Vorbereitende Bemerkungen . . ., S. 135.

30 J. Habermas, Vorbereitende Bemerkungen . . ., S. 136.

31 J. Habermas, Vorbereitende Bemerkungen . . ., S. 136. Diese Annahme erinnert an Bacons Idolenlehre. Sie ist natürlich ein Fehlschluß oder eine einfache definitorische Festlegung der Bedeutung von „Wahrheit". Vgl. R. Münch, Gesellschafttheorie und Ideologiekritik, S. 174.

32 J. Habermas, Vorbereitende Bemerkungen . . ., S. 137 ff.; ders., Wahrheitstheorien, S. 240, 252 ff.

33 J. Habermas, Vorbereitende Bemerkungen . . ., S. 137—138; ders., Wahrheitstheorien, S. 255—256.

34 J. Habermas, Legitimationsprobleme im Spätkapitalismus, S. 148, vgl. S. 152.

35 J. Habermas, Legitimationsprobleme . . ., S. 149.

36 J. Habermas, Legitimationsprobleme . . ., S. 149.

37 J. Habermas, Legitimationsprobleme . . ., S. 23, 27, 140; ders., Wahrheitstheorien, S. 220.

38 J. Habermas, Legitimationsprobleme . . ., S. 152. Darin unterscheidet sich Habermas von den sonst ähnlichen Bemühungen der Erlanger Schule. Vgl. P. Lorenzen, Normative Logic and Ethics; ders., Scientismus versus Dialektik; O. Schwemmer, Philosophie der Praxis; ders., Grundlagen einer normativen Ethik.

39 J. Habermas, Legitimationsprobleme . . ., S. 152 ff.; ders., Vorbereitende Bemerkungen . . ., S. 136, 140—141.

40 Vgl. hierzu H. Albert, Traktat über kritische Vernunft, S. 11 f.

41 J. Habermas, Legitimationsprobleme . . ., S. 152; Hervorhebung vom Verfasser.

42 J. Habermas, Vorbereitende Bemerkungen . . ., S. 136, 140—141; ders., Wahrheitstheorien, S. 229, ders., Legitimationsprobleme . . ., S. 156.

43 J. Habermas, Legitimationsprobleme . . ., S. 153 ff.

44 J. Habermas, Legitimationsprobleme . . ., S. 156.

45 J. Habermas, Legitimationsprobleme . . ., S. 157; ders., Vorbereitende Bemerkungen . . ., S. 120—121; ders., Theorie der Gesellschaft oder Sozialtechnologie?, S. 254—269. Zu Weltdeutungen allgemein vgl. die umfangreiche Studie von E. Topitsch, Vom Ursprung und Ende der Metaphysik.

46 J. Habermas, Legitimationsprobleme . . ., S. 156—157.

47 Vgl. hierzu R. Münch, Gesellschaftstheorie und Ideologiekritik, S. 116—132.

48 J. Habermas, Legitimationsprobleme . . ., S. 149, 156 ff.

49 J. Habermas, Legitimationsprobleme . . ., S. 161.

50 J. Habermas, Vorbereitende Bemerkungen . . ., S. 118.

51 M. Weber, Wirtschaft und Gesellschaft, S. 1.

52 J. Habermas, Vorbereitende Bemerkungen . . ., S. 120.

53 J. Habermas, Vorbereitende Bemerkungen . . ., S. 118—119.

54 J. Habermas, Theorie der Gesellschaft oder Sozialtechnologie?, S. 252.

55 J. Habermas, Vorbereitende Bemerkungen . . ., S. 119.

56 J. Habermas, Vorbereitende Bemerkungen . . ., S. 119.

57 J. Habermas, Vorbereitende Bemerkungen . ., S. 119.

58 J. Habermas, Analytische Wissenschaftstheorie und Dialektik, S. 170 ff.

59 J. Habermas, Vorbereitende Bemerkungen . . ., S. 114, 123, 136.

60 J. Habermas, Vorbereitende Bemerkungen . . ., S. 122, 136.

61 J. Habermas, Vorbereitende Bemerkungen . . ., S. 135—136.

62 J. Habermas, Vorbereitende Bemerkungen . . ., S. 119, 136, 140—141; ders., Legitimationsprobleme . . ., S. 152.

63 Die anschließende Problematisierung des zwanglos herbeigeführten Konsensus sowie der Scheidung in verallgemeinerungsfähige und partikulare Interessen als Entscheidungskriterien zwischen Normen unter den strukturellen Bedingungen komplexer Gesellschaften kann aufgrund der Ähnlichkeit diesbezüglicher Annahmen auch auf den Lösungsansatz der Erlanger Schule bezogen werden. „Beratung", „Transsubjektivität" und die „Auflösung von Unvereinbarkeiten zwischen Normen" als Entscheidungsprinzipien setzen sich in ähnlicher Weise über die im folgenden herausgestellten strukturellen Grundeigenschaften moderner

Gesellschaften hinweg. Vgl. P. Lorenzen, Normative Logic and Ethics; ders., Scientismus versus Dialektik; O. Schwemmer, Philosophie der Praxis; ders., Grundlagen einer normativen Ethik.

64 Vgl. N. Luhmann, Zweckbegriff und Systemrationalität, insbesondere S. 33 ff., 106 ff., 133 ff., 227 ff.; ders., Sinn als Grundbegriff der Soziologie, insbesondere S. 31–39, 97 f.; ders., Systemtheoretische Argumentationen, S. 292–316; ders., Vertrauen, S. 1–17; ders., Soziologie als Theorie sozialer Systeme, insbesondere S. 118; ders., Wirtschaft als soziales System, S. 207; ders., Knappheit, Geld und die bürgerliche Gesellschaft; ders., Wahrheit und Ideologie, S. 58 ff. Vgl. zu ökonomischer Knappheit K. O. Hondrich, Wirtschaftliche Entwicklung, soziale Konflikte und politische Freiheiten, S. 106; K. Polanyi, C. M. Arensberg, H. W. Pearson, Trade and Market in the Early Empires.

65 Die Unterscheidung einer derartigen Zeit-, Sach- und Sozialdimension ist bei verschiedenen Begriffen verwendbar. Vgl. N. Luhmann, Reflexive Mechanismen, S. 92, 105; ders., Soziologie als Theorie sozialer Systeme, S. 121–122; ders., Rechtssoziologie 1, S. 94 ff. Luhmann unterscheidet vor allem im Hinblick auf die Generalisierung von Normen diese drei Dimensionen.

66 Vgl. z. B. J. Habermas, Legitimationsprobleme . . ., S. 148 f.

67 M. Weber, Wirtschaft und Gesellschaft, S. 644.

68 M. Weber, Wirtschaft und Gesellschaft, S. 644–645.

69 J. Habermas, Legitimationsprobleme . . ., S. 154 f.

70 Vgl. zu solchen Versuchen, die stets eine Vereinfachung der Entscheidungssituation voraussetzen, allgemein G. Gaefgen, Theorie der wirtschaftlichen Entscheidung; W. Edwards, The Theory of Decision Making. Zur grundsätzlichen Problematik: V. Kraft, Die Grundlagen einer wissenschaftlichen Wertlehre; N. Luhmann, Zweckbegriff und Systemrationalität, S. 33–35.

71 Vgl. zu diesem Grundproblem sozialer Interaktion T. Parsons and E. Shils (Hrsg.), Toward a General Theory of Action, S. 14 ff., 105 ff.; T. Parsons, Interaction. Social Interaction, S. 436 f.; T. Parsons and R. F. Bales, Familiy, Socialisation and Interaction Process, S. 74; vgl. dazu J. Ritsert, Substratbegriffe in der Theorie des sozialen Handelns. Über das Interaktionsschema bei Parsons und in der Parsonskritik; zur Erweiterung vgl. vor allem N. Luhmann, Rechtssoziologie 1, S. 31 ff.

72 Diese Zusammenhänge bilden die Grundlage für die Trennung von Wissenschaft und Politik, Wissenschaft und Praxis oder Wissenschaft und Wertbegründung aus der Perspektive des Erfordernisses der Erwartungsstabilisierung. Vgl. hierzu die klassischen Texte Max Webers: Die ‚Objektivität' sozialwissenschaftlicher und sozialpolitischer Erkenntnis; Der Sinn der ‚Wertfreiheit' der soziologischen und ökonomischen Wissenschaften; Wissenschaft als Beruf; Politik als Beruf; vgl. aus der umfangreichen Diskussion im Hinblick auf die hier behandelte Problemstellung vor allem: H. Albert, Theorie und Praxis. Max Weber und das Problem der Wertfreiheit; ders., Wissenschaft und Verantwortung; H. Albert und E. Topitsch (Hrsg.), Werturteilsstreit; R. König, Einige Überlegungen zur Frage der Werturteilsfreiheit bei Max Weber; W. Schluchter, Wertfreiheit und Verantwortungsethik; U. Beck, Objektivität und Normativität. Die Theorie-Praxis-Debatte in der modernen deutschen und amerikanischen Soziologie; R. Münch, Evolutionäre Strukturmerkmale komplexer sozialer Systeme. Am Beispiel des Wissenschaftssystems; N. Luhmann, Selbststeuerung der Wissenschaft; W. M. Bühl, Einführung in die Wissenschaftssoziologie, S. 234–271; K. G. Riegel, Öffentliche Legitimation der Wissenschaft; F. H. Tenbruck, Wissenschaft, Politik und Öffentlichkeit; ders., Regulative Funktionen der Wissenschaft in der pluralistischen Gesellschaft; ders., Max Weber and the Sociology of Science.

73 In diesen Zusammenhängen kommt das Problem der Trennung von Wissenschaft und Politik, Wissenschaft und Praxis oder Wissenschaft und Wertbegründung aus der Perspektive der Entfaltung der Tatsachenerkenntnis zum Ausdruck. Vgl. die in Anmerkung 72 genannte Literatur.

74 Vgl. hierzu Max Weber über die Abgrenzung zwischen Wissenschaft und Theologie: M. Weber, Wissenschaft als Beruf, S. 610 f. Weiterhin allgemein N. Luhmann, Wahrheit und Ideologie, S. 58 f.; ders., Zweckbegriff und Systemrationalität, S. 33 ff.

75 Die Möglichkeit der Subsumtion von Subnormen unter Grundnormen wird z. B. innerhalb der Erlanger Schule in O. Schwemmers Normbegründungsansatz vorausgesetzt: O. Schwemmer, Philosophie der Praxis; ders., Grundlagen einer normativen Ethik.

76 Vgl. N. Luhmann, Rechtssoziologie 1, S. 148 ff.; R. Schott, Die Funktionen des Rechts in primitiven Gesellschaften.

77 M. Weber, Die Objektivität sozialwissenschaftlicher und sozialpolitischer Erkenntnis, S. 153–154.
78 Erst unter den Bedingungen hoher Selektivität der Normselektion werden deshalb allgemeine Wertprinzipien zu sogenannten Leerformeln, die mit beliebigem Inhalt gefüllt werden können. Je einfacher und damit alternativenärmer die Gesellschaft strukturiert ist, um so festliegender ist dagegen die Bedeutung solcher Wertprinzipien. Zu Leerformeln vgl. E. Topitsch, Über Leerformeln; G. Degenkolbe, Logische Struktur und gesellschaftliche Funktionen von Leerformeln; M. Schmid, Leerformeln und Ideologiekritik.
79 M. Weber, Wirtschaft und Gesellschaft, S. 642. Vgl. hierzu E. Topitsch, Vom Ursprung und Ende der Metaphysik, S. 198–241; N. Luhmann, Rechtssoziologie 1, S. 10 f.; H. Kelsen, Die Idee des Naturrechts; ders., Das Problem der Gerechtigkeit; ders., What is Justice? Justice, Law and Politics in the Mirror of Science.
80 Vgl. z. B. Marxistisch-Lenistisches Wörterbuch der Philosophie, hrsg. von G. Klaus und M. Buhr, S. 672: „*Der Marxismus-Leninismus* ist die theoretische Grundlage der praktischen Tätigkeit der revolutionären Partei der Arbeiterklasse und *dient als Anleitung zum Handeln* im Klassenkampf, in der sozialistischen Revolution und im sozialistischen und kommunistischen Aufbau". Ebenda, S. 824: „Die Partei entwickelt sich, indem sie *die Lehre des Marxismus-Leninismus* unter Berücksichtigung der konkreten Aufgaben des Landes *anwendet. Die marxistisch-leninistische Partei* gibt Antwort auf die vom Leben neu gestellten Fragen und *zeigt* der Arbeiterklasse und dem gesamten Volk *wissenschaftlich den Weg in die Zukunft.*" Ebenda, S. 823: „Die Partei ist der bewußte Vortrupp der Arbeiterklasse. In ihr sind die besten Kräfte der Arbeiterklasse organisiert. Diese besitzen *eine wissenschaftlich begründete Theorie von* den Aufgaben und Zielen der Arbeiterklasse, die im Parteiprogramm für eine ganze historische Entwicklungsetappe eines Landes festgelegt werden." Ebenda, S. 855–856: „Sie (die *Politik* der von der marxistisch-leninistischen Partei geführten Arbeiterklasse) *ist schöpferische Anwendung der im Marxismus–Leninismus gegebenen theoretischen und methodologischen Grundlagen* und ist die einzige wissenschaftliche und zugleich offen parteiliche Politik" (Hervorhebungen vom Verfasser).
81 N. Luhmann, Systemtheoretische Argumentationen, S. 293.
82 J. Habermas, Legitimationsprobleme . . ., S. 139–140.
83 J. Habermas, Legitimationsprobleme . . ., S. 153–162.
84 J. Habermas, Die klassische Lehre von der Politik in ihrem Verhältnis zur Sozialphilosophie.
85 Vgl. hierzu E. Topitsch, Vom Ursprung und Ende der Metaphysik.
86 M. Weber, Wissenschaft als Beruf, S. 611.
87 Vgl. die entsprechende Kritik innerhalb des Marxismus: S. Stojanović, Kritik und Zukunft des Sozialismus; J. Kuron und K. Modzelewski, Monopolsozialismus; U. Bermbach und F. Nuscheler (Hrsg.), Sozialistischer Pluralismus.
88 Platon, Politeia, S. 517 ff.
89 F. Bacon, Neues Organon der Wissenschaft.
90 G. Lukacz, Geschichte und Klassenbewußtsein.
91 H. Marcuse, Der eindimensionale Mensch.
92 J. Habermas, Erkenntnis und Interesse, S. 262 ff.; ders., Einige Schwierigkeiten beim Versuch, Theorie und Praxis zu vermitteln, S. 31 ff.; ders., Vorbereitende Bemerkungen zu einer Theorie der kommunikativen Kompetenz, S. 120–121; ders., Theorie der Gesellschaft oder Sozialtechnologie?, S. 254–269; ders., Legitimationsprobleme . . ., S. 156 f.

3. Max Weber: Legitimität der Legalität und struktureller Pluralismus

1 Vgl. zu dieser Unterscheidung J. Habermas, Verwissenschaftlichte Politik und öffentliche Meinung.
2 J. Habermas, Legitimationsprobleme . . ., S. 131 ff.; M. Weber, Wirtschaft und Gesellschaft, S. 22 ff., 157 ff., 691 ff.; ders., Gesammelte Politische Schriften; N. Luhmann, Grundrechte als Institution, S. 140 ff.; ders., Legitimation durch Verfahren; ders., Soziologie des politischen Systems; ders., Komplexität und Demokratie.
3 M. Weber, Wirtschaft und Gesellschaft, S. 26.
4 M. Weber, Wirtschaft und Gesellschaft, S. 26.
5 M. Weber, Wirtschaft und Gesellschaft, S. 27, 36 f.
6 M. Weber, Wirtschaft und Gesellschaft, S. 38, vgl. insbesondere auch S. 691–696.

7 M. Weber, Wirtschaft und Gesellschaft, S. 157 f., 697 f.
8 M. Weber, Wirtschaft und Gesellschaft, S. 157 f., 700 f.
9 M. Weber, Wirtschaft und Gesellschaft, S. 159.
10 Vgl. hierzu D. Easton, A Systems Analysis of Political Life, S. 301 f.
11 M. Weber, Wirtschaft und Gesellschaft, S. 160.
12 N. Luhmann, Rechtssoziologie 2, S. 259, Anmerkung 103. Vgl. ders., Grundrechte als Institution, S. 140 f.; ders., Legitimation durch Verfahren, S. 28–31.
13 Vgl. insbesondere M. Weber, Wirtschaft und Gesellschaft, S. 240 ff., 255, 497 f., 504 f., 532, 564, 570, 578 f., 599 f., 615, 646, 718, 721, 1037, 1048; ders., Gesammelte Politische Schriften, S. 322 f.
14 Vgl. dazu insbesondere M. Weber, Wirtschaftsgeschichte, S. 238–240.
15 M. Weber, Gesammelte Politische Schriften, S. 323. Vgl. ders., Wirtschaft und Gesellschaft, S. 164–166, 176–178, 188, 255, 646 ff.
16 Vgl. M. Weber, Wirtschaft und Gesellschaft, S. 167, 176–178, 181.
17 Vgl. M. Weber, Wirtschaft und Gesellschaft, S. 18, 49 f., 60, 121 f.
18 M. Weber, Wirtschaft und Gesellschaft, S. 646 ff.
19 Eine wesentliche Ursache der Durchsetzungskraft des Code Civil in Deutschland, die weit über die regionalen und zeitlichen Grenzen der französischen Besatzung hinaus ging und vom Beginn des 19. Jahrhunderts (1804 Code Civil, 1806 Rheinbundakte) bis zum Inkrafttreten des BGB reichte, war die Tatsache, daß er hohe Berechenbarkeit ermöglichte. Der Code war die formal rationalste Kodifikation der damaligen Zeit. Der hohe Grad der Generalisierung findet z. B. darin Ausdruck, daß der Code 2281 Paragraphen enthielt, während das Preußische Allgemeine Landrecht aus rund 19000 Paragraphen bestand. Ein Großteil dieser höheren Generalisierung beruhte auf dem Abbau ständischer Sonderrechte. Der höhere Grad der Generalisierung erlaubte eine exaktere Rechtstechnik und eine höhere Berechenbarkeit des Rechts für die Interessenten. Vgl. hierzu M. Weber, Wirtschaft und Gesellschaft, S. 634 ff.; H. Hattenhauer, Zwischen Hierarchie und Demokratie, S. 64 ff.
20 Vgl. M. Weber, Wirtschaft und Gesellschaft, S. 648 f.
21 Vgl. H. Hattenhauer, Zwischen Hierarchie und Demokratie, S. 31. Hierzu die Formulierung von K. Marx, Kritik des Gothaer Programms, S. 21: „Um alle diese Mißstände zu vermeiden, müßte das Recht, statt gleich, vielmehr ungleich sein".
22 M. Weber, Wirtschaft und Gesellschaft, S. 701.
23 M. Weber, Wirtschaft und Gesellschaft, S. 159.
24 J. Habermas, Legitimationsprobleme . . ., S. 131 ff.
25 J. Habermas, Legitimationsprobleme . . ., S. 134.
26 Vgl. Habermas, Theorie der Gesellschaft oder Sozialtechnologie?, S. 224; ders., Legitimationsprobleme . . ., S. 131.
27 M. Weber, Wirtschaft und Gesellschaft, S. 160.
28 J. Winckelmann, Legitimität und Legalität in Max Webers Herrschaftssoziologie, insbesondere S. 72, 75.
29 H. Albert, Traktat über kritische Vernunft, S. 11 ff.
30 Vgl. die entsprechende Formulierung bei N. Luhmann, Legitimation durch Verfahren, S. 27: „Man versteht heute darunter (unter „Legitimität") die rein faktisch verbreitete Überzeugung von der Gültigkeit des Rechts . . .".
31 J. Habermas, Legitimationsprobleme . . ., S. 135.
32 Vgl. hierzu vor allem M. Weber, Gesammelte Politische Schriften; ders., Wissenschaft als Beruf. Auf diesen Lösungsansatz Max Webers hat vor allem W. Schluchter hingewiesen. Vgl. W. Schluchter, Aspekte bürokratischer Herrschaft, S. 65 ff., 263, 305; ders., Wertfreiheit und Verantwortungsethik, S. 34 ff.
33 N. Luhmann, Legitimation durch Verfahren; ders., Soziologie des politischen Systems; ders., Komplexität und Demokratie; ders., Öffentliche Meinung; ders., Der politische Code.
34 N. Luhmann, Soziologie des politischen Systems, S. 167.
35 J. Habermas, Legitimationsprobleme . . ., S. 135–136. Vgl. die entsprechende Stelle bei N. Luhmann, Legitimation durch Verfahren, S. 151.
36 N. Luhmann, Soziologie des politischen Systems, S. 167; vgl. auch ders., ebenda S. 169–170; ders., Komplextität und Demokratie, S. 39–40; ders., Rechtssoziologie 2, S. 259–266.
37 Vgl. die in Anmerkung 32 dieses Abschnitts genannte Literatur, sowie M. Weber, Gesammelte Aufsätze zur Wissenschaftslehre.

38 M. Weber, Der Sinn der ‚Wertfreiheit' der soziologischen und ökonomischen Wissenschaften, S. 505.
39 M. Weber, Der Sinn der ‚Wertfreiheit'..., S. 507; vgl. auch ders., Wissenschaft als Beruf, S. 603 f.
40 M. Weber, Die Objektivität sozialwissenschaftlicher und sozialpolitischer Erkenntnis, S. 153.
41 M. Weber, Die Objektivität..., S. 153–154.
42 M. Weber, Wissenschaft als Beruf, S. 605, 609.
43 M. Weber, Die Objektivität..., S. 153 f.; ders., Der Sinn der ‚Wertfreiheit'..., S. 505–510; ders., Wissenschaft als Beruf, S. 603 f.
44 M. Weber, Wissenschaft als Beruf, S. 605.
45 M. Weber, Wissenschaft als Beruf, S. 609.
46 Vgl. hierzu allgemein N. Luhmann, Zweckbegriff und Systemrationalität, S. 33–54; ders., Wahrheit und Ideologie, S. 58 ff.; M. Weber, Wissenschaft als Beruf, S. 610 f.
47 Vgl. hierzu aus der fast unübersehbaren Literatur den Sammelband: H. Albert und E. Topitsch (Hrsg.), Werturteilsstreit; H. Albert, Theorie und Praxis: Max Weber und das Problem der Wertfreiheit; ders., Wissenschaft und Verantwortung; ders., Wertfreiheit als methodisches Prinzip; ders., Traktat über kritische Vernunft, S. 55 ff.; R. König, Einige Überlegungen zur Frage der Werturteilsfreiheit bei Max Weber; W. Schluchter, Wertfreiheit und Verantwortungsethik; N. Luhmann, Selbststeuerung der Wissenschaft; T. Parsons, Wertgebundenheit und Objektivität in den Sozialwissenschaften; U. Beck, Objektivität und Normativität.
48 M. Weber, Politik als Beruf, S. 551 ff.
49 Diese Verbindung von Wertfreiheit und Verantwortungsethik ist vor allem hervorgehoben worden von R. König, Einige Überlegungen zur Frage der Werturteilsfreiheit bei Max Weber; W. Schluchter, Wertfreiheit und Verantwortungsethik.
50 M. Weber, Die Objektivität..., S. 151.
51 M. Weber, Politik als Beruf, S. 559.
52 Dies wird auch von W. Schluchter, Wertfreiheit und Verantwortungsethik, S. 28 ff., betont.
53 M. Weber, Der Sinn der ‚Wertfreiheit'..., S. 510 f.
54 Vgl. zu diesem Beispiel die zusammenfassende Darstellung von A. Lindbeck, Die Politische Ökonomie der Neuen Linken, S. 33 ff.
55 Vgl. J. Wilczynski, The Economics of Socialism; J. Kosta et al., Warenproduktion im Sozialismus; W. Brus, Wirtschaftsplanung.
56 Dies hat W. Schluchter deutlich herausgearbeitet: W. Schluchter, Wertfreiheit und Verantwortungsethik, S. 45 f., 49 f.
57 M. Weber, Wissenschaft als Beruf, S. 611.
58 H. Albert, Traktat über kritische Vernunft, S. 55 ff.

III. Eine Theorie politischer Systeme: Bedingungen der legitimierten Verwendung politischer Macht zur verbindlichen Durchsetzung politischer Entscheidungen

1 Diese Theorie sozialer Systeme wird an anderer Stelle vorgestellt: R. Münch, Theorie sozialer Systeme; vgl. als Grundorientierung zum folgenden Abschnitt vor allem T. Parsons, Politics and Social Structure; ders., Sociological Theory and Modern Society; ders., Differentation and Variation in Social Structures: Introduction; N. Luhmann, Legitimation durch Verfahren; ders., Soziologie des politischen Systems; ders., Komplexität und Demokratie; ders., Der politische Code; ders., Einführende Bemerkungen zu einer Theorie symbolisch generalisierter Kommunikationsmedien; ders., Macht; S. P. Huntington, Political Order in Changing Societies; L. W. Pye und S. Verba (Hrsg.), Political Culture and Political Development; S. M. Lipset und S. Rokkan (Hrsg.), Party Systems and Voter Alignments; S. N. Eisenstadt, The Political Systems of Empires.
2 Vgl. N. Luhmann, Zweckbegriff und Systemrationalität, S. 33 ff., 171 ff., ders., Vertrauen, S. 1–32; ders., Soziologie als Theorie sozialer Systeme; ders., Systemtheoretische Argumentationen; ders., Rechtssoziologie 1, S. 31–39.
3 Vgl. hierzu T. Parsons und E. Shils (Hrsg.), Toward a General Theory of Action, S. 14 ff., 105 ff., T. Parsons, Interaction. Social Interaction, S. 436 f.

4 Vgl. N. Luhmann, Rechtssoziologie 1, S. 80–93; ders., Vertrauen, S. 40–66.
5 N. Luhmann, Komplexität und Demokratie, S. 39.
6 Vgl. N. Luhmann, Legitimation durch Verfahren, S. 20 f.
7 Hierzu N. Luhmann, Rechtssoziologie 1, S. 145 ff.
8 Vgl. N. Luhmann, Zweckbegriff und Systemrationalität, S. 33–54.
9 Zum Begriff der Geltung einer Wert- und Normenordnung vgl. M. Weber, Wirtschaft und Gesellschaft, S. 22 ff.; ders., Über einige Kategorien der verstehenden Soziologie, S. 114 ff.
10 Vgl. zu dieser Unterscheidung N. Luhmann, Systemtheoretische Argumentation, S. 361 ff.; ders., Einführende Bemerkungen zu einer Theorie symbolisch generalisierter Kommunikationsmedien, S. 238 ff. An anderer Stelle werden Grundbegriffe, Grundannahmen und logische Struktur einer allgemeinen Theorie sozialer Systeme geklärt: R. Münch, Theorie sozialer Systeme.
11 Vgl. T. Parsons, An Outline of the Social System, S. 33–44; R. Münch, Theorie sozialer Systeme, Abschnitt II, 2., 4.4.4.
12 Dazu allgemein: T. Parsons, Differentation and Variation in Social Structures: Introduction; N. Luhmann, Soziologie als Theorie sozialer Systeme; vgl. G. Simmel, Über sociale Differenzierung; D. Rüschemeyer, Reflections on Structural Differentation.
13 Vgl. T. Parsons, On the Concept of Political Power; ders., On the Concept of Influence; ders., On the Concept of Value-Commitments; ders., Durkheims Contribution to the Theory of Integration of Social Systems; N. Luhmann, Einführende Bemerkungen zu einer Theorie symbolisch generalisierter Kommunikationsmedien; ders., Macht.
14 Vgl. dazu allgemein T. Parsons, Evolutionary Universals in Society; ders., Societies. Evolutionary and Comparative Perspectives; ders., The System of Modern Societies; N. Luhmann, Systemtheoretische Argumentationen, S. 361 ff.; ders., Gesellschaft; ders., Rechtssoziologie 2, S. 132 ff.; R. Münch, Evolutionäre Strukturmerkmale komplexer sozialer Systeme; ders., Theorie sozialer Systeme, Abschnitt III.
15 Vgl. T. Parsons, Differentation and Variation in Social Structures: Introduction; N. Luhmann, Soziologie als Theorie sozialer Systeme, S. 123 ff.
16 Vgl. N. Luhmann, Einführende Bemerkungen zu einer Theorie symbolisch generalisierter Kommunikationsmedien, S. 240; R. Münch, Evolutionäre Strukturmerkmale komplexer sozialer Systeme, S. 705 f.
17 Vgl. M. Weber, Wirtschaft und Gesellschaft, S. 497 ff.; N. Luhmann, Rechtssoziologie 1, S. 190 ff.
18 Vgl. N. Luhmann, Soziologie des politischen Systems, S. 155–160; ders., Legitimation durch Verfahren, S. 141 ff.; S. P. Huntington, Political Order in Changing Societies, S. 109 ff.; T. Parsons, An Outline of the Social System, S. 47–60; ders., Differentation and Variation in Social Structures: Introduction; S. N. Eisenstadt, The Political Systems of Empires.
19 Vgl. hierzu und zum folgenden Max Webers Definition des politischen Verbandes und des Staates: M. Weber, Wirtschaft und Gesellschaft, S. 39, 1043, und Talcott Parsons' Definition der „polity": T. Parsons, The Political Aspect of Social Structure and Process, S. 317–322.
20 Zu „politischer Macht" als generalisiertem Kommunikationsmedium vgl. T. Parsons, On the Concept of Political Power; N. Luhmann, Macht, S. 4–18, 31–59; sowie zur Konzeption der generalisierten Kommunikationsmedien im allgemeinen weiterhin: T. Parsons, On the Concept of Influence; ders., On the Concept of Value-Commitments; T. Parsons und G. Platt, The American University, S. 24–26, 70–86, 304–345; N. Luhmann, Einführende Bemerkungen zu einer Theorie symbolisch generalisierter Kommunikationsmedien; R. Münch, Theorie sozialer Systeme, Abschnitt II, 9–11.
21 Max Weber, Wirtschaft und Gesellschaft, S. 38.
22 Vgl. zu physischer Gewalt N. Luhmann, Rechtssoziologie 1, S. 106–115.
23 In diesem Sinne unterscheidet auch Weber vom Herrschaftsverband im allgemeinen den „politischen Verband" im besonderen als einen Herrschaftsverband, bei welchem der „Bestand und die Geltung seiner Ordnungen innerhalb eines angebbaren Gebietes kontinuierlich durch Anwendung und Androhung physischen Zwanges seitens des Verwaltungsstabes garantiert werden". Siehe M. Weber, Wirtschaft und Gesellschaft, S. 39.
24 Vgl. hierzu T. Parsons, On the Concept of Political Power, S. 365–369.
25 In diesem Sinne führt Max Weber in seiner Kategorienlehre den Begriff „Verfassung" ein: M. Weber, Wirtschaft und Gesellschaft, S. 36 f.; ders., Über einige Kategorien der verstehenden Soziologie, S. 145 f. Zum Begriff des Machtcodes oder des Codes als normativer Ord-

nung für ein generalisiertes Kommunikationsmedium vgl. N. Luhmann, Einführende Bemerkungen zu einer Theorie symbolisch generalisierter Kommunikationsmedien; ders., Macht, S. 31–59.

26 Dementsprechend unterscheidet Talcott Parsons „political power" und „authority": T. Parsons, An Outline of the Social System, S. 53; ders., The Political Aspect of Social Sructure and Process, S. 322–327; ders., On the Concept of Political Power, S. 360–373, insbesondere S. 371–373.

27 Vgl. hierzu allgemein S. F. Nadel, The Theory of Social Structure, S. 77 ff.; speziell: N. Luhmann, Legitimation durch Verfahren, S. 156 f.

28 Vgl. N. Luhmann, Einführende Bemerkungen zu einer Theorie symbolisch generalisierter Kommunikationsmedien, S. 242; ders., Soziologie des politischen Systems, S. 167.

29 Vgl. hierzu T. Parsons, On the Concept of Political Power, S. 361 f., 367 f.; N. Luhmann, Einführende Bemerkungen zu einer Theorie symbolisch generalisierter Kommunikationsmedien, S. 240 f.; ders., Rechtssoziologie 2, S. 259 ff.; K. W. Deutsch, Politische Kybernetik, S. 217 ff.

30 Vgl. hierzu M. Webers Definition des Staates, in: ders., Wirtschaft und Gesellschaft, S. 1043; T. Parsons, On the Concept of Political Power, S. 365 f.; ders., Some Reflections on the Place of Force in Social Process; N. Luhmann, Rechtssoziologie 1, S. 106 ff.

31 Vgl. N. Luhmann, Soziologie des politischen Systems, S. 167; ders., Einführende Bemerkungen zu einer Theorie symbolisch generalisierter Kommunikationsmedien, S. 242; ders., Legitimation durch Verfahren, S. 30, 252.

32 Vgl. Ch. Müller, Das imperative und das freie Mandat. Überlegungen zur Lehre von der Repräsentation des Volkes.

33 J. Habermas, Vorbereitende Bemerkungen zu einer Theorie der kommunikativen Kompetenz; ders., Legitimationsprobleme . . .

34 Vgl. E. Topitsch, Begriff und Funktion der Ideologie; ders., Vom Ursprung und Ende der Metaphysik; H. Albert, Traktat über kritische Vernunft, S. 80 ff.; R. Münch, Gesellschaftstheorie und Ideologiekritik, S. 151 ff.

35 Zu dieser klassischen Problemstellung der Soziologie: E. Durkheim, De la division du travail social; T. Parsons, The Structure of Social Action; ders., The Social System; ders., Durkheims Contribution to the Theory of Integration of Social Systems.

36 Vgl. T. Parsons, On the Concept of Political Power, insbesondere S. 356 f., 361, 367; N. Luhmann, Soziologie des politischen Systems, S. 158–160.

37 Vgl. zu diesem „law of requisite variety" R. Ashby, An Introduction to Cybernetics, S. 206 ff.; N. Luhmann, Soziologie als Theorie sozialer Systeme, S. 116 f.; ders., Systemtheoretische Argumentationen, S. 292–316; R. Münch, Evolutionäre Strukturmerkmale, S. 686 ff. An anderer Stelle wird gezeigt, daß sich Komplexität der Welt als Problem immer nur als Umweltkomplexität für ein System als Bezugspunkt betrachten läßt: R. Münch, Theorie sozialer Systeme, Abschnitt IV, 2.

38 Ähnliches spricht N. Luhmann, Systemtheoretische Argumentationen, S. 300–310, Anmerkung 14, mit der Unterscheidung in unbestimmte und bestimmte Komplexität an. Dieselbe Unterscheidung bezieht sich aber auch auf die von einem System wahrgenommene oder handelnd erfaßte (bestimmte) Umweltkomplexität und auf die dennoch bestehende, aber nicht erfaßte (unbestimmte) Umweltkomplexität; vgl. ebenda, S. 301.

39 Vgl. N. Luhmann, Soziologie des politischen Systems, S. 155 f., 161, 164.

40 N. Luhmann, Systemtheoretische Argumentationen, S. 309.

41 Es wird die Umweltkomplexität vor allem nach eigenen Kriterien verarbeitet. Vgl. N. Luhmann, Soziologie des politischen Systems, S. 160 f.

42 Vgl. N. Luhmann, Soziologie des politischen Systems, S. 160 f.

43 Vgl. N. Luhmann, Legitimation durch Verfahren, S. 32; ders., Soziologie des politischen Systems, S. 159.

44 N. Luhmann, Komplexität und Demokratie, S. 40.

45 Vgl. zu diesem Begriff R. K. Merton, Die Eigendynamik gesellschaftlicher Voraussagen; E. Topitsch, Sozialtheorie und Gesellschaftsgestaltung.

46 Damit verbunden ist stets ein Prozeß der Entdifferenzierung der Gesellschaft. Das politische System kann sich nicht als funktional ausdifferenziertes System erhalten. Vgl. hierzu die umfassende historisch-soziologische Untersuchung von S. N. Eisenstadt, The Political Systems of Empires; S. P. Huntington. Political Order in Changing Societies; S. M. Lipset und S. Rokkan, Cleavage Structures, Party Systems, and Voter Alignments; in diesen

Rahmen ist auch das sogenannte Phänomen der Versäulung einzuordnen; vgl. hierzu inzwischen als allgemeinen Überblick R. Steininger, Polarisierung und Integration. Zu politischem Konflikt vgl. den Literaturbericht von E. Zimmermann, Political Violence: Theories and Research. Trend Report.

47 Auf die entsprechende Lösung bei J. Winckelmann, Legitimität und Legalität in Max Webers Herrschaftssoziologie, wurde schon hingewiesen.

48 Vgl. hierzu N. Luhmann, Legitimation durch Verfahren, S. 32; ders., Soziologie des politischen Systems, S. 170.

49 Vgl. Anmerkung 47.

50 Vgl. zu diesem Trilemma H. Albert, Traktat über kritische Vernunft, S. 11 ff.

51 J. Habermas, Legitimationsprobleme . . ., S. 137.

52 Vgl. N. Luhmann, Soziologie des politischen Systems, S. 160–161.

53 N. Luhmann, Komplexität und Demokratie, S. 40.

54 An anderer Stelle wurden solche allgemeinen Strukturmerkmale komplexer sozialer Systeme am Beispiel des Wissenschaftssystems erarbeitet: R. Münch, Evolutionäre Strukturmerkmale komplexer sozialer Systeme.

55 N. Luhmann, Soziologie des politischen Systems, S. 155–160. Dies ist eine zentrale Problemstellung in der umfassenden historisch-soziologischen Untersuchung von S. N. Eisenstadt, The Political Systems of Empires; ders., Social Change, Differentation and Evolution. Vgl. weiter T. Parsons, Societies. Evolutionary and Comparative Perspectives; ders. Differentation and Variation in Social Structures; S. M. Lipset, Political Man; S. P. Huntington, Political Order in Changing Societies; sowie die Studien von G. Almond und S. Verba, The Civic Culture; G. Almond and G. B. Powell, Comparative Politics; L. Binder et al., Crises and Sequences in Political Development; J. La Palombara, Bureaucracy and Political Development; ders. und M. Weiner (Hrsg.), Politcal Parties and Political Development; S. M. Lipset und S. Rokkan (Hrsg.), Party Systems and Voter Alignments; L. W. Pye und S. Verba (Hrsg.), Political Culture and Political Development.

56 Vgl. T. Parsons, An Outline of the Social System, S. 43–44; ders., Societies. Evolutionary and Comparative Perspectives, S. 23; ders., Politics and Social Structure; S. 44, 55–57; N. Luhmann, Gesellschaft, S. 145–147; ders., Soziologie des politischen Systems, S. 158–160.

57 Vgl. N. Luhmann, Legitimation durch Verfahren, S. 38–53.

58 Vgl. die Spezifizierung der Wertgesichtspunkte der Verwaltung bei N. Luhmann, Legitimation durch Verfahren, S. 230.

59 Vgl. hierzu allgemein: H. Frankfort, Kingship and the Gods.

60 In diesen Zusammenhang gehört z. B. das Problem der Versäulung. Vgl. hierzu die Darstellung von R. Steininger, Polarisierung und Integration. Ebenso das allgemeinere Phänomen der prätorianischen politischen Struktur; vgl. S. P. Huntington, Political Order in Changing Societies, S. 78 ff., 192 ff.

61 Vgl. hierzu klassisch M. Weber, Parlament und Regierung im neugeordneten Deutschland, S. 320 ff., sowie W. Schluchter, Aspekte bürokratischer Herrschaft.

62 Vgl. hierzu die Technokratie-Diskussion, u. a. den Sammelband von C. Koch und D. Senghaas (Hrsg.), Texte zur Technokratiediskussion.

63 Vgl. Kap. II, 3, sowie M. Weber, Gesammelte Aufsätze zur Wissenschaftslehre; ders., Gesammelte politische Schriften.

64 Zu diesem Brückenprinzip vgl. H. Albert, Traktat über kritische Vernunft, S. 76 f.; M. Moritz, Verpflichtung und Freiheit. Über den Satz „sollen impliziert können".

65 Vgl. N. Luhmann, Zweckbegriff und Systemrationalität, S. 33–54.

66 M. Weber, Politik als Beruf, S. 551 ff.

67 Marxistisch-Leninistisches Wörterbuch der Philosophie, hrsg. von G. Klaus und M. Buhr, S. 822: „Damit das Proletariat seine historische Mission erfüllen kann, muß die Partei das Proletariat seines Verbündete im revolutionären Sinne *erziehen, straff organisieren und disziplinieren*". Ebenda, S. 823: „Sie (die Partei) *lehrt* die Massen, aber zugleich ist das Schöpfertum des Volkes eine Quelle für die ständige Bereicherung des Wissens und der Erfahrung der Partei". (Hervorhebungen vom Verfasser). Diese Parteitheorie wurde von Lenin entwickelt. Vgl. W. I. Lenin, Was tun? Brennende Fragen unserer Bewegung, S. 357; ders., Parteiorganisation und Parteiliteratur, S. 29 ff.; ders., Staat und Revolution, S. 397 ff. Vgl. hierzu K. Salamun, Eine kritische Studie zur Entwicklung des Leninismus, in: ders., Ideologie, Wissenschaft, Politik, S. 101–108. Zur Analyse der spezifischen Struktur der entsprechenden politischen Institutionen im Vergleich mit Max Webers Idealtypus

der Bürokratie vgl. B. Ball, Kaderverwaltung. Lenins Parteitheorie war indessen das Fundament, ohne das keine sozialistische Revolution hätte erfolgreich sein können und keine sozialistische Entwicklung hätte Stabilität gewinnen können. Dies zeigt treffend und empirisch belegt S. P. Huntington, Political Order in Changing Societies, S. 334–343.

68 Vgl. hierzu Kap. II, 1; sowie aus der Perspektive des Wissenschaftssystems W. M. Bühl, Einführung in die Wissenschaftssoziologie, S. 234–271; K.-G. Riegel, Öffentliche Legitimation der Wissenschaft; F. H. Tenbruck, Wissenschaft, Politik und Öffentlichkeit; ders., Regulative Funktionen der Wissenschaft in der pluralistischen Gesellschaft; ders., Max Weber and the Sociology of Science; und die vergleichende Untersuchung: J. Ben-David, The Scientist's Role in Society.

69 Platon, Politeia, insbesondere S. 433, 490, 519 f., 540. Vgl. hierzu vor allem die kritische Analyse von H. Kelsen, Die platonische Gerechtigkeit, in: ders., Aufsätze zur Ideologiekritik; sowie K. R. Popper, Die offene Gesellschaft und ihre Feinde, Bd. I, insbesondere Kap. 7, 8.

70 Eine Variante dieser Beziehung zwischen Teilsystemen bzw. Teilinstitutionen der Gesellschaft bildet die Unterbindung unmittelbarer Konvertibilität teilsystemspezifischer Kommunikationsmedien. Es kann z. B. nicht Macht unmittelbar in kognitive Unterstützung und kognitive Unterstützung kann nicht unmittelbar in Macht eingetauscht werden. Vgl. hierzu N. Luhmann, Einführende Bemerkungen zu einer Theorie symbolisch generalisierter Kommunikationsmedien, S. 248. Zur Institutionalisierung von Wertantinomien als Merkmal einer offenen Gesellschaft vgl. vor allem M. R. Lepsius, Sozialstruktur und soziale Schichtung in der Bundesrepublik Deutschland.

71 Das politische System besitzt dadurch „die Freiheit, sich beeinflussen zu lassen": N. Luhmann, Soziologe des politischen Systems, S. 170, vgl. außerdem S. 156–158.

72 Vgl. N. Luhmann, Soziologie des politischen Systems, S. 161, 164.

73 Vgl. hierzu S. P. Huntington, Political Order in Changing Societies; ders., Political Development and Political Decay; L. Binder et al., Crises and Sequences in Political Development; M. Jänicke (Hrsg.), Politische Systemkrisen; ders. (Hrsg.), Herrschaft und Krise, T. Parsons, Some Reflections on the Place of Force in Social Process; sowie den Literaturbericht von E. Zimmermann, Political Violence: Theories and Research. Trend Report.

74 Vgl. S. N. Eisenstadt, The Political Systems of Empires, sowie ders., Modernization: Protest and Change.

75 Vgl. N. Luhmann, Soziologie des politischen Systems, S. 163–166, der interne Differenzierung in Rollen für bürokratische Verwaltung, parteimäßige Politik und Publikum unterscheidet.

76 Vgl. hierzu N. Luhmann, Öffentliche Meinung.

77 Vgl. M. Weber, Politik als Beruf, S. 551 ff.

78 Zur Institutionalisierung relativ autonomer Parteiensysteme als den spezifisch neuen politischen Institutionen moderner Gesellschaften vgl. S. P. Huntington, Political Order in Changing Societies, S. 80–91, 130–131, 397–461.

79 Vgl. N. Luhmann, Komplexität und Demokratie, S. 39 f.

80 Vgl. hierzu T. Parsons, Politics and Social Structure, insbesondere: On the Concept of Political Power, sowie „Voting" and the Equilibrium of the American Political System; D. Easton, A Systems Analysis of Political Life; N. Luhmann, Soziologie des politischen Systems, S. 162, 165; sowie S. M. Lipset and S. Rokkan (Hrsg.), Party Systems and Voter Alignments.

81 Vgl. hierzu insbesondere T. Parsons, „Voiting" and the Equilibrium of the American Political System; ders., On the Concept of Political Power, S. 373–379, 389; S. Rokkan, Mass Suffrage, Secret Voting, and Political Participation; N. Luhmann, Grundrechte als Institution, S. 136–161; ders., Legitimation durch Verfahren, S. 155–173.

82 Vgl. S. Rokkan, Mass Suffrage, Secret Voting, and Political Participation; N. Luhmann, Legitimation durch Verfahren, S. 159.

83 Vgl. T. Parsons, „Voting" . . ., S. 211 ff.

84 Vgl. hierzu die allgemeine Darstellung von S. P. Huntington, Political Order in Changing Societies.

85 Vgl. hierzu vor allem die Diskussion um das Phänomen der Versäulung; einen Überblick vermittelt inzwischen R. Steininger, Polarisierung und Integration.

86 Vgl. die Untersuchungen in L. Binder u. a., Crises and Sequences in Political Development, sowie M. Jänicke (Hrsg.), Politische Systemkrisen; S. P. Huntington, Political Order in Changing Societies.

87 Vgl. T. Parsons, „Voting" . . .; S. M. Lipset und S. Rokkan (Hrsg.), Party Systems and Voter Alignments; N. Luhmann, Soziologie des politischen Systems, S. 168; S. P. Huntington, Political Order in Changing Societies; S. 397 ff.

88 Daran hat die ökonomische Demokratietheorie angeknüpft; vgl. J. Schumpeter, Kapitalismus, Sozialismus und Demokratie; A. Downs, An Economic Theory of Democracy.

89 Vgl. T. Parsons, On the Concept of Political Power, S. 360 ff.; ders., „Voting" . . ., S. 211 ff.; N. Luhmann, Macht, S. 4–18.

90 Vgl. N. Luhmann, Komplexität und Demokratie, S. 39 f.; ders., Soziologie des politischen Systems, S. 170.

91 Vgl. N. Luhmann, Soziologie des politischen Systems, S. 168; ders., Zweckbegriff und Systemrationalität, S. 47 ff., 200 f., 263 f.

92 Vgl. T. Parsons, „Voting" . . .; N. Luhmann, Soziologie des politischen Systems, S. 157–158, 165.

93 Vgl. F. W. Scharpf, Demokratietheorie zwischen Utopie und Anpassung, S. 75 ff.

94 Vgl. hierzu T. Parsons, On the Concept of Political Power, S. 360–369.

95 Vgl. T. Parsons, On the Concept of Political Power, S. 383–395.

96 Vgl. T. Parsons, On the Concept of Political Power, S. 391–394; ders. und G. Platt, The American University, S. 304–345.

97 Darüber informiert treffend S. P. Huntington, Political Order in Changing Societies, S. 140–191.

98 Umfangreiches Material zu diesen allgemeinen Überlegungen verarbeitet S. P. Huntington, Political Order in Changing Societies, S. 67–92, 192–263; sowie D. Rapoport, A Comparative Theory of Military and Political Types.

99 Vgl. auch hierzu S. P. Huntington, Political Order in Changing Societies, S. 80–91, 130–131, 245, 308–343, 397–461.

100 Vgl. R. R. Alford, Party and Society, S. 292–302.

101 Zu Problemen der Erklärung mit Hilfe einer allgemeinen Theorie sozialer Systeme: R. Münch, Theorie sozialer Systeme, Abschnitt III.

102 Vgl. zu diesem Anwendungsfall S. P. Huntington, Political Order in Changing Societies, S. 93–139.

103 Vgl. S. P. Huntington, Political Order in Changing Societies, S. 122–139.

104 Vgl. zu diesem Beispiel R. R. Alford, Party and Society, S. 292–302.

105 Zur logischen Struktur von Erklärungen vgl. insbesondere C. G. Hempel, Aspects of Scientific Explanation.

106 Die logische Struktur solcher Erklärungen wird an anderer Stelle eingehender behandelt: R. Münch, Theorie sozialer Systeme, Abschnitt III.

107 Vgl. hierzu S. P. Huntington, Political Order in Changing Societies, S. 93–139; S. N. Eisenstadt, Modernization: Protest and Change, S. 51–67; S. M. Lipset, The First New Nation: The United States in Historial and Comparative Perspective.

108 Vgl. S. P. Huntington, Political Order in Changing Societies, S. 109–113.

109 Vgl. S. P. Huntington, Political Order in Changing Societies, S. 122–125.

110 Vgl. S. P. Huntington, Political Order in Changing Societies, S. 104.

111 Vgl. K. W. Deutsch, Social Mobilization and Political Development; S. N. Eisenstadt, Modernization: Protest and Change, insbesondere S. 2–5; S. P. Huntington, Political Order in Changing Societies, insbesonders S. 33–34, 47–49, 122–133, 142–143.

112 Vgl. S. P. Huntington, Political Order in Changing Societies, S. 97 f., 104–106, 108, 110–121.

113 Vgl. S. P. Huntington, Political Order in Changing Societies, S. 122–133.

114 Vgl. R. R. Alford, Party and Society, S. 302; S. P. Huntington, Political Order in Changing Societies, S. 132.

115 Über die intervenierende Variable geringerer Machtkonzentration im Parlament mit parteimäßiger Organisation parlamentarischer Arbeit ist daraus auch die Existenzfähigkeit der Parteien mit einem geringeren Grad der Organisiertheit und Autonomie zu erklären. Dies wird durch vergleichende Untersuchungen bestätigt. Vgl. dazu R. R. Alford, Party and Society, S. 292–302.

116 Hierzu schon: M. Weber, Parlament und Regierung im neugeordneten Deutschland, S. 382–443.

117 Vgl. S. P. Huntington, Political Order in Changing Societies. S. 122–139.

118 Zur Ausbildung der europäischen Parteiensysteme aus den zentralen Konfliktstrukturen der jeweiligen Gesellschaften vgl. S. Rokkan, The Structuring of Mass Policies in the

Smaller European Democracies; S. M. Lipset and S. Rokkan, Cleavage Structures, Party Systems and Voter Alignments.

119 Hierzu S. P. Huntington, Political Order in Changing Societies, S. 78 ff., 192 ff.: D. Rapoport, A. Comparative Theory of Military and Political Types. Vgl. außerdem: R. Emerson, From Empire to Nation; W. Kornhauser, The Politics of Mass Society; M. C. Needler, Political Development in Latin America: Instability, Violence and Evolutionary Change; ders., Political Development and Military Intervention in Latin America; M. McMullan, A Theory of Corruption; G. Germani und K. Silvert, Politics, Social Structure and Military Intervention in Latin America.

120 Vgl. S. P. Huntington, Political Order in Changing Societies, insbesondere S. 122 ff., 192 ff., 397 ff. sowie J. La Palombara und M. Weiner (Hrsg.), Political Parties and Political Development; S. N. Eisenstadt, Modernization: Protest and Change; R. R. Alford, Party and Society.

121 M. Weber, Parlament und Regierung im neugeordneten Deutschland, in: ders., Gesammelte Politische Schriften, S. 306–443.

122 Hierzu: R. Emerson, Political Modernization: The Single Party System; zum sowjetischen Modell: Z. Brzezinski, The Nature of the Soviet System; B. Balla, Kaderverwaltung.

123 Vgl. hierzu A. Lijphart, The Politics of Accomodation. Pluralism and Democracy in the Netherlands: Opposition in a Segmented Society; G. Lehmbruch, Proporzdemokratie.

Literaturverzeichnis

Albert, Hans, Wertfreiheit als methodisches Prinzip, in: E. Topitsch (Hrsg.), Logik der Sozial-wissenschaften, 5. Aufl., Köln–Berlin 1965, S. 181–210

Albert, Hans, Theorie und Praxis. Max Weber und das Problem der Wertfreiheit und der Ratio-nalität, in: E. Oldemeyer (Hrsg.), Die Philosophie und die Wissenschaften, Festschrift für Simon Moser, Meisenheim am Glan 1967

Albert, Hans, Wissenschaft und Verantwortung. Max Webers Idee rationaler Praxis und die totale Vernunft der politischen Theologie, in: ders., Plädoyer für kritischen Rationalismus, München 1971, S. 76–105

Albert, Hans und Ernst Topitsch (Hrsg.), Werturteilsstreit, Darmstadt 1971

Albert, Hans, Traktat über kritische Vernunft, 3. erw. Aufl., Tübingen 1975

Alford, Robert R., Party and Society, Chicago 1963

Almond, Gabriel A. und James S. Coleman (Hrsg.), The Politics of the Developing Areas, Princeton, N. J., 1960

Almond, Gabriel A. und Sidney Verba, The Civic Culture. Political Attitudes and Democracy in Five Nations, Princeton, N. J., 1963

Almond, Gabriel A. und G. B. Powell, Comparative Politics, Boston 1966

Ashby, William R., An Introduction to Cybernetics, London 1956

Bacon, Francis, Neues Organon der Wissenschaft (1620), Darmstadt 1962

Baldwin, David A., Money and Power, in: The Journal of Politics 33, 1971, S. 578–614

Balla, Balint, Kaderverwaltung, Stuttgart 1972

Banks, Arthur S. und R. B. Textor, A Cross-Polity Survey, Cambridge 1963

Beck, Ulrich, Objektivität und Normativität. Die Theorie-Praxis-Debatte in der modernen deut-schen und amerikanischen Soziologie, Reinbek bei Hamburg 1974

Becker, Werner, Idealistische und materialistische Dialektik, 2. Aufl., Stuttgart 1972

Ben-David, Joseph, The Scientist's Role in Society. A Comparative Study, Englewood Cliffs, N. J., 1971

Bermbach, Udo und Franz Nuscheler (Hrsg.), Sozialistischer Pluralismus, Hamburg 1972

Binder, Leonard et. al., Crises and Sequences in Political Development, Princeton, N. J., 1971

Blau, Peter M., Critical Remarks on Weber's Theory of Authority, in: The American Political Science Review 57, 1963, S. 305–316

Brus, Wlodzimierz, Wirtschaftsplanung. Für ein Konzept der politischen Ökonomie, Frankfurt 1972

Brzezinski, Zbigniew, The Nature of the Soviet System, in: Slavic Review, 20 Nr. 3, 1961

Bühl, Walter L., Einführung in die Wissenschaftssoziologie, München 1974

Bußhoff, Heinrich, Systemtheorie als Theorie der Politik, München 1975

Cekic, M., Ist die Praxis der Maßstab der Wahrheit?, in: Akten des 14. Internationalen Kon-gresses für Philosophie, Bd. 3, Wien 1969, S. 302 ff.

Daalder, Hans, The Netherlands: Opposition in a Segmented Society, in: R. A. Dahl (Hrsg.), Political Opposition in Western Democracies, New Haven–London 1966, S. 199–236

Dahrendorf, Ralf, Pfade aus Utopia, in: ders., Gesellschaft und Freiheit, München 1963, S. 85–111

Dahrendorf, Ralf, Struktur und Funktion, in: ders., Gesellschaft und Freiheit, München 1963, S. 49–84

Degenkolbe, Gert, Logische Struktur und gesellschaftliche Funktionen von Leerformeln, in: Kölner Zeitschrift für Soziologie und Sozialpsychologie 1965, S. 327–338

Demerath, N. J. III and Richard A. Peterson (Hrsg.), System, Change, and Conflict. A Reader on Contemporary Sociological Theory and the Debate on Functionalism, New York–London 1967

Deutsch, Karl W., Social Mobilization and Political Development, in: American Political Science Review 55, Nr. 3, 1961

Deutsch, Karl W., Politische Kybernetik: Modelle und Perspektiven, Freiburg 1969

Djilas, Milovan, Die neue Klasse, München 1960

Downs, Anthony, An Economic Theory of Democracy, New York 1957

Durkheim, Emile, De la division du travail social, Paris 1890

Duverger, Maurice, Political Parties, London 1954

Easton, David, A Systems Analysis of Political Life, New York–London–Sidney 1965

Edwards, Ward, The Theory of Decision-Making, in: Psychological Bulletin 51, 1954, S. 380–417

Eisenstadt, Shmuel N., The Political Systems of Empires, New York 1963

Eisenstadt, Shmuel N., Social Change, Differentiation and Evolution, in: American Sociological Review 29, 1964, S. 375–386

Eisenstadt, Shmuel N., Modernization: Protest and Change, Englewood Cliffs, N. J., 1966

Eisenstadt, Shmuel N. (Hrsg.), Political Sociology. A Reader, New York–London 1971

Emerson, Rupert, From Empire to Nation, Cambridge 1960

Emerson, Rupert, Political Modernization: The Single Party System, in: Monograph Series in World Affairs, Monograph Nr. 1, Denver 1963–64, S. 1–30, ebenf. in: Shmuel N. Eisenstadt, Political Sociology. A. Reader, New York–London 1971, S. 582–596

Engels, Friedrich, Ludwig Feuerbach und der Ausgang der klassischen deutschen Philosophie, MEW 21, Berlin 1962

Engels, Friedrich, Dialektik der Natur, MEW 20, Berlin 1969

Engels, Friedrich, Herrn Eugen Dührings Umwälzung der Wissenschaft, MEW 20, Berlin 1969

Feyerabend, Paul K., Wie wird man ein braver Empirist. Ein Aufruf zur Toleranz in der Erkenntnistheorie. in: L. Krüger (Hrsg.), Erkenntnisprobleme der Naturwissenschaften. Texte zur Einführung in die Philosophie der Wissenschaft, Berlin 1970, S. 302–335

Flora, Peter, Modernisierungsforschung, Opladen 1974

Frankfort, Henry, Kingship and the Gods, Chicago 1948

Friedrich, Carl J., Die Legitimität in politischer Perspektive, in: Politische Vierteljahresschrift 1, 1960, S. 119–132

Friedrich, Carl J., Man and his Government, New York 1963

Gäfgen, Gérard, Theorie der wirtschaftlichen Entscheidung. Untersuchungen zur Logik und ökonomischen Bedeutung des rationalen Handelns, 3. erw. Aufl., Tübingen 1974

Germani, Gino und Kalman Silvert, Politics, Social Structure, and Military Intervention in Latin America, in: European Journal of Sociology 2, 1961, S. 62–81

Grimm, Klaus, Niklas Luhmanns „Soziologische Auklärung" oder das Elend der aprioristischen Soziologie, Hamburg 1974

Gurr, Ted R., Sources of Rebellion in Western Societies: Some Quantitative Evidence, in: The Annals of the American Academy of Political and Social Science 391, 1970, S. 128–144

Gurr, Ted R., The Calculus of Civil Conflict, in: The Journal of Social Issues 28, 1972, S. 27–47

Gurr, Ted R., Rebellion. Eine Motivationsanalyse von Aufruhr, Konspiration und innerem Krieg, Düsseldorf–Wien 1972

Gurr, Ted R. und Raymond Duvall, Civil Conflict in the 1960s. A Reciprocal Theoretical System with Parameter Estimates, in: Comparative Political Studies 6, 1973, S. 135–169

Habermas, Jürgen, Analytische Wissenschaftstheorie und Dialektik, in: Theodor W. Adorno et. al. (Hrsg.), Der Positivmusstreit in der deutschen Soziologie, Neuwied 1969, S. 155–191

Habermas, Jürgen, Der Universalitätsanspruch der Hermeneutik, in: R. Bubner et. al. (Hrsg.), Frankfurt 1969, S. 9–47

Habermas, Jürgen, Verwissenschaftlichte Politik und öffentliche Meinung, in: ders., Technik und Wissenschaft als ‚Ideologie‘, Frankfurt 1969, S. 120–145

Habermas, Jürgen, Der Universitätsanspruch der Hermeneutik, in: R. Bubner et. al. (Hrsg.), Hermeneutik und Dialektik, Tübingen 1970, S. 73–104

Habermas, Jürgen, Die klassische Lehre von der Politik in ihrem Verhältnis zur Sozialphilosophie, in: ders., Theorie und Praxis, Frankfurt 1971, S. 48–88

Habermas, Jürgen, Einige Schwierigkeiten beim Versuch, Theorie und Praxis zu vermitteln, in: ders., Theorie und Praxis, Frankfurt 1971, S. 9–47

Habermas, Jürgen, Theorie der Gesellschaft oder Sozialtechnologie?, in: J. Habermas und N. Luhmann, Theorie der Gesellschaft oder Sozialtechnologie, Frankfurt 1971, S. 142–290

Habermas, Jürgen, Vorbereitende Bemerkungen zu einer Theorie der kommunikativen Kompetenz, in: J. Habermas und N. Luhmann, Theorie der Gesellschaft oder Sozialtechnologie, Frankfurt 1971, S. 101–141

Habermas, Jürgen, Erkenntnis und Interesse, 2. um ein Nachwort erw. Aufl., Frankfurt 1973

Habermas, Jürgen, Legitimationsprobleme im Spätkapitalismus, Frankfurt 1973

Habermas, Jürgen, Wahrheitstheorien, in: W. Fahrenbach (Hrsg.), Wirklichkeit und Reflexion. Walter Schulz zum 60. Geburtstag, Pfullingen 1973, S. 211–265

Hare, Richard M., The Language of Morals, Oxford 1952

Hempel, Carl G., Aspects of Scientific Explanation, New York 1965

Hempel, Carl G., The Logic of Functional Analysis, in: ders., Aspects of Scientific Explanation, New York 1965, S. 297–330

Holzkamp, Klaus, Kritische Psychologie, Frankfurt 1972

Hondrich, Karl O., Wirtschaftliche Entwicklung, soziale Konflikte und politische Freiheiten, Frankfurt 1970

Hondrich, Karl O., Theorie der Herrschaft, Frankfurt 1973

Huntington, Samuel P. (Hrsg.), Changing Patterns of Military Politics, New York 1962

Huntington, Samuel P., Political Development and Political Decay, in: World Politics 17, 1965, S. 386–430

Huntington, Samuel P., Political Order in Changing Societies, New Haven–London 1968

Institut für Marxistische Studien und Forschungen (Hrsg.), Erkenntnistheorie, in: Marxismus-Digest 3. Jg., Heft 1, Frankfurt 1972

Isajiw, Wesvolod, Causation and Functionalism in Sociology, London 1968

Jänicke, Martin (Hrsg.), Herrschaft und Krise. Beiträge zur politikwissenschaftlichen Krisenforschung, Opladen 1973

Jänicke, Martin (Hrsg.), Politische Systemkrisen, Köln 1973

Kelsen, Hans, What is Justice? Justice, Law and Politics in the Mirror of Science. Collected Essays, Berkeley and Los Angeles 1957

Kelsen, Hans, Das Problem der Gerechtigkeit, in: ders., Reine Rechtslehre, 2. Aufl., Wien 1960, S. 357–444

Kelsen, Hans, Die Idee des Naturrechts, in: ders., Aufsätze zur Ideologiekritik, hrsg. v. E. Topitsch, Neuwied 1964, S. 73–113

Kelsen, Hans, Die platonische Gerechtigkeit, in: ders., Aufsätze zur Ideologiekritik, hrsg. v. E. Topitsch, Neuwied 1964, S. 198–231

Kelsen, Hans, Platon und die Naturrechtslehre, in: ders., Aufsätze zur Ideologiekritik, hrsg. v. E. Topitsch, Neuwied 1964, S. 232–292

Kielmannsegg, Peter Graf v., Legitimität als analytische Kategorie, in: Politische Vierteljahresschrift 12, 1971, S. 367–401

Kielmannsegg, Peter Graf v., Volkssouveränität als Legitimationsproblem, Frankfurt 1973

Klaus, Georg und Manfred Buhr (Hrsg.), Marxistisch-Leninistisches Wörterbuch der Philosophie, Hamburg 1972

Koch, Claus und Dieter Senghaas (Hrsg.), Texte zur Technokratiediskussion, Frankfurt 1970

König, René, Einige Überlegungen zur Frage der Werturteilsfreiheit bei Max Weber, in: H. Albert und E. Topitsch (Hrsg.), Werturteilsstreit, Darmstadt 1971, S. 150–188

Kolakowski, Leszek, Der Mensch ohne Alternative. Von der Möglichkeit und Unmöglichkeit, Marxist zu sein, 2. Aufl., München 1967

Kornhauser, William, The Politics of Mass Society, Glencoe 1959

Kosing, Alfred (Hrsg.), Marxistische Philosophie, Berlin 1967

Kosing, Alfred (Hrsg.), Die Wissenschaft von der Wissenschaft, Berlin 1968

Kosta, Jiri et. al., Warenproduktion im Sozialismus, Frankfurt 1973

Kraft, Viktor, Die Grundlagen einer wissenschaftlichen Wertlehre, 2. Aufl., Wien 1951

Kremendahl, Hans und Thomas Meyer (Hrsg.), Sozialismus und Staat, Kronberg 1974

Kuron, Jacek und Karol Modzelewski, Monopolsozialismus, Hamburg 1969

LaPalombara, Joseph (Hrsg.), Bureaucracy and Political Development, Princeton 1963

LaPalombara, Joseph und Myron Weiner (Hrsg.), Political Parties and Political Development, Princeton 1966

Lefèbvre, Henri, Soziologie nach Marx, Frankfurt 1972

Lehmbruch, Gerhard, Proporzdemokratie. Politisches System und politische Kultur in der Schweiz und in Österreich, Tübingen 1967

Lenin, Wladimir I., Materialismus und Empiriokritizismus, in: Werke 14, 3. Aufl., Berlin 1972

Lenin, Wladimir I., Parteiorganisation und Parteiliteratur, in: Werke 10, 3. Aufl., Berlin 1972

Lenin, Wladimir I., Staat und Revolution, in: Werke 25, 3. Aufl., Berlin 1972

Lenin, Wladimir I., Was tun? Brennende Fragen unserer Bewegung, in: Werke 5, 3. Aufl., Berlin 1972

Lepsius, Rainer M., Sozialstruktur und soziale Schichtung in der Bundesrepublik Deutschland, in: R. Löwenthal und H. P. Schwarz (Hrsg.), Die zweite Republik. 25 Jahre Bundesrepublik Deutschland – Eine Bilanz, Stuttgart 1974, S. 263–286

Lijphart, A., The Politics of Accomodation. Pluralism and Democracy in the Netherlands, Berkeley–Los Angeles 1968

Lijphart, A., Consociational Democracy, in: World Politics 21, 1968–69, S. 207–225

Lindbeck, Assar, Die politische Ökonomie der Neuen Linken, Göttingen 1973

Lipset, Seymour M., Political Man, Garden City 1959

Lipset, Seymour M., The First New Nation. The United States in Historical and Comparative Perspective, New York 1963

Lipset, Seymour, M. und Stein Rokkan (Hrsg.), Party Systems and Voter Alignment, New York 1967

Lipset, Seymour M. und Stein Rokkan, Cleavage Structures, Party Systems and Voter Alignment, in: dies., Party Systems and Voter Alignment, New York 1967, S. 1–64

Loos, Fritz, Zur Wert- und Rechtslehre Max Webers, Tübingen 1970

Lorenzen, Paul, Normative Logic and Ethics, Mannheim 1969

Lorenzen, Paul, Szientismus versus Dialektik, in: F. Kambartel (Hrsg.), Praktische Philosophie und konstruktive Wissenschaftstheorie, Frankfurt 1974, S. 34–53

Luhmann, Niklas, Grundrechte als Institution, Berlin 1965

Luhmann, Niklas, Klassische Theorie der Macht: Kritik ihrer Prämissen, in: Zeitschrift für Politik 16, 1969, S. 149–170

Luhmann, Niklas, Legitimation durch Verfahren, Neuwied 1969

Luhmann, Niklas, Funktionale Methode und Systemtheorie, in: ders., Soziologische Aufklärung, Opladen 1970, S. 31–53

Luhmann, Niklas, Gesellschaft, in: ders., Soziologische Aufklärung, Opladen 1970, S. 137–153

Luhmann, Niklas, Reflexive Mechanismen, in: ders., Soziologische Aufklärung, Opladen 1970, S. 92–112

Luhmann, Niklas, Selbststeuerung der Wissenschaft, in: ders., Soziologische Aufklärung, Opladen 1970, S. 232–252

Luhmann, Niklas, Soziologie als Theorie sozialer Systeme, in: ders., Soziologische Aufklärung, Opladen 1970, S. 113–136

Luhmann, Niklas, Soziologie des politischen Systems, in: ders., Soziologische Aufklärung, Opladen 1970, S. 154–177

Luhmann, Niklas, Wahrheit und Ideologie, in: ders., Soziologische Aufklärung, Opladen 1970, S. 54–65

Luhmann, Niklas, Wirtschaft als soziales System, in: ders., Soziologische Aufklärung, Opladen 1970, S. 204–231

Luhmann, Niklas, Komplexität und Demokratie, in: ders., Politische Planung, Opladen 1971, S. 35–45

Luhmann, Niklas, Öffentliche Meinung, in: ders., Politische Planung, Opladen 1971, S. 9–34

Luhmann, Niklas, Sinn als Grundbegriff der Soziologie, in: J. Habermas und N. Luhmann, Theorie der Gesellschaft oder Sozialtechnologie, Frankfurt 1971, S. 25–100

Luhmann, Niklas, Systemtheoretische Argumentationen, in: J. Habermas und N. Luhmann, Theorie der Gesellschaft oder Sozialtechnologie, Frankfurt 1971, S. 291–405

Luhmann, Niklas, Knappheit, Geld und die bürgerliche Gesellschaft, in: Jahrbuch für Sozialwissenschaft 23, 1972, S. 186–210

Luhmann, Niklas, Rechtssoziologie, 2 Bde, Reinbek bei Hamburg 1972

Luhmann, Niklas, Vertrauen. Ein Mechanismus zur Reduktion sozialer Komplexität, 2. Aufl., Stuttgart 1973

Luhmann, Niklas, Zweckbegriff und Systemrationalität, Frankfurt 1973

Luhmann, Niklas, Der politische Code: ,Konservativ' und ,progressiv' in systemtheoretischer Sicht, in: Zeitschrift für Politik 21, 1974, S. 253–271

Luhmann, Niklas, Einführende Bemerkungen zu einer Theorie symbolisch generalisierter Kommunikationsmedien, in: Zeitschrift für Soziologie 3, 1974, S. 236–255

Luhmann, Niklas, Macht, Stuttgart 1975

Lukács, Georg, Geschichte und Klassenbewußtsein, in: Werke Bd. 2, Neuwied und Berlin 1968

Marcuse, Herbert, Der eindimensionale Mensch, Neuwied und Berlin 1967

Markovic, Mihailo, Dialektik der Praxis, Frankfurt 1968

Marx, Karl und Friedrich Engels, Die Deutsche Ideologie, MEW 3, 3. Aufl., Berlin 1972

Marx, Karl, Das Elend der Philosophie, MEW 4, 3. Aufl., Berlin 1972

Marx, Karl, Kritik des Gothaer Programms, MEW 19, 3. Aufl., Berlin 1972
Marx, Karl, Thesen über Feuerbach, MEW 3, 3. Aufl., Berlin 1972
Marx, Karl, Zur Kritik der politischen Ökonomie, MEW 13, 3. Aufl., Berlin 1972
Marx, Karl, Das Kapital, Bd. 1, MEW 23, 3. Aufl., Berlin 1972
McConnell, G., Private Power and American Democracy, New York 1966
McMullan, M., A Theory of Corruption, in: The Sociological Review 9, 1961
Meadows, Dennis et. al., Die Grenzen des Wachstums. Bericht des Club of Rome zur Lage der
    Menschheit, Stuttgart 1972
Mehden, Fred R. v. d., Politics of the Developing Nations, Englewood Cliffs, N. J., 1964
Merton, Robert K., Manifest and Latent Functions, in: ders., Social Theory and Social Struc-
    ture, 9. Aufl., New York 1965, S. 19–84
Merton, Robert K., Die Eigendynamik gesellschaftlicher Voraussagen, in: E. Topitsch (Hrsg.),
    Logik der Sozialwissenschaften, 5. Aufl., Köln–Berlin 1968, S. 144–161
Moritz, Manfred, Verpflichtung und Freiheit. Über den Satz „sollen impliziert können", in:
    Theoria 19, 1953, S. 131 ff.
Müller, Christoph, Das imperative und das freie Mandat. Überlegungen zur Lehre von der
    Repräsentation des Volkes, Leiden 1966
Münch, Richard, Gesellschaftstheorie und Ideologiekritik, Hamburg 1973
Münch, Richard, Soziologische Theorie und historische Erklärung, in: Zeitschrift für Soziolo-
    gie 2, 1973, S. 145–162
Münch, Richard, Evolutionäre Strukturmerkmale komplexer sozialer Systeme, in: Kölner Zeit-
    schrift für Soziologie und Sozialpsychologie 1974, S. 681–714
Münch, Richard, Theorie sozialer Systeme, Grundbegriffe, Grundannahmen und logische Struk-
    tur, Opladen 1976

Nadel, Siegfried F., The Theory of Social Structure, Glencoe, Ill., 1957
Nagel, Ernest, A Formalization of Functionalism, in: ders., Logic without Metaphysics,
    Glencoe, Ill., 1956, S. 247–283
Nagel, Ernest, The Structure of Science, New York 1961
Needler, Martin C., Political Development and Military Intervention in Latin America, in:
    American Political Science Review 60, 1966, S. 616–626
Needler, Martin C., Political Development in Latin America: Instability, Violence and
    Evolutionary Change, New York 1968
Neumann, Sigmund (Hrsg.), Modern Political Parties, Chicago 1956

Parsons, Talcott, The Structure of Social Action, 2. Aufl., New York 1949
Parsons, Talcott, The Social System, New York 1951
Parsons, Talcott und Edward Shils (Hrsg.), Toward a General Theory of Action, Cambridge,
    Mass., 1951
Parsons, Talcott und Robert F. Bales, Family, Socialization and Interaction Process, New York
    1955
Parsons, Talcott, Authority, Legitimation, and Political Action, in: ders., Structure and Process
    in Modern Societies, Glencoe, Ill., 1960, S. 170–198
Parsons, Talcott, An Outline of the Social System, in: T. Parsons, E. Shils, K. D. Naegele und
    J. R. Pitts (Hrsg.), Theories of Society, New York 1961, S. 30–79
Parsons, Talcott, Differentiation and Variation in Social Structures: Introduction, in:
    T. Parsons, E. Shils, K. D. Naegele und J. R. Pitts (Hrsg.), Theories of Society, New York
    1961, S. 239–264
Parsons, Talcott, Evolutionary Universals in Society, in: American Sociological Review 29,
    1964, S. 339–357
Parsons, Talcott, Wertgebundenheit und Objektivität in den Sozialwissenschaften, in:
    O. Stammer (Hrsg.), Max Weber und die Soziologie heute, Tübingen 1965, S. 27–82
Parsons, Talcott, Societies. Evolutionary and Comparative Perspectives, Englewood Cliffs, N. J.,
    1966
Parsons, Talcott, Durkheim's Contribution to the Theory of Integration of Social Systems, in:
    ders., Sociological Theory and Modern Society, New York 1967, S. 3–34
Parsons, Talcott, Sociological Theory and Modern Society, New York 1967
Parsons, Talcott, Some Reflections on the Place of Force in Social Process, in: ders., Sociologic-
    al Theory and Modern Society, New York 1967, S. 264–296
Parsons, Talcott, Interaction, in: International Encyclopedia of the Social Sciences 7, 1968,
    S. 429–441

Parsons, Talcott, On the Concept of Influence, in: ders., Politics and Social Structure, New York 1969, S. 405–438

Parsons, Talcott, On the Concept of Political Power, in: ders., Politics and Social Structure, New York 1969, S. 352–404

Parsons, Talcott, On the Concept of Value-Commitments, in: ders., Politics and Social Structure, New York 1969, S. 439–472

Parsons, Talcott, ‚Voting' and the Equilibrium of the American Political System, in: ders., Politics and Social Structure, New York 1969, S. 204–240

Parsons, Talcott und Gerald M. Platt, The American University, Cambridge, Mass., 1973

Petrović, Gajo, Wider den autoritären Marxismus, Frankfurt 1969

Platon, Politeia, in: Sämtliche Werke Bd. 3, 17. Aufl., Hamburg 1974

Polanyi, Karl et. al., Trade and Market in the Early Empires, Glencoe, Ill., 1957

Popper, Karl R., Objektive Erkenntnis, Hamburg 1973

Popper, Karl R., Die offene Gesellschaft und ihre Feinde, 2 Bde, 2. Aufl., Bern 1975

Pye, Lucian W. und Sidney Verba (Hrsg.), Political Culture and Political Development, Princeton 1965

Rapoport, David C., A Comparative Theory of Military and Political Types, in: S. P. Huntington (Hrsg.), Changing Patterns of Military Politics, New York 1962, S. 71–100

Riegel, Klaus-Georg, Öffentliche Legitimation der Wissenschaft, Stuttgart 1974

Ritsert, Jürgen, Substratbegriffe in der Theorie des sozialen Handelns. Über das Interaktionsschema bei Parsons und in der Parsonskritik, in: Soziale Welt 19, 1968, S. 119 ff.

Rokkan, Stein, Mass Suffrage, Secret Voting, and Political Participation, in: Europäisches Archiv für Soziologie 2, 1961, S. 132–152

Rokkan, Stein (Hrsg.), Comparative Research across Cultures and Nations, Paris–The Hague 1968

Rokkan, Stein, The Structuring of Mass Policies in the Smaller European Democracies, in: Comparative Studies in Society and History 10, Nr. 2, 1968, S. 173–210

Ross, Arthur M. und P. T. Hartman, Changing Patterns of Industrial Conflict, New York 1960

Rüschemeyer, Dietrich, Reflections on Structural Differentiation, in: Zeitschrift für Soziologie 3, 1974, S. 279–294

Salamun, Kurt, Ideologie, Wissenschaft, Politik, Graz–Wien–Köln 1975

Sandkühler, Hans-Jörg, Praxis und Geschichtsbewußtsein, Frankfurt 1973

Scharpf, Fritz W., Demokratietheorie zwischen Utopie und Anpassung, Konstanz 1970

Scharpf, Fritz W., Die politischen Kosten des Rechtsstaats, Tübingen 1970

Schluchter, Wolfgang, Wertfreiheit und Verantwortungsethik, Tübingen 1971

Schluchter, Wolfgang, Aspekte bürokratischer Herrschaft, München 1972

Schmid, Michael, Leerformeln und Ideologiekritik, Tübingen 1972

Schott, Rüdiger, Die Funktionen des Rechts in primitiven Gesellschaften, in: Jahrbuch für Rechtssoziologie und Rechtstheorie Bd. 1, 1970, S. 107–174

Schumpeter, Josef A., Kapitalismus, Sozialismus und Demokratie, 2. Aufl., Berlin 1950

Schwemmer, Oswald, Philosophie der Praxis, Frankfurt 1971

Schwemmer, Oswald, Grundlagen einer normativen Ethik, in: F. Kambartel (Hrsg.), Praktische Philosophie und konstruktive Wissenschaftstheorie, Frankfurt 1974, S. 73–95

Simmel, Georg, Über sociale Differenzierung. Soziologische und psychologische Untersuchungen, in: Staats- und socialwissenschaftliche Forschungen Bd. X, hrsg. v. G. Schmoller, Leipzig 1890, S. 1–147

Simmel, Georg, Philosophie des Geldes, 6. Aufl., Berlin 1958

Stallberg, Friedrich W., Herrschaft und Legitimität. Untersuchungen zu Anwendung und Anwendbarkeit zentraler Kategorien Max Webers, Meisenheim am Glan 1975

Stegmüller, Wolfgang, Das Wahrheitsproblem und die Idee der Semantik, 2. Aufl., Wien 1968

Stegmüller, Wolfgang, Probleme und Resultate der analytischen Wissenschaftstheorie, Studienausgabe Teil 3 und 4, Berlin–Heidelberg–New York 1969

Steininger, Rudolf, Polarisierung und Integration. Eine vergleichende Untersuchung der strukturellen Versäulung der Gesellschaft in den Niederlanden und in Österreich, Meisenheim am Glan 1975

Stevenson, Charles L., Ethics and Language, 5. Aufl., Yale 1950

Stojanović, Svetozar, Kritik und Zukunft des Sozialismus, München 1970

Sztompka, Piotr, System and Function. Toward a Theory of Society, New York 1974

Tarski, Alfred, The Semantic Conception of Truth and the Foundations of Semantics, in: H. Feigl und W. Sellars, Readings in Philosophical Analysis, 1949, S. 52—84

Taylor, Charles L. und M. C. Hudson, World Handbook of Political and Social Indicators, 2. Aufl., New Haven—London 1972

Tenbruck, Friedrich H., Regulative Funktionen der Wissenschaft in der pluralistischen Gesellschaft, in: H. Scholz (Hrsg.), Die Rolle der Wissenschaft in der modernen Gesellschaft, Berlin 1969, S. 61—85

Tenbruck, Friedrich H., Wissenschaft, Politik und Öffentlichkeit, in: H. Maier, K. Ritter und U. Matz (Hrsg.), Politik und Wissenschaft, München 1971, S. 323—356

Tenbruck, Friedrich H., Max Weber and the Sociology of Science: A Case Reopened, in: Zeitschrift für Soziologie 3, 1974, S. 312—320

Tjaden, Karl H., Soziales System und sozialer Wandel, 2. Aufl., Stuttgart 1972

Tomberg, Friedrich, Bürgerliche Wissenschaft, Frankfurt 1973

Topitsch, Ernst, Vom Ursprung und Ende der Metaphysik, Wien 1958

Topitsch, Ernst, Über Leerformeln, in: ders. (Hrsg.), Probleme der Wissenschaftstheorie, Wien 1960, S. 233—264

Topitsch, Ernst, Begriff und Funktion der Ideologie, in: ders., Sozialphilosophie zwischen Ideologie und Wissenschaft, 2. Aufl., Neuwied 1966, S. 15—52

Topitsch, Ernst, Entfremdung und Ideologie, in: ders., Sozialphilosophie zwischen Ideologie und Wissenschaft, 2. Aufl., Neuwied 1966, S. 297—327

Topitsch, Ernst, Marxismus und Gnosis, in: ders., Sozialphilosophie zwischen Ideologie und Wissenschaft, 2. Aufl., Neuwied 1966, S. 261—296

Topitsch, Ernst, Sozialtheorie und Gesellschaftsgestaltung, in: ders., Sozialphilosophie zwischen Ideologie und Wissenschaft, 2. Aufl., Neuwied 1966, S. 151—179

Turner, Terence S., Parsons' Concept of ‚Generalized Media of Social Interaction' and its Relevance for Social Anthropology, in: Sociological Inquiry 38, 1968, S. 121—134

Weber, Max, Wirtschaftsgeschichte, Berlin 1958

Weber, Max, Über einige Kategorien der verstehenden Soziologie, in: ders., Soziologie, Weltgeschichtliche Analysen, Politik, hrsg. v. J. Winckelmann, Stuttgart 1964, S. 97—150

Weber, Max, Wirtschaft und Gesellschaft, Köln und Berlin 1964

Weber, Max, Gesammelte Aufsätze zur Wissenschaftslehre, 3. Aufl., Tübingen 1968

Weber, Max, Die ‚Objektivität' sozialwissenschaftlicher und sozialpolitischer Erkenntnis, in: ders., Gesammelte Aufsätze zur Wissenschaftslehre, 3. Aufl., Tübingen 1968, S. 146—214

Weber, Max, Der Sinn der ‚Wertfreiheit' der soziologischen und ökonomischen Wissenschaften, in: ders., Gesammelte Aufsätze zur Wissenschaftslehre, 3. Aufl., Tübingen 1968, S. 489—540

Weber, Max, Wissenschaft als Beruf, in: ders., Gesammelte Aufsätze zur Wissenschaftslehre, 3. Aufl., Tübingen 1968, S. 582—613

Weber, Max, Gesammelte Aufsätze zur Religionssoziologie, 5. Aufl., Tübingen 1971

Weber, Max, Gesammelte Politische Schriften, 3. Aufl., Tübingen 1971

Weber, Max, Parlament und Regierung im neugeordneten Deutschland, in: ders., Gesammelte Politische Schriften, 3. Aufl., Tübingen 1971, S. 306—443

Weber, Max, Politik als Beruf, in: ders., Gesammelte Politische Schriften, 3. Aufl., Tübingen 1971, S. 505—560

Weltzel, Hans, An den Grenzen des Rechts. Die Frage nach der Rechtsgeltung, Opladen 1966

Wilczynski, J., The Economics of Socialism, London 1970

Willke, Helmut, Stand und Kritik der neueren Grundrechtstheorie. Schritte zu einer normativen Systemtheorie, Berlin 1975

Winckelmann, Johannes, Legitimität und Legalität in Max Webers Herrschaftssoziologie, Tübingen 1952

Wittich, D., Praxis, Erkenntnis, Wissenschaft, Berlin 1965

Zapf, Wolfgang (Hrsg.), Theorien des sozialen Wandels, Köln—Berlin 1969

Zimmermann, Ekkart, Political Violence: Theories and Research. A Trend Report, in: Current Sociology, Sonderheft 1975

Zollschan, G. K. und W. Hirsch (Hrsg.), Explorations in Social Change, Boston 1974

Sachregister

Zum Thema

Gerd Abel
Wissenschaftssprache und Gesellschaft
Zur Kritik der Sozialwissenschaften
(Studien zur Sozialwissenschaften, Bd. 28)
1975. 120 S. Folieneinband

Amitai Etzioni
Die aktive Gesellschaft
Eine Theorie gesellschaftlicher und politischer Prozesse
Übersetzt aus dem Amerikanischen von Sylvia und Wolfgang Streek
1975. 688 S. Gebunden

Peter Flora
Indikatoren der Modernisierung
Ein historisches Datenhandbuch
(Studien zur Sozialwissenschaft, Bd. 27)
1975. 196 S. Folieneinband

Peter Flora
Modernisierungsforschung
Zur empirischen Analyse und gesellschaftlichen Entwicklung
(Studien zur Sozialwissenschaft, Bd. 20)
1974. 208 S. Folieneinband

Westdeutscher Verlag

Zum Thema

Gabor Kiss
Einführung in die soziologischen Theorien I
Vergleichende Analyse soziologischer Hauptrichtungen
(Studienbücher zur Sozialwissenschaft, Bd. 13)
1974. 288 S. Folieneinband

Gabor Kiss
Einführung in die soziologischen Theorien II
Vergleichende Analyse soziologischer Hauptrichtungen
(Studienbücher zur Sozialwissenschaft, Bd. 27)
2., überarbeitete und erweiterte Auflage 1975. 360 S. Folieneinband

Niklas Luhmann
Soziologische Aufklärung I
Aufsätze zur Theorie sozialer Systeme
4. Auflage 1974. 270 S. Kartoniert

Niklas Luhmann
Soziologische Aufklärung II
Aufsätze zur Theorie der Gesellschaft
1975. 224 S. Folieneinband

Günther Schmid
Funktionsanalyse und politische Theorie
Funktionalismuskritik, politisch-ökonomische Faktorenanalyse und
Elemente einer genetische-funktionalen Systemtheorie
(Studien zur Sozialwissenschaft, Bd. 19)
1973. 292 S. Folieneinband

Westdeutscher Verlag